PRODUCT STRUCTURE DESIGN

总主编　林家阳

产品结构设计

——解构活动型产品

缪元吉　张子然　张一　编著

中国轻工业出版社

图书在版编目（CIP）数据

产品结构设计：解构活动型产品 / 缪元吉，张子然，张一编著. —北京：中国轻工业出版社，2025.1

ISBN 978-7-5184-1482-6

Ⅰ.①产… Ⅱ.①缪… ②张… ③张… Ⅲ.①产品结构—结构设计—高等学校—教材 Ⅳ.①TB472

中国版本图书馆CIP数据核字（2017）第156544号

责任编辑：毛旭林
策划编辑：毛旭林　　责任终审：劳国强　　封面设计：刘　斌　锋尚设计
版式设计：锋尚设计　　责任校对：吴大朋　　责任监印：张　可

出版发行：中国轻工业出版社（北京鲁谷东街5号，邮编：100040）
印　　刷：艺堂印刷（天津）有限公司
经　　销：各地新华书店
版　　次：2025年1月第1版第6次印刷
开　　本：870×1140　1/16　印张：7.5
字　　数：260千字
书　　号：ISBN 978-7-5184-1482-6　定价：58.00元
邮购电话：010-85119873
发行电话：010-85119832　010-85119912
网　　址：http://www.chlip.com.cn
Email：club@chlip.com.cn

242313J1C106ZBW

序一

PROLOG 1

中国的艺术设计教育起步于20世纪50年代，改革开放以后，特别是90年代进入一个高速发展的阶段。由于学科历史短，基础弱，艺术设计的教学方法与课程体系受苏联美术教育模式与欧美国家20世纪初形成的课程模式影响，呈现专业划分过细，实践教学比重过低的状态，在培养学生的综合能力、实践能力、创新能力等方面出现较多问题。

随着经济和文化的大发展，社会对于艺术设计专业人才的需求量越来越大，市场对艺术设计人才教育质量的要求也越来越高。为了应对这种变化，教育部将"艺术设计"由原来的二级学科调整为"设计学"一级学科，既体现了对设计教育的重视，也是进一步促进设计教育紧密服务于国民经济发展的必要。因此，教育部高等学校设计学类专业教学指导委员会也在这方面做了很多工作，其中重要的一项就是支持教材建设工作。

在教育部全面启动普通本科院校向应用型本科院校转型工作的大背景下，由设计学类专业教指委副主任林家阳教授任总主编的这套教材，在强调应用型教育教学模式、开展实践和创新教学，整合专业教学资源、创新人才培养模式等方面做了大量的研究和探索；一改传统的"重学轻术""重理论轻应用"的教材编写模式，以"学术兼顾""理论为基础、应用为根本"为编写原则，从高等教育适应和服务经济新常态，助力创新创业、产业转型和国家一系列重大经济战略实施的角度和高度来拟定选题、创新体例、审定内容，可以说是近年来高等院校艺术设计专业教材建设的力度之作。

设计是一门实用艺术，检验设计教育的标准是培养出来的艺术设计专业人才是否既具备深厚的艺术造诣，实践能力，同时又有优秀的艺术创造力和想象力，这也正是本套教材出版的目的。我相信在应用型本科院校的转型过程中，本套教材能对学生奠定学科基础知识、确立专业发展方向、树立专业价值观念、提升专业实践能力产生有益的引导和切实的借鉴，帮助他们在以后的专业道路上走得更长远，为中国未来的设计教育和设计专业的发展提供新的助力。

教育部高等学校设计学类专业教学指导委员会原主任

中国艺术研究院 教授 / 博导 谭平

序二

PROLOG 2

办学，能否培养出有用的设计人才，能否为社会输送优秀的设计人才，取决于三个方面的因素：首先是要有先进、开放、创新的办学理念和办学思想；其二是要有一批具有崇高志向、远大理想和坚实的知识基础，并兼具毅力和决心的学子；最重要的是我们要有一大批实践经验丰富、专业阅历深厚、理论和实践并举、富有责任心的教师，只有老师有用，才能培养有用的学生。

除了以上三个因素之外，还有一点也非常关键，不可忽略的，我们还要有连接师生、连接教学的纽带——兼具知识性和实践性的课程教材。课程是学生获取知识能力的宝库，而教材既是课程教学的“魔杖”，也是理论和实践教学的“词典”。“魔杖”通过得当的方法传授知识，让获得知识的学生产生无穷的智慧，使学生成为文化创意产业的有生力量。这就要求教材本身具有创新意识。本套教材从设计理论、设计基础、视觉设计、产品设计、环境艺术、工艺美术、数字媒体和动画设计等八个方面设置的 50 本系列教材，在遵循各自专业教学规律的基础上做了不同程度的探索和创新。我们也希望在有限的纸质媒体基础上做好知识的扩充和延伸，通过本套教材中的案例欣赏、参考书目和网站资料等，起到一部专业设计“词典”的作用。

我们约请了国内外大师级的学者顾问团队、国内具有影响力的学术专家团队和国内具有代表性的各类院校领导和骨干教师组成的编委团队。他们中有很多人已经为本系列教材的诞生提出了很多具有建设性的意见，并给予了很多有益的指导。我相信以我们所具有的国际化教育视野以及我们对中国设计教育的责任感，能让我们充分运用这一套一流的教材，为培养中国未来的设计师奠定良好的基础。

教育部高等学校设计学类专业教学指导委员会副主任
教育部职业院校艺术设计学类专业教学指导委员会原主任
同济大学教授 / 博导 林家阳

前言
FOREWORD

工业设计专业教学中，面对形象思维强而数理基础较弱的艺术类学生，讲授工程类课程尤其是机械设计课程，深感缺少一本针对性强的教材。为了改进机械设计课程的教学，我们在多年教学经验的基础上，编著了《产品结构设计——解构活动型产品》一书，旨在借“活动型产品”这个概念平台，把机械设计的主要知识，从实用性的角度出发，按照艺术类专业课程的结构形式进行再设计，用设计和制作作品的方式阐述清楚；以“够用”为度，运用图解法，避开繁琐的数学求证，让工业设计专业艺术类的学生产生学习兴趣，掌握“机械设计”的基础知识。

本书的主要内容包括以下两个方面。

1）产品的机械结构简图绘制和可动性自由度计算。

2）以连杆结构知识为主线的产品设计和实训。

本书有以下两个同类书籍中不多见的特点。

1）从设计创新的角度，阐述了连杆类活动型产品的结构问题。

2）把传统的图解法和计算机绘图软件结合起来，解决了设计中的数值计算问题。

本教材的使用对象不是非机类的工科专业学生，而是数理基础较薄弱的工业设计专业的艺术类学生，他们的思维特点是形象思维非常强；但逻辑思维方法和数学物理基础相对较弱。教材的内容必须让这样的学生学得进、听得懂。当然，非机类工科大学生和机械类大学生将本教材作为参考书还是很有益的。

本书在教学内容的选取上强调以下三个原则。

1）“够用为度”的原则。“够用”的概念有两方面的含义：首先是构建和机械工程师沟通的知识平台，让以艺术设计功底为主要专业能力的设计师理解产品的机械传动原理，尽可能地减少与机械工程师对话时的专业障碍。其次，也是最重要的，对于简单的产品，设计师能够自主设计，不需要求助或极少求助机械工程师的帮助。

2）“两不讲”原则。教材只讲艺术类学生能理解、能听懂的知识。逻辑难度太高的知识不讲，如机械原理中轮系知识、渐开线齿轮设计、空间机构和凸轮设计等知识；数学物理知识应用多的内容不讲，如机构的速度和加速度、动力学等解析方法、机械手设计方法等。机械结构简图和连杆产品设计是本教材内容的主线。

3）“学以致用”原则。教学内容强调知识应用和方法掌握。以作品的形式完成成绩的考核。图 0-1 就是学生掌握了连杆两位置的设计方法后完成的设计实训作品——躺椅效果模型。

缪元吉

躺椅效果模型 / 东华大学 / 常富迪 /2006

课时安排

（建议课时：48）

章节	课程内容	课时	
第一章 概念与原则 （6课时）	一、产品结构的基本概念及原则	2	6
	二、结构设计的基础知识	2	
	三、基础连杆结构的组成和演化	2	
第二章 设计与实训 （32课时）	一、项目训练一 —— 曲柄连杆类产品结构设计	8	32
	二、项目训练二 ——连杆两位置四杆结构产品设计	8	
	三、项目训练三 —— 连架杆两位置结构产品设计	8	
	四、项目训练四 —— 计算机辅助产品结构设计与训练	8	
第三章 欣赏与分析 （10课时）	一、连杆结构产品设计方法与分析综述	2	10
	二、折叠梯、椅和童车类产品结构设计欣赏与分析	2	
	三、榨汁机等轻工类产品结构设计欣赏与分析	3	
	四、溜冰鞋等运动健身类产品结构设计欣赏与分析	3	

目录

第一章

概念与原则

第一节　产品结构的基本概念及原则

第二节　结构设计的基础知识

第三节　基础连杆结构的组成和演化

第一节　产品结构的基本概念及原则

一、工业设计师的任务和产品结构设计课程的作用

1. 工业设计师的主要任务

工业设计师的主要任务是创造、创新、完善产品的艺术造型，他对产品的外观进行修饰和艺术加工，其工作重点不是产品功能性的改进，而是使产品外观形态更符合或者迎合人们的审美需求。

不少轻工业产品外观设计非常需要加入“时尚元素”和“流行元素”，使产品富有美感，让大众产生需求。产品系列在市场上不断推陈出新，绝大部分都不是产品的“内脏”结构有了重大改进，而是产品外观的感知性和美学特征起了重要作用，有时甚至是“脱胎换骨”的作用。工业设计师要具有丰富的想象力，把“流行元素”用于产品的造型设计之中，将造型和功能统一，达到产品设计的最终目的。例如手表、手机、日用家电，特别是小家电等产品，都是工业设计师发挥重要作用的领域。

图 1–1　圆形电扇（左）和长条形塔扇（右）

2. 产品结构设计课程的作用

（1）辅助设计作用

正如服装设计师不掌握面料、服装结构原理和加工工艺等工程知识就很难设计出一流服装一样，也正如化妆师不掌握化妆品的物理、化学护理原理以及人物心理学等工程、人文知识就很难做出一流妆容一样，如果工业设计师不掌握相关的工程知识，特别是机械设计的知识，就不可能深入了解产品工作的基本原理，不能做出满足产品结构特点等诸多要求的外观形体设计，这样的工业设计师所做的产品外观形象设计往往是不到位的，有时还会“出洋相”。例如电风扇产品，没有机械传动知识的工业设计师，他的外观形象设计往往把“圆”作为思考的主要元素，非常难产生“塔扇”这种设计概念（图1–1）。又如折叠家具设计，不具备连杆传动的机械知识，工业设计师会“一筹莫展”，他只能画出概念效果图，设计出的是一个不能动的刚性形体。类似例子是很多的。

因此，《产品结构设计》在工业设计中的重要作用之一是帮助工业设计师熟悉和理解产品的工程内容，在掌握产品功能特征的前提下，顺利完成产品的外观形象设计；还能帮助设计师和产品工程师沟通，改进产品的功能设计。

图 1–2　活动篮球架 / 东华大学 / 常富迪 /2006

（2）主体设计作用

《产品结构设计》在工业设计中的重要作用之二是让工业设计师直接完成从产品功能到产品形象设计的全部任务，承担主设计师的角色。在玩具、文具、家具等众多产品中，机械设计知识更显出优势和独特作用。因为在

这些产品中，机械传动并不复杂，只要掌握了简单的机械设计方法就可以完成整体设计。图1-2所示活动篮球架就是工业设计专业的艺术类学生掌握了《产品结构设计》的知识后完成的课程设计作品。读者学习了第二章的内容后，会有比较深刻的体会。

二、产品结构设计的基本概念

1. 产品结构设计的范畴

刘振在他的《产品结构设计及应用实例》一书中将产品结构设计概括为“根据外观模型进行零件的分件，确定各个部件的固定方法，设计产品使用和运动功能的实现方式，确定产品各部分的使用材料和表面处理工艺等”工作内容。作为一线资深产品结构设计师的黎恢来将产品结构设计归纳为七个实际问题，并定义为产品结构设计的范畴：产品的作用、产品如何发挥作用、产品用什么材料制作、产品如何生产出来、产品的价格、产品在使用过程中是否安全、产品是否方便实用。产品结构设计是针对产品内部结构、机械部分的设计；一个好产品首先要实用，因此，产品设计首先是功能，其次才是外观形态。产品实现其各项功能完全取决于一个优秀的结构设计。结构设计是机械设计的基本内容之一，也是整个产品设计过程中最复杂的一个工作环节，在产品形成过程中，起着至关重要的作用。

2. 产品结构设计的分类

传统机械行业通常从行业分类、制作工艺、运动方式三种不同角度进行分类。

从行业角度来看，产品结构设计可分为电子产品结构设计、机械产品结构设计、医疗产品结构设计、玩具产品结构设计和灯具产品结构设计等，而同一行业根据不同的产品又可分出很多子项，例如，同属电子产品结构设计的又包括手机结构设计、GPS导航仪结构设计、笔记本结构设计、电视机结构设计等。同一产品根据不同的部件又可分为前壳结构设计、后壳结构设计、按键结构设计等。

从制作工艺的角度对产品结构设计进行分类，大致可

图 1-3　弗莱彻转盘桌 / 英国 / 大卫 • 弗莱彻 /2013

分为塑料材料模具开发、金属材料模具开发、安全测试、基本结构件设计、表面工艺处理、静电与电磁波干扰防护等。而同一类制作工艺又可进行更深入的细分，例如塑料模具开发又可细分为模具种类、排气孔设计、冷却管道设计、热流道系统、造价评估、模具内成型收缩率等。

从运动方式的角度，产品结构设计又可分为静态产品结构和动态产品结构，其中静态产品结构包括壳体与箱体结构设计、链接与固定结构设计、密封结构设计、安全结构设计等，运动产品结构设计大致可分为连续运动结构（包括旋转运动、直线运动、曲线运动）；往复、间歇运动结构（包括往复运动结构、间歇运动结构）。

三、产品结构和产品的关系

“产品结构设计是针对产品内部结构机械部分的设计。”在工业产品设计中，产品结构是整个产品构

成中最重要的部分之一，它与产品的造型、功能等要素有着不可分割的联系。虽然许多产品的结构并不明显易见，但如果缺乏结构设计这一重要环节，产品设计方案最终将成为纸上谈兵，或因各处结构细节的忽略而导致产品的功能无法实现，也可能因结构设计的不合理而导致产品的直接损坏。如图1–3所示的弗莱彻转盘桌（The Fletcher Capstan Table），是由英国设计师大卫·弗莱彻设计开发的，该圆桌可通过旋转，方便地实现其变大、变小的功能，此产品一经发布便迅速在网络上传播开来，人们对这项突破性产品的诞生产生了高度的关注。成就这款产品的并不仅仅是产品本身的创意，正是产品巧妙的内部结构设计促成了产品外部华丽的变形效果。

几乎所有的产品在生产之前都需要进行结构设计，产品实现其各项功能，完全取决于一个优秀的结构设计。在产品开发的环节中，结构设计工程师会在满足产品外部造型的基础上依据产品的功能进行内部结构设计，并选择合理的材料及成形工艺，将产品的各结构零件完整地设计制造出来，同时考虑强度、安全标准等指标是否符合要求并寻求合理的表面处理工艺后将其按照设计结构进行组装，最终形成人们可以使用的产品。

四、自然启示下的产品结构设计

自古以来，自然界中的万物就是人类各种创造性活动灵感的源泉。例如，船的出现便是人类模仿鱼类的形体及运动的方式而创造发明的。相传早在大禹时期，我国古代劳动人民便从鱼在水中尾巴的摆动及鱼鳍的滑动中获得灵感，创造了架置于船尾上的木桨，后又通过反复的观察、模仿和实践，逐渐改成了橹和舵, 从敦煌壁画上的船可看出古时人们所用船的形态特征（图1–4）。

图 1–4　敦煌壁画上的船 / 敦煌

图 1–5　世界上第一架飞机 / 英国 / 莱特兄弟 /1903

古人梦想能像鸟儿一样在空中自由飞翔，据《韩非子》记载，鲁班用竹木作鸟“成而飞之，三日不下”；1900年莱特兄弟通过观察老鹰在空中飞行的动作制造出了他们的第一架滑翔机，后又对滑翔机进行反复改进，并用汽油发动机作为动力，终于在1903年制造出了世界上第一架飞机（图1–5），翻开了人类历史上征服蓝天的新篇章。

自然界的生物通过千万年的进化，获得了其种族得以延续的合理形态，在富有形态美感的同时，也给人类造物活动带来了丰富的联想、启发。对于向自然界万物求教的学者们来说，“最重要的不是模仿自然生物的造型，而是理解种种形态的构成原因”，并通过分析其结构与功能间的关系，习得这种结构最本质的内涵与原理，并将其应用于实际的造物生产之中，唯有如此才能够真正地创造出合理的构造。

在20世纪40年代以前，人们并没有自觉地把生物作为设计思想和创造发明的源泉。科学家对于生物学的研究也只停留在描述生物体精巧的结构和完美的功能上。而工程技术人员更多地依赖他们卓越的智慧，辛辛苦苦地进行着人工发明。他们很少有意识地向生物界学习。从20世纪50年代以来，人们已经认识到生物系统是开辟新技术的主要途径之一，自觉地把生物界作为各种技术思想、设计原理和创造发明的源泉。人们用化学、物理学、数学以及技术模型对生物系统展开深入的研究，促进了生物学的极大发展，对生物体内功能机理的研究也取得了迅速的进展。此时模拟生物不再是引人入胜的幻想，而成了可以做到的事实。生物学家和工程师们积极合作，开始将从生物界获得的知识用来改善旧的或创造新的工程技术设备。生物学开始跨入各行各业技术革新和技术革命的行列，而且首先在自动控制、航空、航海等领域取得了成功。于是生物学和工程技术学科结合在一起，互相渗透孕育出一门新生的科学——仿生学。1960年9月，由美国空军航空局在俄亥俄州的空军基地召开了第一次仿生学会议。会议讨论的中心议题是“分析生物系统所得到的概念能够用到人工制造的信息加工系统设计上去吗？”这一新兴的科学被命名为“Bionics”，希腊文的意思是研究生命系统功能的科学，由此标志着仿生学的诞生。

地球上的物种大致可分为动物、植物及微生物这三大类，而人们肉眼能清晰观察辨别其结构特征的往往是前两者，因此人类模仿自然物种进行人造物的行为多数也起源于动物和植物。下面通过列举人类对动物、植物学习模仿后应用于人造物过程的一些经典案例来进一步说明结构设计中“自然启示”不容忽视的影响力。

1. 植物

（1）叶脉的启示

浮水植物王莲有“水中花王”之称，一个体重35kg的人坐在上面也不会下沉，原来王莲圆形叶片上的直径可达1～2.5m，背面有许多相互交错的叶脉骨架结构，里面还有气室使得叶子稳定地浮在水面，受叶脉支撑作用的启示，英国著名建筑师约瑟夫·帕克斯顿，以钢铁和玻璃为建材，设计了一个顶棚跨度很大的展览大厅——“水晶宫”（图1–6），它既轻巧、雄伟又经济适用，不仅成就了1851年的第一届世博会，也为近现代功能主义建筑构建了雏形。

图 1–6　水晶宫 / 英国 / 约瑟夫・帕克斯顿 /1851

图 1–7　模仿云杉“底大顶小”形态特性的烟囱

（2）云杉树干的启示

云杉生长于高寒湿润之巅，它之所以可以适应山上长年累月的狂风袭击，达到数百余年的树龄，是因为其树干底部直径最大，整个树干形成一个圆锥形，这样既减轻了自重，又加强了稳定性。人们模仿云杉对大风的适应性特点，把建造在山顶上的电视塔设计成圆锥体，同样，所有的塔或高烟囱，甚至超高层建筑几乎无一例外地采用“底大顶小”的形状。

（3）花形的启示

凌霄花，形状似钟，又似喇叭，开口广大，尾部狭长，这个结构可以更充分地吸收大自然的能量。科学家模拟凌霄花的形状制成了太阳能发电卫星并称之为“太空之花”（图1–8），这款卫星看上去像是一朵盛开的喇叭花，也像是一只漂亮的高脚酒杯。“太空之花”的正式名称是“随机性大型相位阵列太阳能卫星”，英文简称是SPS-ALPHA。“太空之花”的“花朵”由成千上万个可控的高分子薄膜镜组成，镜面会根据太阳的方位改变镜面方向。“花朵”上的镜子负责收集阳光，然后全部反射到“花托”部位的圆盘状发电系统上。圆盘的正面是高效太阳能光伏电池板，可以把镜子反射的阳光转化为电能。根据发电阵列中“花朵”数量的差异，发电功率也有所不同。每朵“太空之花”可以产生数万瓦的电能，一组太空太阳能发电阵列则可产生数千万乃至数十亿瓦的电能。根据研究人员的估算，这种太空太阳能发电方式要比现有各种卫星上的太阳能电池板的效率高数倍。

（4）苍耳、蒺藜的启示

尼龙搭扣的诞生是从一些植物果实中受到启发的经典案例（图1–9），它的发明者是瑞士工程师乔治·德·梅斯特拉尔。20世纪40年代末，他经常带着自己的爱犬到森林中漫步，每次返回时他都发现裤子和狗身上粘满了苍耳、牛蒡等刺果。受到好奇心的驱使，乔治用显微镜观察刺果，发现无数的小钩子在有毛圈结构的裤料上，不能轻易脱落。经过8年的实验，终于发明了既容易系上又容易解开的尼龙搭扣。再如，古代有一种可以阻止骑兵前进的武器叫铁蒺藜（图1–10），这种武器的原形就来源于植物中蒺藜科的一种杂草的果实，它的刺非常坚硬，即使马蹄踏上都会被刺到，所以古人就把铁制作成蒺藜果的形状用以御敌。

图 1–8 模仿凌霄花形状的大型相位阵列太阳能卫星 / 美国

图 1–9 模仿苍耳结构特征的尼龙搭扣 / 瑞士 / 乔治・德・梅斯特拉尔

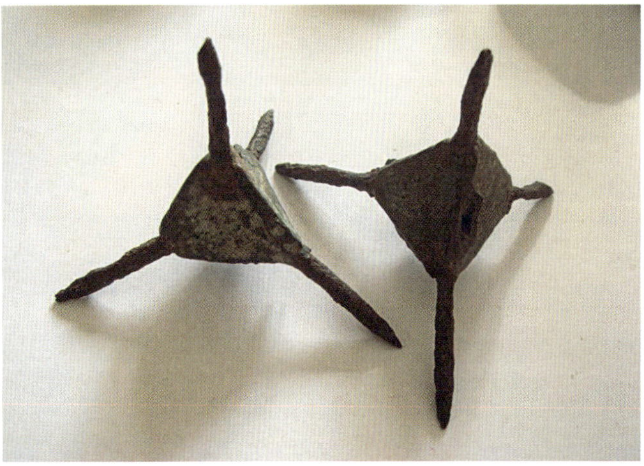

图 1-10 模仿蒺藜果结构特征的冷兵器

图 1-11 盘结泥块的树根与钢筋混凝土浇筑现场图

(5)源于“根”的启示

“钢筋混凝土”的发明源于植物根系的特点。法国园艺师约瑟夫·莫里哀为了解决养花的大陶盆不结实的问题，他曾先后试用木材和水泥来做花盆，但效果都不理想。他依然经常为园艺场中水泥制成的蓄水池和花坛被撞坏而烦恼。一日，他不慎将花盆再次撞坏，郁闷至极地前去收拾残花时注意到，土壤虽然松散，却能在植物交叉延伸的根须四周黏结聚集在一起。受此启发，他试着用旧铁丝仿造植物的根系织成交叉结构，再用水泥、石子浇铸在一起，这样砌成的花坛、水池牢固度大大加强，这也为钢筋混凝土结构的制作提供了思路（图1-11）。

(6)大蒜调料瓶

由西班牙photoAlquimia团队设计的这款“调味瓶AJORÍ”（图1-12），则是最大化地利用了造物主的“线索”的典范。该设计曾荣获2011年卡斯蒂利亚工艺品（Crafts of Castilla La Mancha）大奖的冠军。photoAlquimia团队写道：我们对紫皮大蒜构造（从外皮到球茎）进行了深入研究，其优雅的线条，独特的外形以及完美分割出的蒜瓣令我们印象深刻。这分明就是一套完美的组合式容器。这也是我们一直在寻找的优秀设计：外形与功能的完美契合。

图 1–12 调味瓶 AJORÍ/ 西班牙 /photoAlquimia 团队

2. 动物

（1）不会漏气的仿蜂巢轮胎

未来的轮胎不需要充气，因此也就不存在漏气问题。汽车轮胎尤其是军用车的轮胎需要具备较高的承重能力，能抵御爆炸装置袭击并且能够在遇袭后仍以每小时80公里的速度行驶。为了满足美国政府的要求，Resilient技术公司和威斯康星州大学麦迪逊分校聚合体工程学中心的开发人员设计了模仿蜂巢结构的轮胎（图1–13）。这种仿生轮胎由一系列六角形构成，具有极高的坚固度，同时可让重量均匀分布，以实现平滑行驶。

（2）奔驰仿生概念车

这款奔驰仿生概念车，设计灵感源于一种称为box fish（硬鳞鱼）的热带鱼。为了研制这款车，奔驰的设计人员和专家决定在自然界寻找这样一种动物：无论是身体细节还是整体，它都要符合空气动力学、安全、舒适、环保的要求。最终他们把目光锁定在“硬鳞鱼”身上。尽管这种鱼的身体像盒子一样，呈立方体的外观，却具有非常出色的流线特征，因此特别符合空气动力学的要求。设计人员根据它的外形制作了一个泥土模型，并在风洞内进行了测验，风阻系数只有0.06。工程设计人员还从这条鱼身上获得其他启示：这种鱼的表皮是由很多六角形骨片组成，能够以最小的重量提供最大的保护。工程师实际检验了这种仿生结构的可行性，并应用在了这辆仿生概念车上，从而研究出了更加轻量化的车身结构。经过测算，车身刚性提高了40%，重量却降低了约三分之一。

完成后的这辆概念车外形看起来确实有点特别，而且很有可能给未来的汽车设计带来全新的设计理念。设计制造后，该车经过风洞测试，风阻系数仅为0.19。这个数字在同级车型中是绝无仅有的（见图1–14）。

（3）Festo公司的仿生机器鸟

Festo公司出品的仿生机器鸟 Smart Bird （图1–15）从银鸥中汲取了设计灵感。Smart Bird是一种的超轻便但功率强劲的飞行模型，这一超轻飞行模型具有优秀的空气动力学性能和灵活性，无需额外驱动，便可进行自主启动、飞行和降落。满足出色的空气动力学原理且灵活度最大化。仿生机器鸟Smart Bird成功解码最古老的人类梦想：像鸟一样飞翔。

此种仿生技术载体能够自行启动、飞行和着陆，无需

图 1–13　不会漏气的仿蜂巢轮胎 / 美国 /Resilient 技术公司和威斯康星州大学麦迪逊分校

图 1–14　设计灵感源于硬鳞鱼的奔驰概念车设计 / 德国 / 奔驰

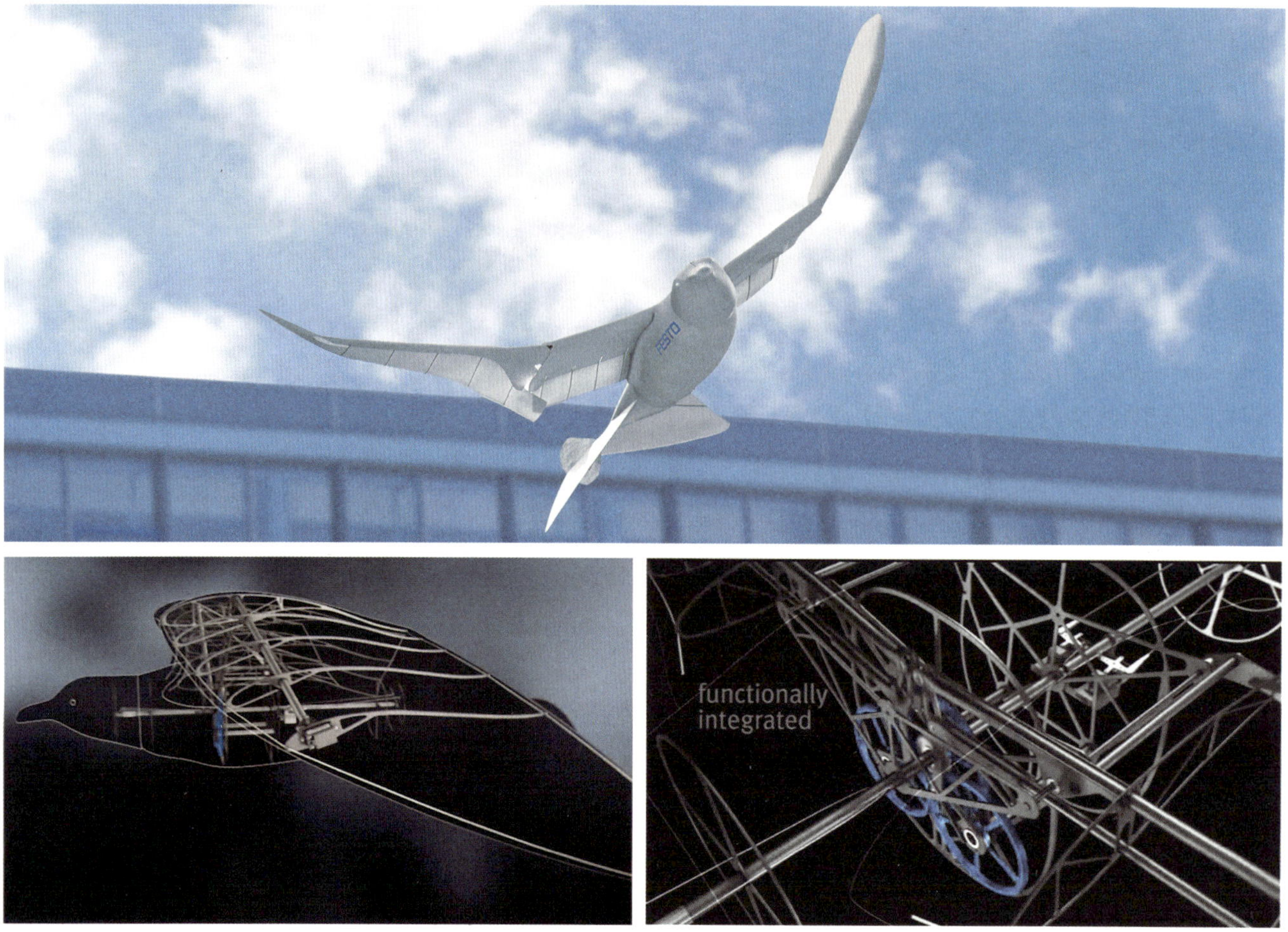

图 1-15 仿生机器鸟 SmartBird/ 德国 /Festo 公司 /2012

图 1-16 仿生机器水母 AquaJellies/ 德国 /Festo 公司 /2008

辅助传动装置。其翅膀不仅可以来回拍打，还能有目的地扭转。这得益于一个主动扭转的关节扭转传动装置，结合一个复杂的调节装置，它便可以实现以前无法达到的航空效度。

（4）Festo公司的仿生水母

如图1-16所示，如同其自然样本一样，仿生机器水母AquaJellies可以优雅并看似毫不费力地在水中游动。自适应触须可以利用体内电驱动器所产生的能量，集成通信和传感器技术以及实时诊断实现了多个水母在有限空间内的协调集体行为。

AquaJellies 2.0展示了未来水技术领域高效系统的潜力与理念。过程监控和状态监控在所有设备与过程工业中是十分重要的主题，在水技术中也不例外。

自我组织的功能已经在今天的水技术中得以应用，例如从多个分散的雨水储水池中将收集的雨水引进集中的污水净化设备中。状态监控实现了高效的操作、保养和维修。

五、人文因素下的产品结构设计

从古至今，人类文明对于造物活动产生了什么样的影响？有着什么样的内在或外在联系？诸如此类的问题一直引发社会学家们的热议。人类文明从哪些方面得以体现？究竟有哪些因素造成了世界各地产品在造型、结构、功能上的差异？形成这些差异的根本原因是什么？

建筑，作为人类文明发展史上最伟大的创造物之一，其在知识体系、方法理论、创意思维模式、工程建造流程等方面都与工业产品有着极为相似之处。梁思成在《中国建筑史》一书中谈到，建筑的显著特征之所以形成，有两类因素，有属于实物结构技术上之取法及发展者，有缘于环境思想之趋向者。可见，建筑的形成主要取决于两个因素：技术因素即建筑结构、环境思想即自然人文因素，因此在当代建筑教育学科划分中，建筑学也被分为土木工程和建筑设计两大学科发展方向。 而与建筑相类似的人类文明发展的另一产出物——产品的产生，也有着极为相似的两大影响因素：产品结构及环境、人文因素。两类因素之间既有着相互促进的作用，又在某些方面相互制约。

1. 产品结构与人文因素间的相互促进作用

产品结构与人文因素间的相互促进作用体现在人类文明的进步发展促进了产品的更新换代，由此产生了新的功能需求，而新功能的产生则需要新的产品结构设计来实现，例如轨道交通

图 1-17　折叠电动代步车 / 美国 /URB-E/2014

的发展使得人们出行方式发生了改变，为了解决从地铁站到家之间“最后一公里”的需求，折叠自行车成为了最佳的解决方案，而新的电动技术又将折叠自行车升级为折叠代步车（如图1-18所示）。由此可见，“利用轨道交通作为主要出行方式”促进了人们对于折叠代步车的需求，而在结构上与传统自行车不同，折叠自行车需要具备“方便快捷的折叠及展开”这一功能，则需要进行深入的产品结构设计才能实现。

新的结构设计有时也会引发人们对于生活方式的重新思考，从而探索出新的设计，甚至引发一场生活方式的变革。例如从最初为节约空间而生的多功能折叠家具类产品发展至今的数控智能家具产品，由于产品结构及信息科技的不断发展，人们家居生活方式正发生着巨大的变革，如图1-19是由美国Resource Furniture设计的一款集合了桌子性能的隐藏型床Ulisse Dining，并由凯莱家具进行电动数控化改造后成为了一款自动收放的隐形床。

图 1-18　折叠电动代步车使用情景 / 美国 /URB-E/2014

在大城市及超大城市的高密度居住环境中，人们对于居家环境空间的利用一直以来受到室内设计师及家具设计师们的密切关注：如何使空间功能多元化？如何更合理地利用空间？如何让狭小的空间满足更多的功能需求？为了解决这类问题，家具设计师们便设计出了各式各样可收纳、可折叠、多功能的家具（图1-20）。随着智能科技的飞速发展以及产品结构的不断更新，这类家具产品又逐步演变成为更加智能的科技类家具产品，以满足人们在小空间居住环境下丰富的生活内容和多样化的生活需求，推动了新的居住模式发展，这便是科技发展及新产品结构的应用对于人类文明发展所起到的促进作用。

2. 产品结构与人文因素间的相互制约作用

产品功能或外形的设计也需遵循文化、经济、宗教等方面的发展情况，同时产品的功能或外形往往影响产品的结构构成，这便构成了文化对产品结构设计的制约作用。例如中国在北宋前的餐食形式所采用的多为“分餐制”，这在古时的宴饮画像砖上均有记载，如图1-21中所描绘，正是由于这种分餐文化，北宋以前的餐桌椅尺寸及桌面高低与当今人们生活中所用的大相径庭，因此餐桌椅的结构形式也有所不同，而在当时的餐食文化背景下，便不会产生当今人们日常生活中所常见的高案大桌，更不会有因“合餐制”需求而设计的变化桌面尺寸的餐桌（图1-22），这就是文化

图 1-19　隐藏型床 Ulisse Dining/ 美国 /Resource Furniture

图 1–20　隐藏式沙发床、超长变形桌 / 美国 /Resource Furniture

图 1–21　汉代画像砖拓印图

图 1–22 多功能茶几、餐桌 / 美国 /Resource Furniture

对于产品结构设计的制约作用。反之，如果一个产品即使其创新之处改变了我们以往的生活方式，但是由于结构技术的原因而无法生产、无法量产，或因其价格、使用方式、造型元素等方面不能得到多数人的肯定，则该产品对社会主流的生活方式不会形成一定的影响力。

第二节 结构设计的基础知识

本节学习内容

①用结构简图表示复杂的结构化的具体结构。

②了解结构传动过程，分析结构的可动性，即计算结构自由度。

本节学习目的

①了解结构传动中常采用的基本结构形式，掌握相关术语。如连杆结构、齿轮结构等基本结构形式；又如构件、运动副、自由度等结构设计术语。

②学会绘制结构简图（结构简图在机械原理中又称为机构简图）的方法，用结构简图表述实际结构的传动本质和组成；掌握结构自由度计算的方法、分析结构的可动性。这两个方法称之为“一图（结构简图）一计算（自由度计算）”。

本节知识的掌握有利于工业设计专业学生在产品设计时构建与机械工程师沟通和交流的平台。

一、构件和运动副

活动型产品结构设计的概念含义是指产品中的传动形式是机械传动。一般说，机械传动设计中要解决两类问题：选择合适的结构形式满足传动要求，机械原理上称之为“形综合”，这个问题的难度最大；确定结构尺寸，满足结构传动的位置、速度和加速度等要求，机械原理上称之为“运动综合”，又称“数综合”。本章节阐述的结构设计基础知识就是解决这类问题的基础。

1. 构件和运动副的定义

构件和运动副的严格定义在“机械原理”书中有一段较为繁琐的描述，从本书的实用性和应用性的观点看，重述这段定义意义不大，所以在此通过实例简要说明。

（1）构件

简单地说，一个产品是由零件组成，一个零件或两个零件及三个以上零件都可以组成相对静止（固定联接）的组件。相对静止的零件组合为刚性组合，可以通过紧固件（螺栓、螺钉等）联接、焊接、粘结、铆接、过盈配合等众多工艺方法实现。机械原理中，把多个零件的刚性组件（也可以是一个零件）称为构件。在图1-23中，唧筒的手柄把和手柄杆是两个零件，通过紧固件联接等方法固结成一个名为“操作手柄”的刚性组件，在绘制结构简图时用一个构件来表示。构件的结构简图见图1-28。构件是结构简图中最基本的元素。

构件是运动的基本单元。根据产品功能、结构要求，某些零件需固联成没有相对运动的刚性组合，成为结构中的一个基本单元。

（2）运动副

两个构件联接后存在相对运动，这种运动联接形式称为运动副，运动联接的形式有多种，运动副的形式也有多种。运动副的概念由两个要素组成：一是两个构件必须接触；二是构件之间存在相对运动（未静止）。所谓“副”含有“一对运动”之意。在图1-23中，构件1操作手柄和构件2连杆之间存在回转的相对运动，这种运动联接形式称为“转动副”。

2. 运动副及其分类

平面结构中，构件之间的运动接触类型只有两种：面接触和点、线接触。面接触的运动联接称为低副，线或点接触的运动联接称为高副。

（1）低副

低副——两构件通过面接触组成的运动副，它的数量用P_L表示。

低副的传动特点是让联接构件间受到两个约束，只存在一个自由活动方向。

平面低副只有两种结构形式：转动副和移动副。

①转动副——两构件之间只能够产生转动的运动副，如图1-24。转动副又称回转副。铰链联接是最典型的转动副形式。转动副限制构件不能沿x、y两个方向移动，只能绕垂直于运动平面的z轴转动。

②移动副——两构件之间只能够产生移动的运动副，如图1-25。移动副又称滑动副。滑槽结构是最典型的移动副形式。移动副限制构件不能沿y方向和绕z方向转动，只能沿x方向移动。

为了方便后面结构演化章节的学习，必须强调指出：低副的重要特性是“低副运动的可逆性”，就是说用低副相联接的两构件间的相对运动关系，不会因两构件的“主动”和“被动”关系的改变而改变。

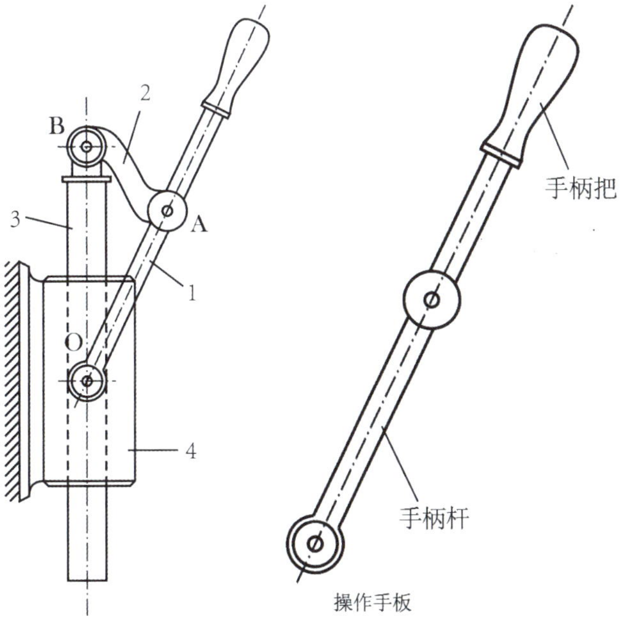

图 1-23 唧筒结构

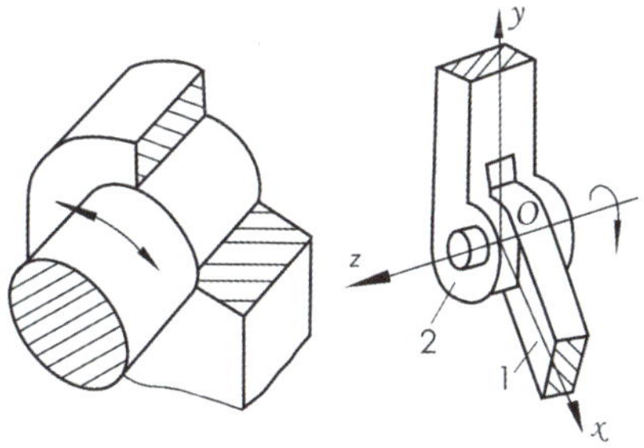

图 1-24 转动副结构

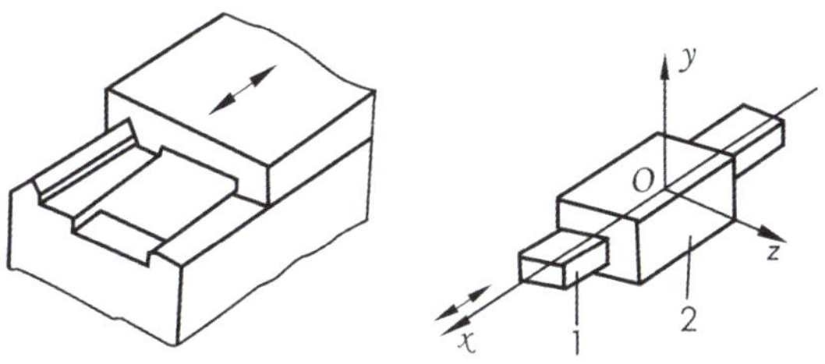

图 1-25 移动副结构

（2）高副

高副——两构件通过点或线接触组成的运动副，它的数量用P_H表示。高副的传动特点是限制构件不能沿着接触点的法线方向（n-n）移动，只能沿切线方向（t-t）移动和绕z轴转动，受到一个约束，存在两个自由活动方向。图1-26所示的高副是高副的常见形式。图（a）为车轮和铁轨的线接触，图（b）为尖顶从动杆和凸轮表面的点接触，图（c）为两齿轮的齿廓的线接触。高副的结构简图见图1-31。

（3）机构

两个以上的构件通过运动副联接成一个运动链系统，系统中有一个构件被固定（静止不动，称为机架构件），其余构件都有其确定的相对运动，该运动链系统称为机构。例如某一机构，它有四个构件，每两个构件之间用转动副联接，形成闭合的运动链，选定其中一个构件作为机架，它就是人们常常应用的铰接四连杆机构（图1-27）。运动链系统还可形成开式运动链，参见图1-39（e），它不是本书讲述的主要内容。

二、结构运动简图及其绘制

1. 结构运动简图概述

结构运动简图是实际结构运动关系的简化表示图形。在研究和分析实际结构组成及运动特性时是一个不可缺少的环节，它可以简明地表达一部复杂机器的传动原理和过程。

绘制结构运动简图只考虑与运动有关的运动副数目、类型及相对位置，对构件和运动副的实际结构形态进行了简化，不考虑材料，仅考虑和运动有关的尺寸比例。

在只需要表示结构的机构组成及运动关系的场合，可以进一步对结构运动简图进行简化，这种不按实际尺寸比例绘制的结构运动简图，称为结构运动示意图，又称结构简图。初次分析结构运动关系时经常采用。掌握绘制结构简图的方法是本书的重点。

2. 构件和传动副的简图表示

（1）构件的简图表示（图1-28）

常用构件种类有：轴、杆、连杆［图1-28（a）］；轴、杆的固定支架［图1-28（b）］；杆的固定联接［图1-28（c）］；零件与轴的固定联接［图1-28（d）］；弹簧［图1-28（e）］；齿轮和凸轮［图1-28（f）］。

（2）转动运动副简图表示（图1-29）

两个构件都是活动的转动副联接［图1-29（a）］；一个活动构件和机架支座转动副联接［图1-29（b）、（c）］。转动副用一个小圆示意，不动的构件与支架，画上斜线。

（3）移动副运动简图表示（图1-30）

移动副也有两种情况，两构件为活动构件（图1-30上）；一个构件为机架，另一构件为活动构件（图1-30下），机架构件画上斜线。简图表示可以有三种方式，绘图时根据移动副具体结构情况，任选一种绘制：滑块在导杆上移动［图1-30（a）］；滑块在导

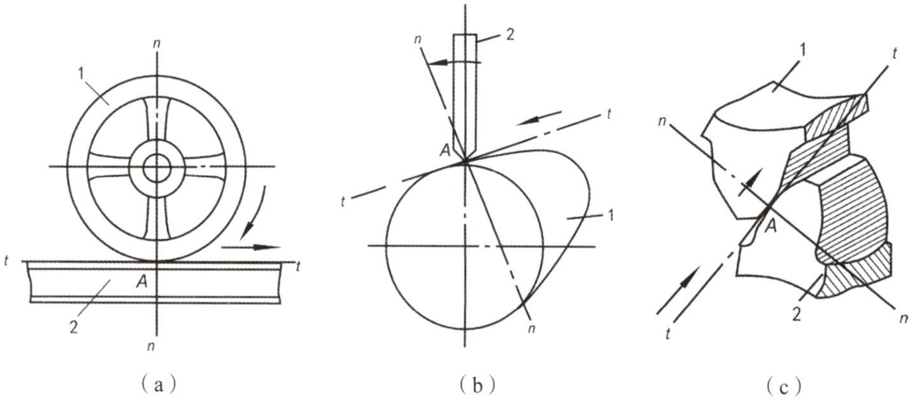

图 1-26　平面高副结构

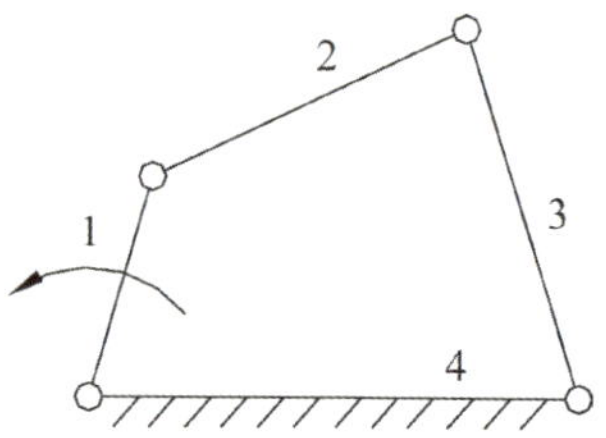

图 1-27　铰接四连杆机构

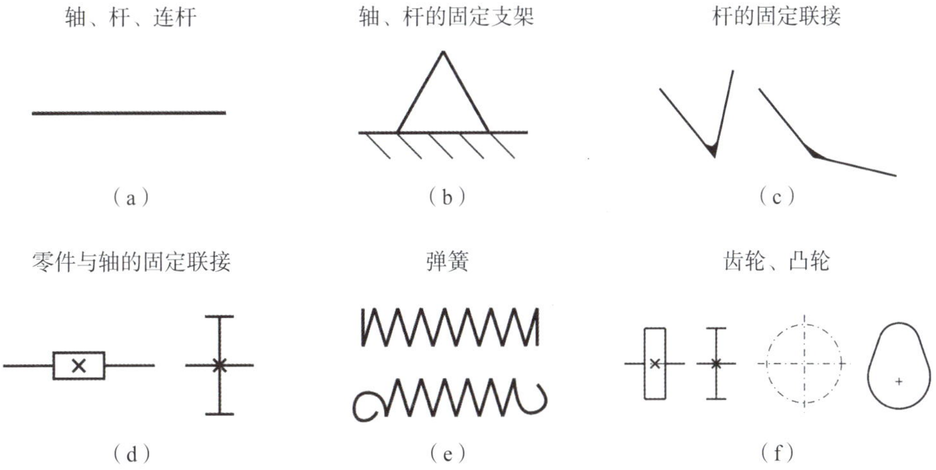

图 1-28　构件简图

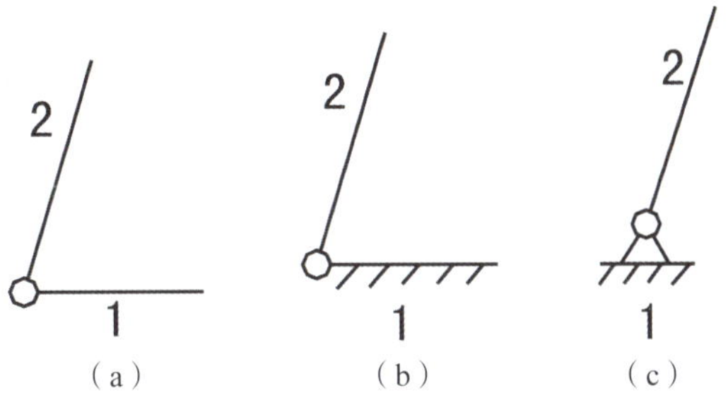

图 1-29　转动副简图

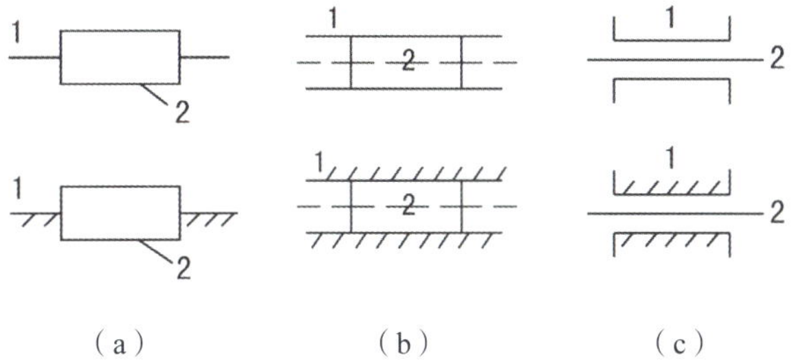

图 1-30　移动副简图

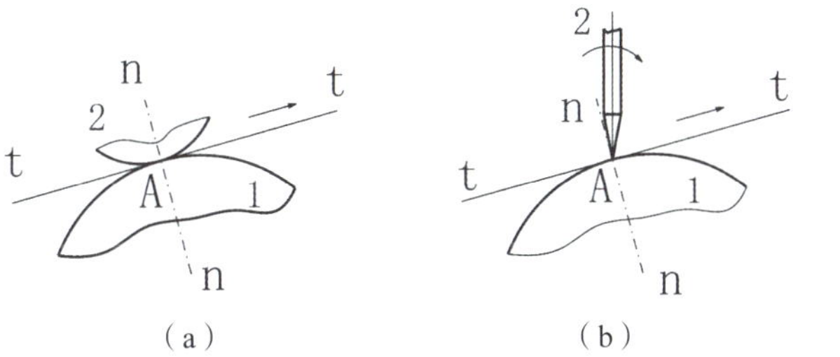

图 1-31　高副简图

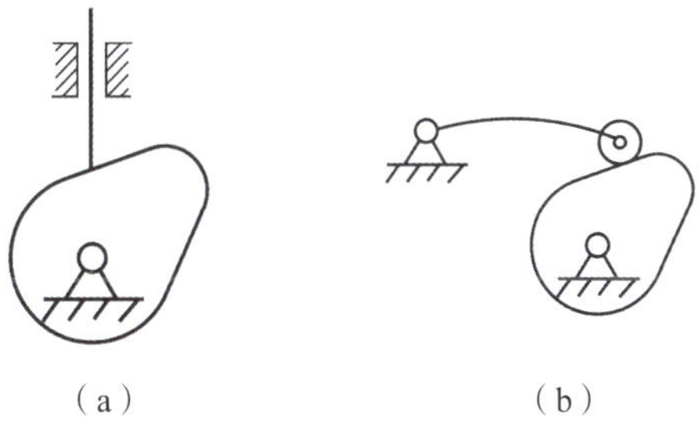

图 1-32　凸轮高副简图

槽中移动［图1–30（b）］；导杆在导槽中移动［图1–30（c）］。无论是滑块，导槽、还是导杆，它们都和运动副的相对移动方向一致。

（4）高副简图表示

两构件组成平面高副时，简图只需画构件接触处的曲线轮廓。注意要画出相切的“点”（图1–31）。

凸轮高副一般要画出凸轮廓形线，常见的两种形式见图1–32。图1–32（a）是点接触尖顶直动杆平面凸轮结构，图1–32（b）是线接触的滚子摆动杆平面凸轮结构。

齿轮高副常见形式有平面圆柱齿轮传动，它的简图有三种表示：一对弧曲线点接触表示［图1–33（a）］；点划线圆（或实线圆）表示［图1–33（b）］；带一对齿廓形的点划线圆表示［图1–33（c）］。其中点划线圆或实线圆表示的简图［图1–33（b）］应用最多，后面例题中有体现。

（5）多运动副构件简图表示

多运动副构件在画结构简图时经常遇到。有两类情况：

①一个构件有两个相同的或不同的运动副的表示（图1–34）

一个构件带两个转动副［图1–34（a）］；一个构件带两个移动副［图1–34（b）］；一个构件带一个转动副和一个移动副［图1–34（c）］；移动副和转动副重合［图1–34（d）］；一个构件带一个转动副（或移动副）和一个高副［图1–34（e）］。

②一个构件有两个以上的运动副的表示，常见是三副构件（图1–35）。

图1–35（a）和图1–35（c）是经常应用的简图形式。

根据上述简图绘制方法，可举一反三，完成更多运动副构件的简图绘制。

3. 平面结构运动简图绘制

（1）简图绘制

平面结构运动简图绘制步骤分四步。

①反复观察结构运动，了解传动组成，确定机架构件，机架构件打上剖面斜线。

②确定结构运动链中的主动构件，又称原动件，其他构件为从动件。主动构件的一般判定标准是：有独立运动输入和已知运动规律，但大多数情况是和机架相连的构件。

③沿着运动传递路线，逐一找出每两构件之间联接的运动副，确定其类型。从原动件开始对构件进行编号，编号用阿拉伯数字表述；对运动副编号，用大写英文字母表示。

④选取结构一个适当的瞬时位置，将构件和运动副用简图画出，并联结成结构简图。联结成简图时，强调的是画简图时必须考虑构件和机架的实际形体的形状，可通过多看多做题目加强体会。如果画成结构运动简图，构件长度大小按尺寸比例画出。

应该强调指出：复杂一点的结构简图要先画草图，掌握结构简图的绘制方法必须多做练习。

（2）简图绘制举例

例1．图1–36画牛头刨床的主体运动结构简图。

牛头刨床的主体结构的组成构件是：曲柄2（和大齿轮固联接在一起）、滑块3和5、导杆4、刨头滑枕6、小

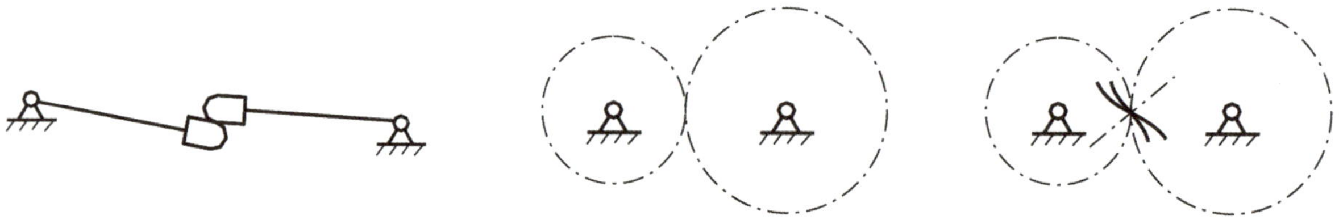

（a）　　（b）　　（c）

图 1–33　齿轮高副简图

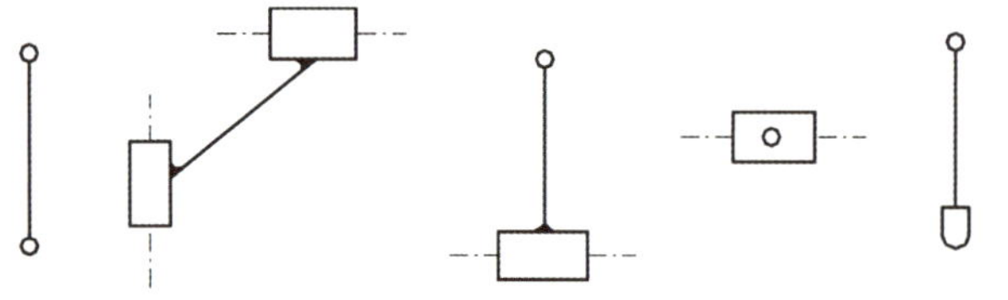

（a）　（b）　（c）　（d）　（e）

图 1–34　两运动副构件简图

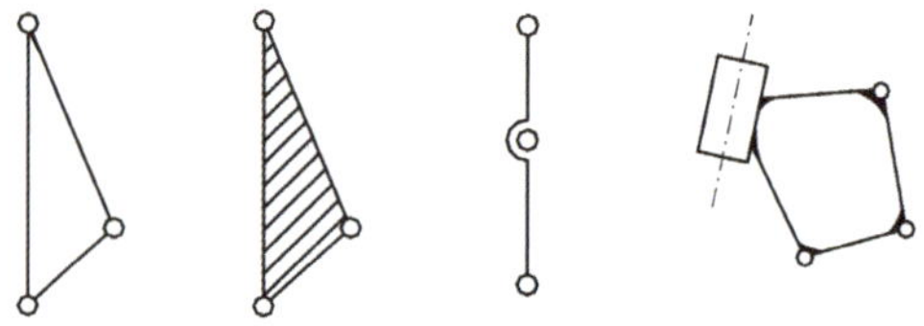

（a）　（b）　（c）　（d）

图 1–35　三运动副及多运动副构件简图

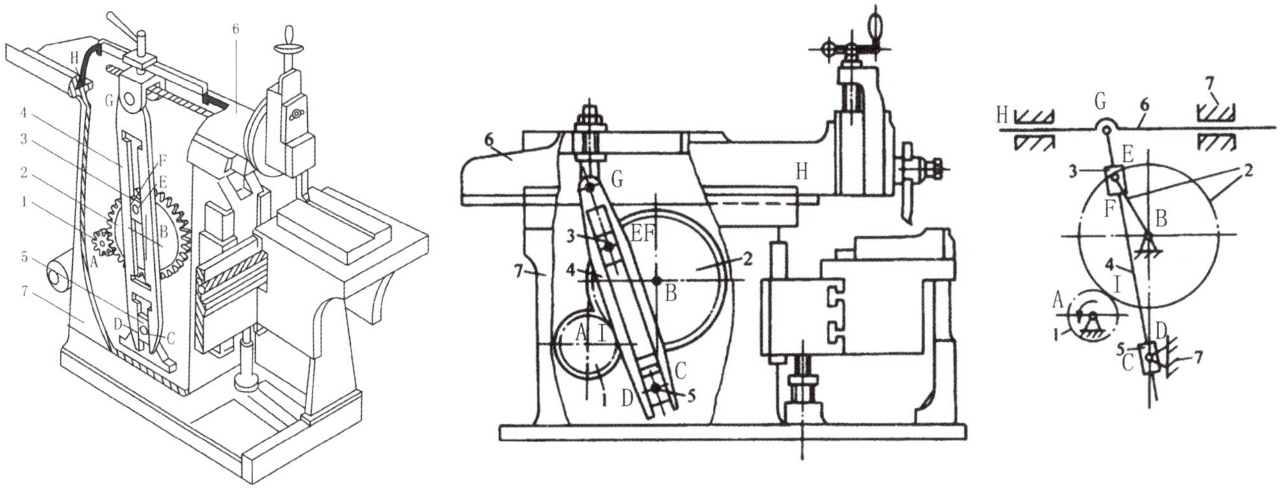

（a）主体结构图　　（b）结构平面图　　（c）结构简图

图 1–36　牛头刨床主体运动结构

齿轮1和床身（机架）7。构件的联接情况是：小齿轮1和大齿轮2是高副I联接，曲柄（大齿轮）2和滑块3是转动副E联接，滑块3、滑块5和导杆4是移动副F、D联接，滑块5和机架7是转动副C联接，导杆4和刨头滑枕6是转动副G联接，刨头滑枕6和机架7是移动副H联接。根据前述的构件和运动副的简图画法，按照上述绘制简图步骤，可以画得牛头刨床的主体运动结构简图。构件7为机架，打上剖面斜线，构件1为主动件，画上运动输入箭头［图1–36（c）］。

画简图时注意三点：①齿轮高副的画法；②转动副和移动副重合的画法，C副和D副、E副和F副，参见［图1–34（d）］；③刨头滑枕6是导杆构件，固定的导槽支撑画成两个，其中一个起辅助支承作用。

三、平面结构自由度

1. 结构自由度概念

结构是一个运动链系统，它含有主运动构件，即独立运动构件或原动件。结构独立运动构件的数目称为结构自由度，用F表示。多数结构自由度$F=1$，它表示只有一个主动构件，即1个运动输入构件，其他构件由运动副的相对运动所确定。自由度$F=2$的结构表示结构有两个独立运动构件，即两个主动件（两个运动输入），只有两个运动输入确定了，其他构件的运动才被确定。可以理解为，结构自由度$F=0$，表示结构没有活动构件，结构中不存在任何相对运动，此时结构“不能动”，设计中的结构组成变成了刚性联接，在结构设计中需要避免发生。

2. 结构自由度计算公式

（1）构件的自由度

构件具有的独立运动数目称为构件自由度（图1–37）。一个平面构件中没有任何运动副约束，它有三个独立运动：x方向和y方向的两个移动，绕垂直于平面的z轴转动。所以一个做平面运动的构件自由度$F=3$。对于机架构件，它没有任何独立运动，自由度$F=0$。

（2）运动副自由度和约束数

如前所述，平面运动副分低副和高副。低副联结只有一个独立的相对运动，约束限制了两个运动。低副自

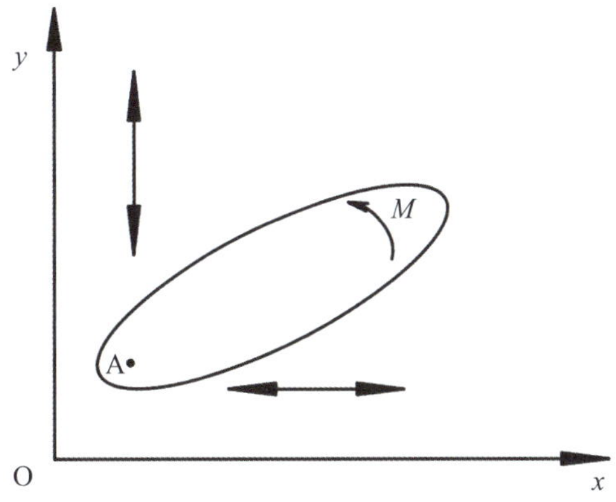

图 1–37　无约束构件的平面运动

由度$F=1$，约束数为2。例如转动副限制了x和y方向的两个移动（图1–24）。高副中有两个独立运动，只约束限制了接触点法线方向的移动，高副的自由度$F=2$，约束数为1（图1–26）。

（3）结构自由度计算公式

一个确定的结构，有N个构件，除去不能活动的机架构件（$F=0$）外，有$n=N-1$个活动构件，没有运动副约束联接时，结构的自由度为$3n$，运动副联接构件后，运动副的约束减少了构件的自由度，结构中每增加一个低副，增加了两个约束，减少了两个自由度；每增加一个高副，增加了一个约束，减少了一个自由度。所以结构的自由度应为结构活动构件总的自由度减去运动副的约束数。设结构总低副数量为P_L个，高副数量为P_H个，总的约束数为$2P_L+1\cdot P_H$。结构自由度F的计算公式可以写成：

$$F=3n-(2P_L+1\cdot P_H)=3n-2P_L-P_H \qquad (1-1)$$

公式中，n——结构的活动构件数，

P_L——平面结构中的低副数目（转动副和移动副总数），

P_H——平面结构中的高副数。

3. 结构自由度计算

（1）结构自由度计算步骤

①绘制结构简图；

②确定活动构件数n；

③确立低副数P_L和高副数P_H；

④检查n、P_L、P_H是否有遗漏和没有考虑到的问题（如复合铰链、虚约束）；

⑤代入自由度计算公式求得结构自由度F值；

⑥分析F值和实际结构的运动关系。

（2）计算举例

例1. 如图1–38，计算凸轮与摆杆组成的结构的自由度。

解：

①活动构件数为$n=2$；

②低副是回转副，$P_L=2$；

③高副是摆杆和凸轮接触，$P_H=1$；

④代入自由度计算公式，得$F=2\times3-(2\times2+1)=1$；

⑤分析自由度F。自由度为1，它的几何意义表示只有一个独立运动构件——凸轮。凸轮1按已知运动规律转动时，摆杆2的运动唯一地被确定了。

例2. 图1–39，计算一组平面连杆结构的自由度，并解释结构设计方案的可行性。

解：

图1–39（a），活动构件数$n=2$，低副数$P_L=3$，高副数$P_H=0$，自由度$F=3n-2P_L-P_H=3\times2-2\times3-1\times0=0$。$F=0$表明构件之间无相对运动，不存在独立运动构件，是一个刚性三角架，不能成为结构。

图1–39（b），活动构件数$n=3$，低副数$P_L=5$，高副数$P_H=0$，自由度$F=3n-2P_L-P_H=3\times3-2\times5-1\times0=-1$。$F=-1$表明构件组成的约束过多，形成一个超静定刚性杆架（常称珩架），根本不能发生任何构件间的相对运动，也不能成为结构。

图1–39（c），活动构件数$n=3$，低副数$P_L=4$，高副数$P_H=0$，自由度$F=3n-2P_L-P_H=3\times3-2\times4-1\times0=1$。$F=1$表明结构中存在一个独立运动构件。构成一个广泛应用的四连杆结构。本书在第三章会详细讨论这种结构的组成、演化和设计方法。

图1–39（d），活动构件数$n=4$，低副数$P_L=5$，高副数$P_H=0$，自由度$F=3n-2P_L-P_H=3\times4-2\times5-1\times0=2$。$F=2$表明结构中存在两个独立运动构件，也就是有两个主动杆（原动构件），只有两个已知运动输入后，才能保证结构运动有唯一确定性。

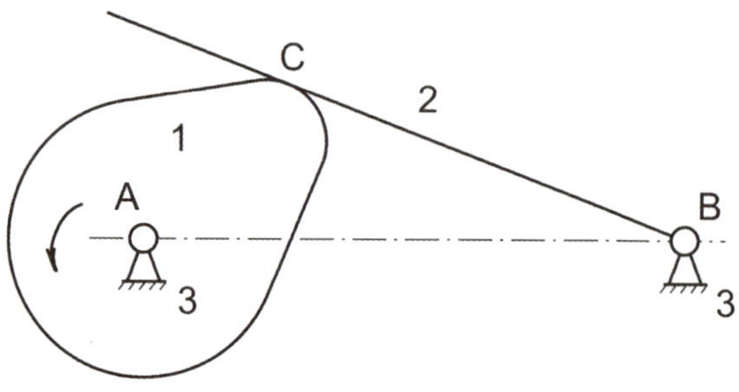

图 1–38 凸轮与摆杆结构自由度

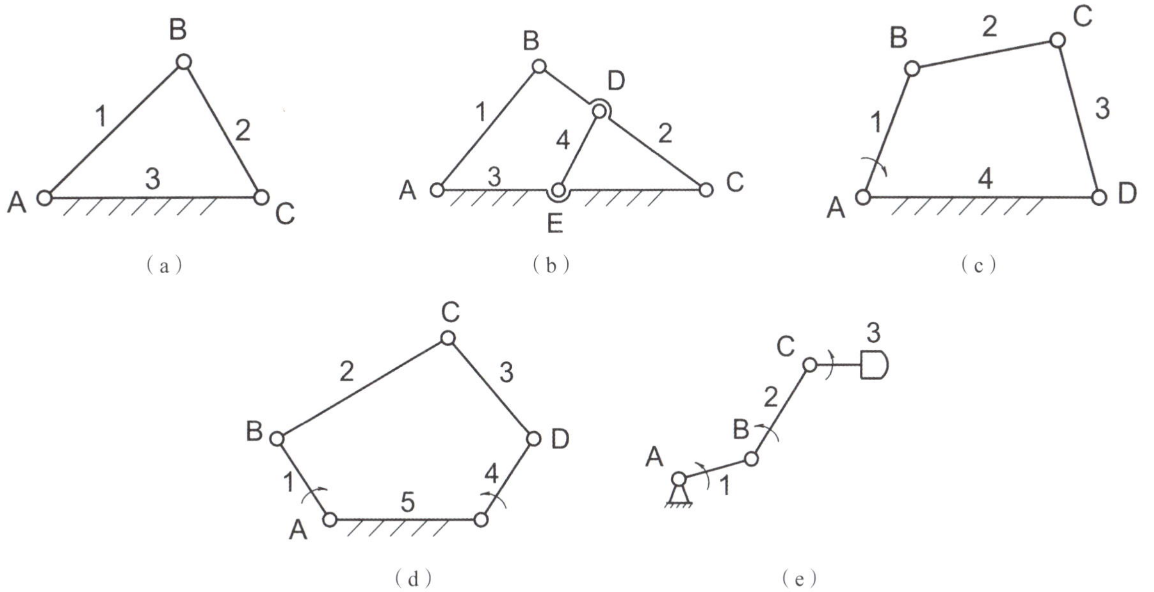

图 1-39 平面连杆结构运动链自由度分析

图1-39（e），活动构件数$n=3$，低副数$P_L=3$，高副数$P_H=0$，自由度$F=3n-2P_L-P_H=3\times3-2\times3-1\times0=3$。$F=3$表示结构必须有三个主动杆（原动构件）才能保证结构有唯一确立的运动。该结构和前四种结构传动类型不一样，前四个例子是闭式运动链，而它是开式运动链。机械手等结构常采用这种设计，变形金刚等折叠玩具也常采用这种结构形式（图1-40）。图1-41蛋形动物玩具、图1-42便携式LED台灯、图1-43折叠式台灯，就是活动型产品开式运动链多自由度的结构设计实例。

结构自由度计算要掌握的重点是运动链系统成为具有确定性的相对运动结构，其必要条件有两条，一是运动链的自由度必须大于零；二是原动构件数等于运动链的自由度。

四、产品结构图讨论和训练

在问题讨论的基础上，深化对结构运动简图的理解和自由度的计算，旨在提高学生绘制较高难度结构简图时的分析能力。

1. 偏心结构——转动副扩大的简图画法

运动副的具体结构形式在实际结构中是多种多样的，我们经常遇到的是转动副的偏心结构形式。在识别和确定运动副时，常给初学者带来一定的困难。

图1-44（a）中，构件1和构件2联接是转动副A，构件2和构件3联接是转动副B。若将构件2看成一个以B为圆心的圆形构件，包含转动副A，就形成偏心结构。A点的轴心打上机架的剖面斜线，表示和机架相连，如图1-44（b）。易见，b图将转动副B扩大了，但三个构件之间的运动关系没有改变。这种偏心结构在处

图 1-40 变形金刚

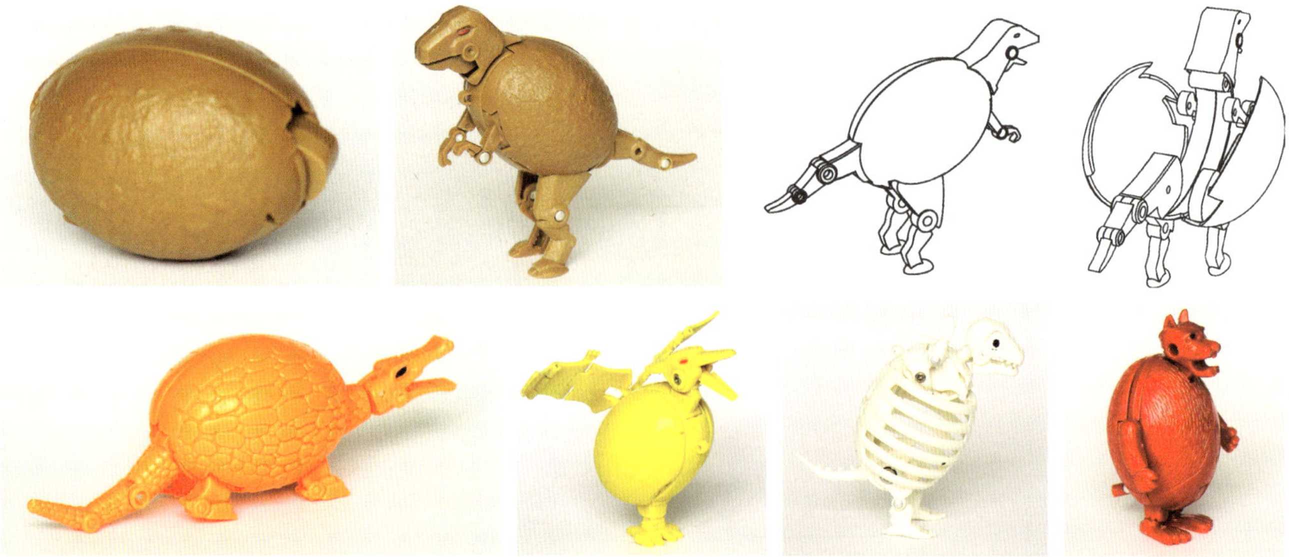

图 1–41 蛋形动物玩具 / 上海视觉艺术学院 / 张一（摄）/2006

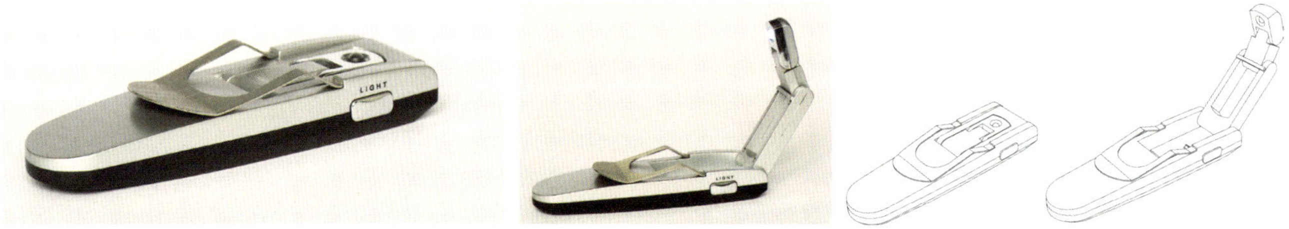

图 1–42 便携式 LED 阅读灯 / 上海视觉艺术学院 / 张一（摄）/2008

图 1–43 折叠式台灯 / 上海视觉艺术学院 / 张一（摄）/2008

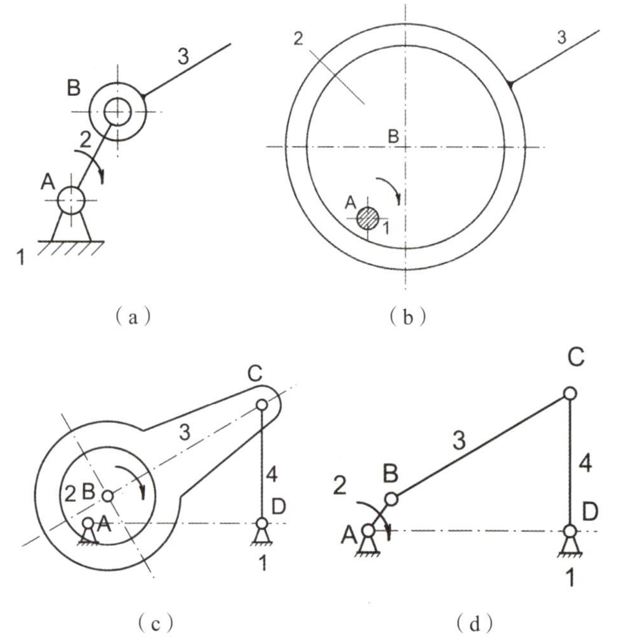

图 1–44 转动副扩大简图

理转动副中心十分接近时（有时仅有1～2mm）非常有用，常用于曲柄构件，经常以曲轴结构形式出现。画结构简图时，只要将偏心圆轴体看成一个构件，图中为构件2，圆心距离为偏心构件的长度，图1–44（c）是一个含有（b）图偏心结构的四连杆结构，画成结构简图就如（d）图，是一个典型的铰接四连杆结构。

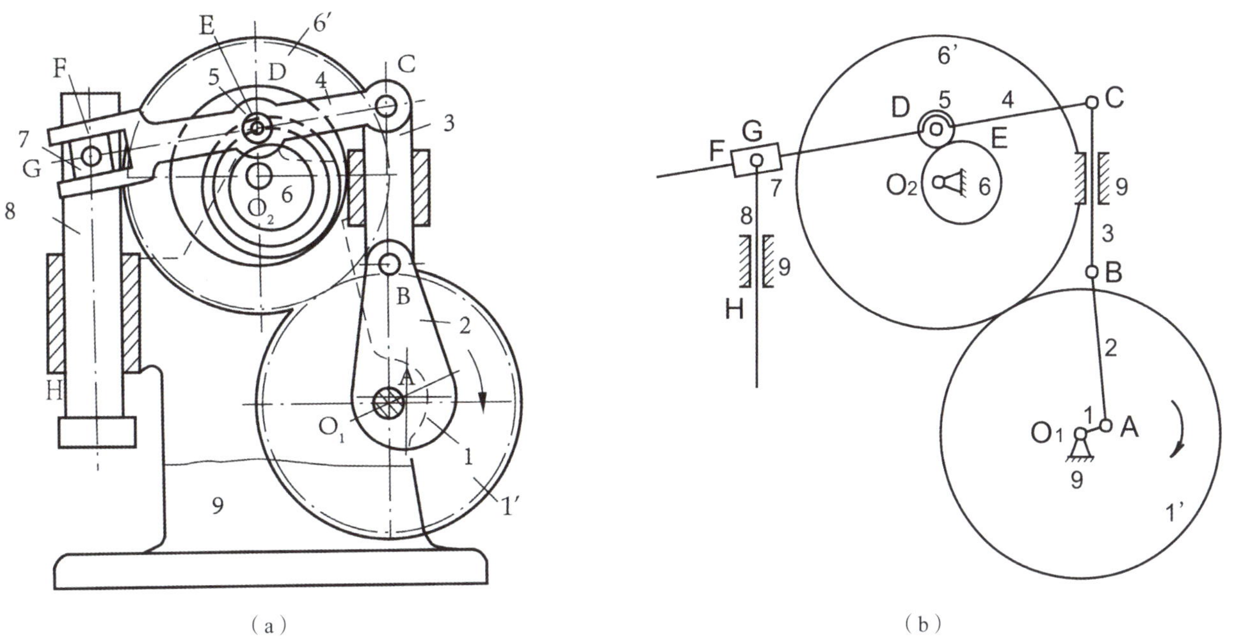

图 1–45　小型压力机结构简图绘制

应用举例：图1–45（a）是一个小型压力机的结构传动结构示意图。绘制结构简图并计算自由度。

解：题目的难点有三处：①O_1A构件是一个偏心结构，转动副A扩大了，包含O_1轴，情况和图1–44一样，简图中只需将O_1A画成一个构件就行了；②有两个构件是由两个零件组成的：齿轮1′是主动杆（原动件），O_1A构件和它固接，看成一个构件。齿轮1′传动齿轮6′，偏心圆凸轮构件6和齿轮6′固接，看成一个构件；③滑块7有两个运动副重合：转动副G和移动副F，它和图1–36牛头刨的例子类似，参见图1–34d的画法。

整个传动链的连接顺序是：原动件O_1A构件用转动副A连接（又称铰接）连杆2，连杆2和导杆3用转动副B铰接；连杆4是一个带有C、D、F运动副的三副构件，用C副和导杆3铰接，用D副和滚子5铰接，用F副和滑块7移动副连接；冲头8和滑块7用转动副G铰接，冲头8和机架9移动副H用连接；偏心圆凸轮6和滚子5用高副E连接。由此画成结构简图如图1–45（b）。

自由度计算：活动构件数$n=8$，低副数$P_L=10$（转动副7个，移动副3个），高副$P_H=2$，$F=3n-2P_L-P_H=3\times8-2\times10-1\times2=2$，自由度$F=2$表明结构有两个独立运动构件；构件1曲柄和构件5滚子。构件1为主（原）动构件，运动由此输入；构件5是滚子自身的独立运动，对整个结构构件间的相对运动没有影响，称为局部自由度，下面会专门叙述。

2. 自由度计算中的三个问题

计算结构自由度时，必须注意复合铰链、局部自由度和虚约束三个问题，才能使计算和分析正确。

（1）复合铰链

两个以上构件在同一位置用转动副连接，这种结构形式的运动副称为复合铰链。图1–46摇筛结构中，C处的运动副为复合铰链，有三个构件在C处联接，从侧视图（b）可以看出复合铰链处形成两个转动副。计算自由度时，必须注意复合铰链处的低副数应为该处构件数减1。摇筛结构C处复合铰链的低副数应计为2，否则自由度计算会出错。

应用举例：计算图1–46（a）摇筛结构自由度。

解：根据结构简图，活动构件数$n=5$，C为复合铰链，计有两个低副，低副总数$P_L=7$，高副数$P_H=0$，结构自由度F为

$F=3n-2P_L-P_H=3\times5-2\times7=1$，

自由度为1，表明结构只有一个主动件，图中为构件1。

（2）局部自由度

结构中某个构件的独立运动只和它自身的局部运动有关，不会影响其他构件间的相对运动关系，则称构件的独立运动确定的自由度为局部自由度，图1-47中偏心圆凸轮结构就是这种情况。局部自由度多数出现在构件绕自身轴线转动的情况下，最常见的是滚子构件的结构，如图1-47（a）。活动构件数$n=3$，低副$P_L=3$，高副$P_H=1$，自由度$F=3n-2P_L-P_H=3\times3-2\times3-1\times1=2$。

自由度$F=2$表明凸轮结构有两个独立运动构件，其中构件3绕自身轴线转动，不影响其他构件相对运动，判为局部自由度，局部自由度存在可以大大影响改善从动杆3和凸轮1的接触状况，把滑动摩擦变为滚动摩擦。

图1-47（b）中，没有滚子构件2，结构自由度$F=3n-2P_L-P_H=3\times2-2\times2-1\times1=1$，只有一个独立运动。它和图1-47（a）图结构相比，从动杆3的运动完全一样。由于没有局部自由度，构件3和凸轮1之间摩擦情况将会加剧。

（3）虚约束

在确定结构运动副约束时，有时会遇见一些特定的几何条件或结构条件，出现重复约束，也就是说几个约束的作用是一致的，机械设计中把这种不起独立限制作用的重复约束称为虚约束。在计算自由度时，要发现简图中的虚约束，不把它计入约束数目之中，确保结构自由度分析的正确性。

常见的虚约束结构形式有：

①几何条件相同并重复，运动副轨迹一致

在活动型产品构件设计中，最常见的虚约束结构是平行四边形结构。

例1．如图1-48（a），计算平行四边形结构的自由度。

解：根据虚约束的定义，转动副E和F的几何条件和转动副C和D一样，并重复，转动副E和F判为虚约束，也就是说在图1-48（a）中，构件4联结转动副E和F，在图1-48（b）中，撤去构件4，E的运动轨迹是和图1-48（a）E点一样，没有变化。构件4（EF杆）的虚约束存在是因为几何条件同构件3（CD杆）一样。

图1-48（a）的结构自由度计算应除去转动副E和F，按图1-48（b）结构计算。活动构件数$n=3$，$P_L=4$，$P_H=0$，结构自由度$F=3n-2P_L-P_H=3\times3-2\times4-1\times0=1$，表示结构主动杆AB运动输入后，结构各构件运动唯一地被确定。如果不考虑虚约束，自由度按图1-48（a）计算，活动构件数$n=4$，$P_L=6$，$P_H=0$，结构自由度$F=3n-2P_L-P_H=3\times4-2\times6-1\times0=0$。$F=0$表明结构为刚性联接，构件间不存在相对运动，这是不符合实际情况的。

图1-48（c）是一个火车车轮的运动结构，结构简图同1-48（a）图，它是平行四边形结构的应用实例。

应该指出平行四边形结构具有很好的伸缩折叠特性，在活动型产品中应用很多。

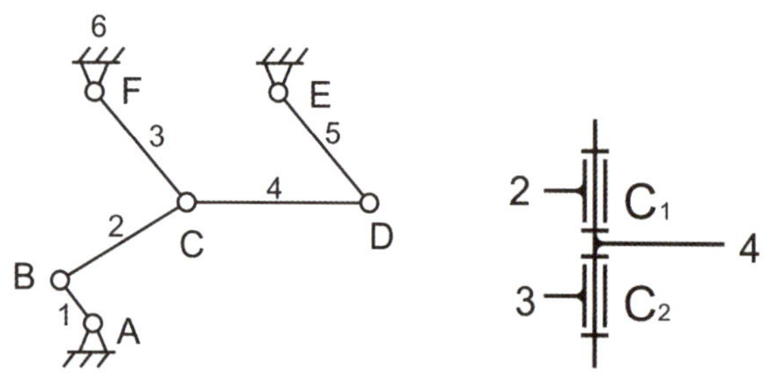

（a）　　（b）

图 1-46　摇筛结构运动简图

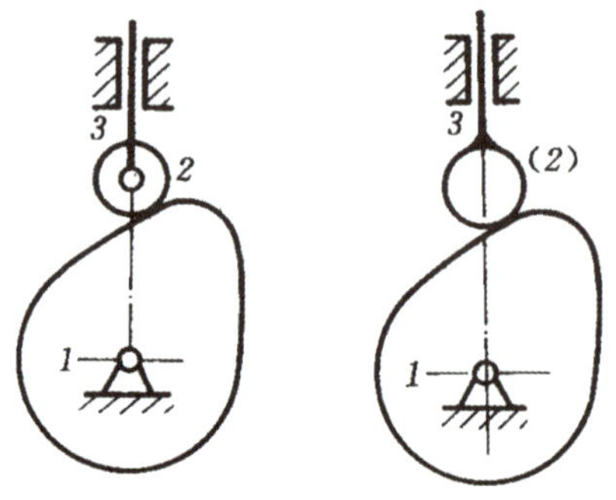

（a）　　（b）

图 1-47　平面凸轮结构

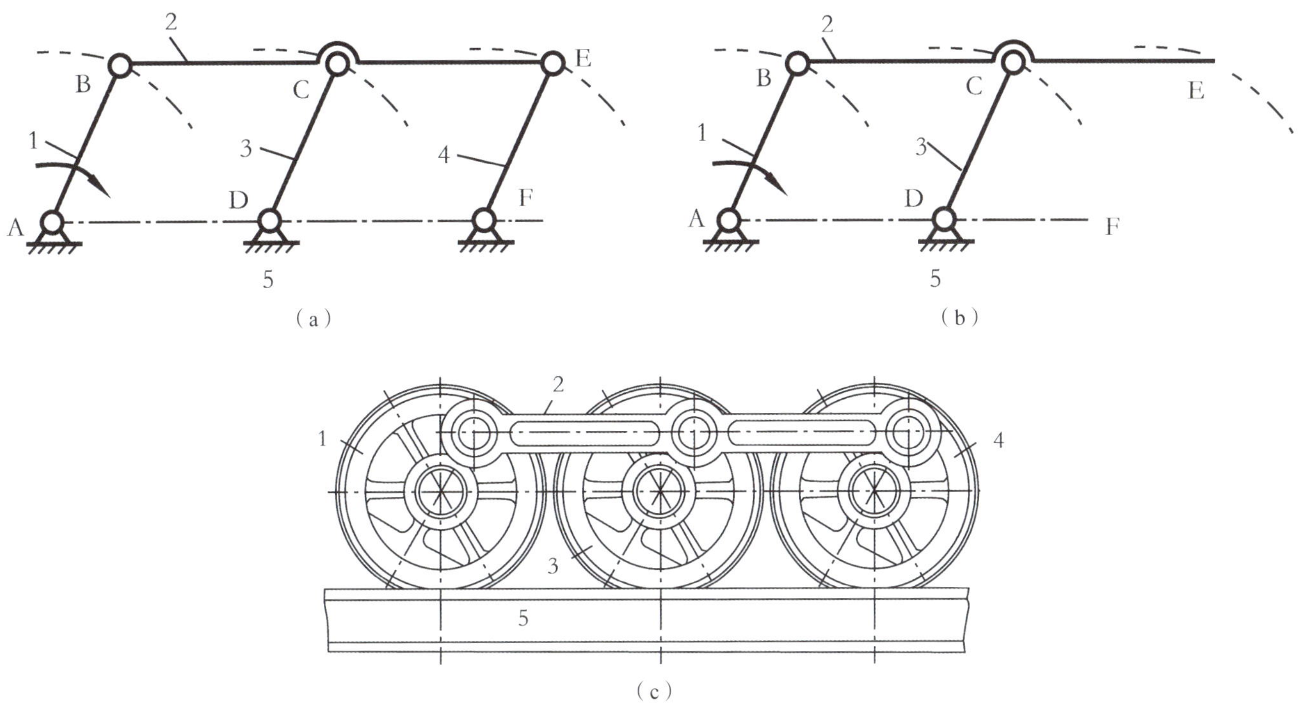

图 1-48 平行四边形结构

例2. 图1-46所示的椭圆仪结构也是几何条件相同并重复的例子。请计算图1-49（c）结构的自由度。

解：椭圆仪结构中，A、B、C、D四点的几何条件是AB = BC = BD，始终满足三角形ADC是直角三角形的几何条件：斜边上中线是斜边的一半。无论构件1在什么位置，△ADC始终为直角三角形。所以图1-49中图（a）和图（b）的几何条件是一致并重复的，D点的轨迹完全一样，判定转动副D为虚约束。

在计算椭圆仪结构自由度时，转动副D和移动副F应不予计入，构件4及其运动副D、F是虚位存在。图1-49（c）椭圆仪结构的自由度应按图（b）结构计算，活动构件数$n = 3$，$P_L = 4$，$P_H = 0$，结构自由度$F = 3n - 2P_L - P_H = 3\times3 - 2\times4 - 1\times0 = 1$，结构只有一个独立运动构件AB。

如果计入虚约束，按图（a）结构简图计算，活动构件数$n = 4$，$P_L = 6$，$P_H = 0$，结构自由度$F = 3n - 2P_L - P_H = 3\times4 - 2\times6 - 1\times0 = 0$，得到椭圆仪结构不存在的错误判断。

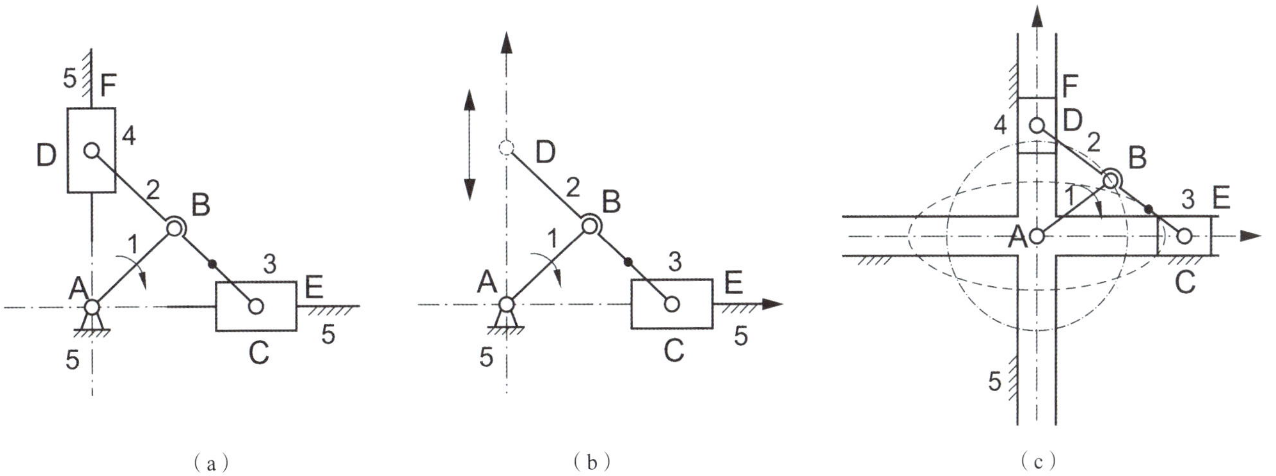

图 1-49 椭圆仪结构

应该指出，根据椭圆仪结构的几何关系，数学上可以证明，构件2上的任意一点M（不包括B、C、D三点）的轨迹是一个椭圆，结构由此而得名。

②辅助运动副

在结构设计中，为了增加构件运动时的支承刚度，经常采用辅助运动副的结构形式，图1–36牛头刨床结构简图中就画过辅助运动副支承。辅助运动副的约束条件和现有的运动副一样，它不会改变结构约束的数目，是一种虚位存在。在计算自由度时，判定的辅助运动副应不予计入。

例1．计算图1–50（b）齿轮结构的自由度

解：为了增加构件1和构件2的运动时的支承刚性，结构设计成图1–50（b）。

构件1和机架构件3采用了转动副A、A′的双支承连接，构件2和机架构件3也采用了转动副B、B′的双支承连接，在计算自由度时，转动副A′和B′判为辅助运动副，它和现有的转动副A、B的约束条件一样，不能改变整个结构的约束数目，也就是说图1–50中，图1–50（b）和图1–50（d）的约束效果是一样的，转动副A′和B′是一种虚位存在，如1–50（c）图所示。

结构自由度按1-50（d）图进行，活动构件数$n=2$，$P_L=2$，$P_H=1$，结构自由度$F=3n-2P_L-P_H=3\times2-2\times2-1\times1=1$。结构只有一个独立运动构件。

例2．计算图1–51大筛结构自由度

解：整个结构的传动情况是：主动构件有曲柄构件1和凸轮构件7；构件6是筛网，实现左右的往复运动，是最终的运动输出；构件4是缸体的活塞，是凸轮结构的从动杆；构件10是弹簧，保证滚子构件9和凸轮构件7的高副接触。图1–51（b）是图1–51（a）的进一步简化，简化的目的是除去虚约束和局部自由度，使结构

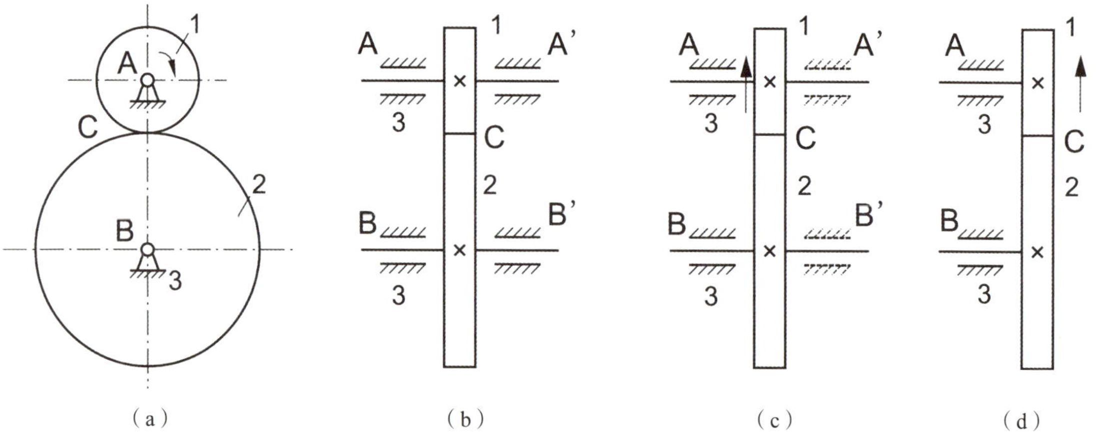

图 1–50　平面齿轮结构

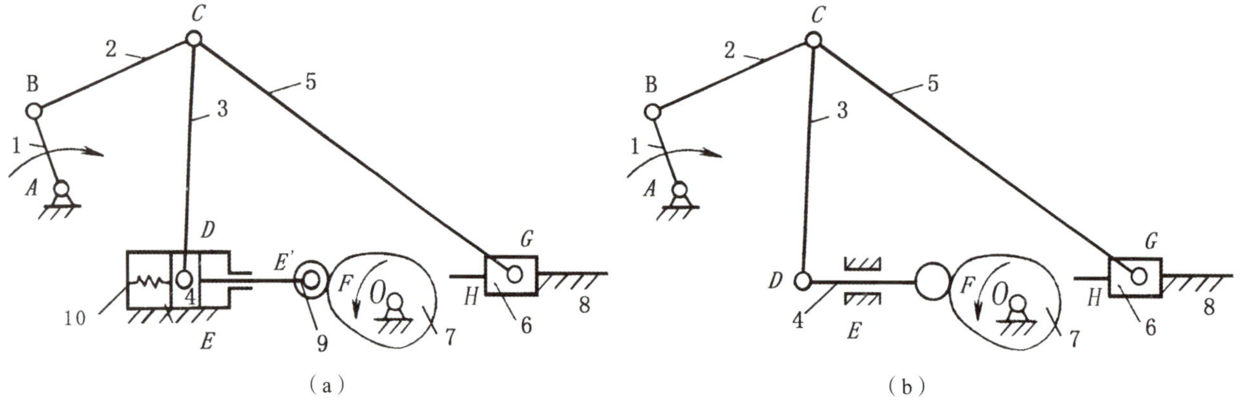

图 1–51　大筛结构

运动简图更清晰明。

简化凸轮结构。滚子构件9和活塞构件4固接，消除滚子的局部自由度（参见图1–47）。

简化弹簧活塞结构。弹簧是凸轮设计中的力锁合构件，对运动不产生任何影响，不画入运动简图；活塞构件4有两移动副E和E′，E′移动副判定为辅助运动副，仅起改善活塞运动时支承刚性的作用，是虚约束，也不画入运动简图。活塞构件4是一个三副构件，它和凸轮构件7用高副F连接；和连杆3用转动副D铰接；和机架构件8用移动副E连接。由此大筛结构的结构运动简图简化成图1–51（b），根据图1–51（b）计算结构自由度。

结构活动构件数$n=7$，$P_L=9$（其中C副为复合铰链，转动副数目是7个，移动副数为2），$P_H=1$，结构自由度$F=3n-2P_L-P_H=3\times7-2\times9-1\times1=2$。$F=2$表明结构有两个独立运动构件，即两个原动件：曲柄构件1和凸轮构件7。在两个独立运动输入下，筛网构件6有确定的运动。

3. 结构简图综合训练

例1. 图1–52（a）是反铲液压挖掘机模型效果图，图1–52（b）是它的结构示意图。画出它的结构运动简图，并计算自由度。

解：

①结构传动分析。结构由转台1、动臂2、动臂缸筒3及活塞杆4、铲斗杆缸筒5及活塞杆6、铲斗杆7、转斗缸筒8及活塞杆9、铲斗10共10个构件组成。三个液压缸为原动件，分别驱动：动臂2绕A点转动、铲斗杆7绕F点转动、铲斗10绕I点转动；铲斗10为工作构件。

②确定运动副类型。有A、B、C、D、E、F、G、H、I共9个转动副，三个液压缸构成3个移动副J、K、L，没有高副，$P_L=12$，$P_H=0$。

③确定机架构件为转台，打上剖面斜线，活动构件数$n=9$。

④绘制结构运动简图：按各运动副间的图示距离和相对位置，选择适当的瞬时位置，按比例画出各运动副位置并用大写字母标注；用构件简图表示方法将同一构件上的运动副连接起来，用1、2、3……标上构件号；画上原动件的运动方向，求得结构运动简图。如图1–52（c）所示。

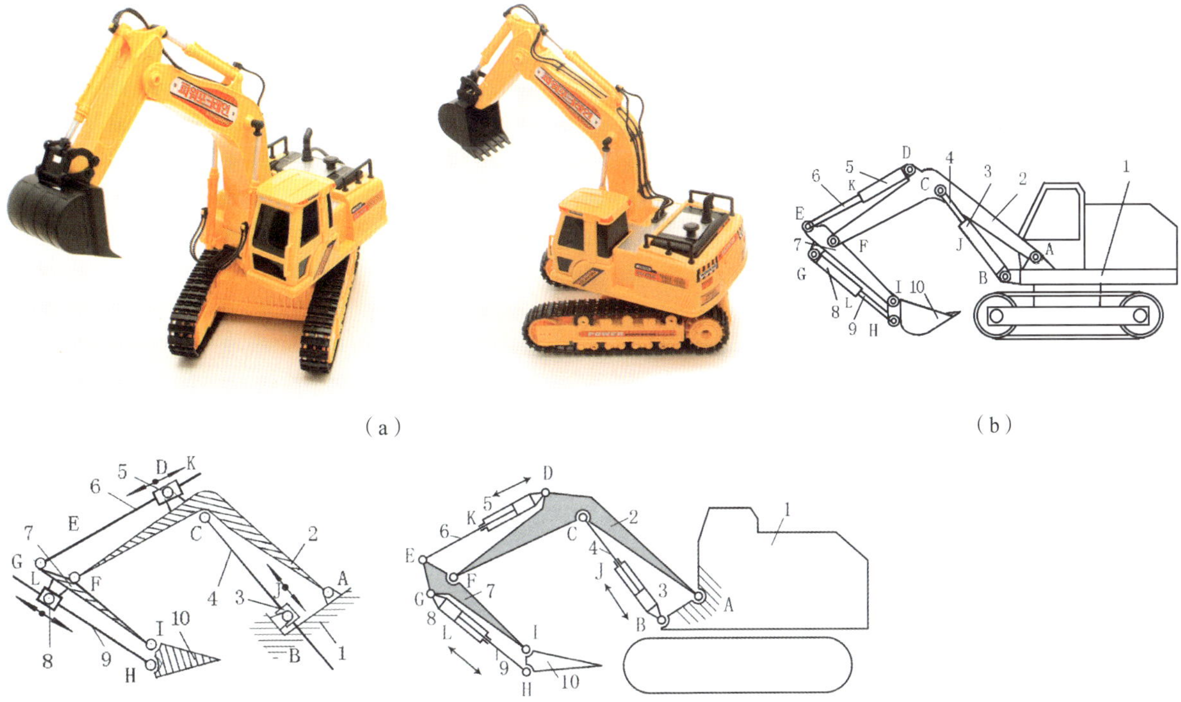

（a）　（b）

（c）　（d）

图 1–52　反铲液压挖掘机

⑤如果将构件用形象线框标出，如转台1、铲斗10；画出缸体和活塞，形象表示液压缸移动副，结构运动简图更为清晰易懂。如图1–52（d）。

⑥计算自由度F。$F=3n-2P_L-P_H=3\times 9-2\times 12-1\times 0=3$。$F=3$表示结构有三个独立运动构件，符合结构有三个液压缸为原动件的实际情况。

注：此题的难点是两个四副杆和三个液压缸的画法、三个独立运动输入的理解。

例2. 图1–53（a）是碎石机的透视图，图1–53（b）是它的结构示意图，画出它的结构运动简图，并计算自由度。

解：

①结构传动分析。结构由6个构件组成，箱体OEF，曲柄OA，连杆ABD、BC、DE和碎石连杆FC。飞轮和曲柄轴OA固接，飞轮以ω速度运转时，带动曲柄OA运转，通过三副连杆ABD、连杆BC、DE，带动碎石连杆（又称动颚板）FC；FC杆绕轴心F往复运动，将矿石轧碎。

②确定运动副类型。有A、B、C、D、E、F、G7个转动副，没有移动副和高副，$P_L=7$，$P_H=0$。

③确定机架和原动件，机架为箱体OEF，打上剖面斜线，活动构件数$n=5$，原动件为曲柄OA。

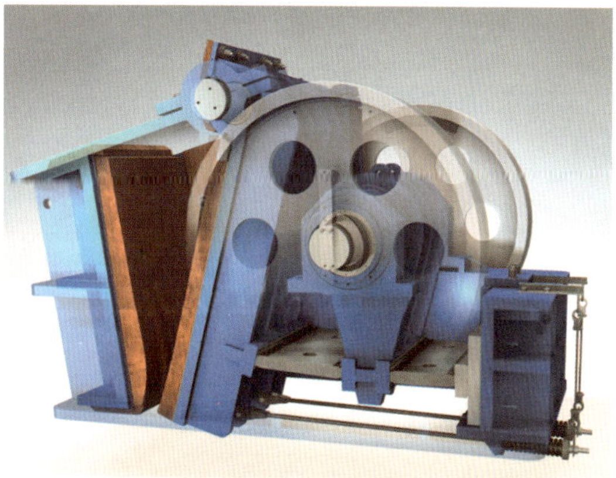

（a）

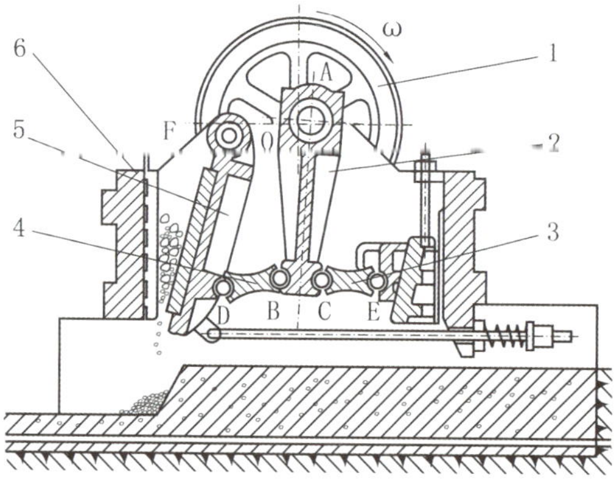

（b）

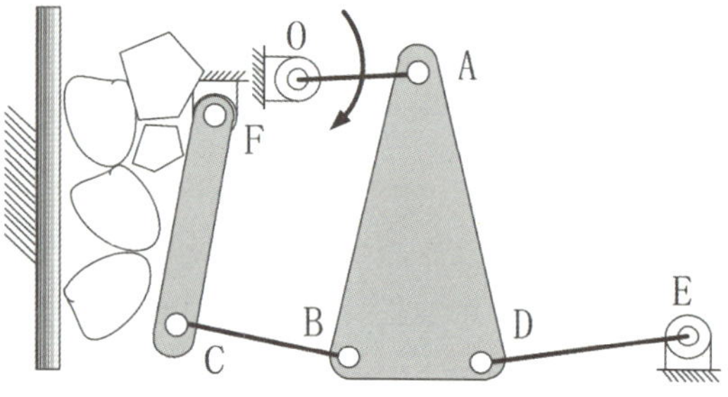

（c）

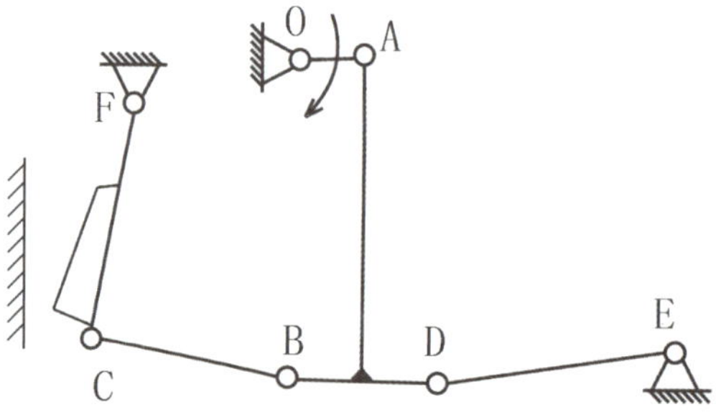

（d）

图 1–53 碎石机

④绘制结构运动简图：按各运动副间的图示距离和相对位置，选择适当的瞬时位置，按比例画出各运动副位置并用大写字母标注；用构件简图表示方法将同一构件上的运动副连接起来，用1、2、3……标上构件号；画上原动件的运动方向，求得结构运动简图。如图1–53（c）所示。

⑤计算自由度F。$F=3n-2P_L-P_H=3\times5-2\times7-1\times0=1$。$F=1$表示结构有一个独立运动构件，符合碎石机只有一个曲柄OA为原动件的实际情况。

注：此题的难点有两个，OA杆是一个偏心结构，理解回转副A的扩大；三副结构ABD的画法。

例3．图1–54（a）是一只玩具狗，可以实现直线行走，其内部结构如图1–54（b），其中后腿是作为摇杆（DE杆）出现的，如图1–54（c）（d），请根据内部结构图，画出它的结构运动简图，并计算自由度。

提示：题目的难点有三处，A.要观察到前腿结构是平面曲柄高副三杆结构（详细讨论见第三章第一节），前腿固接在滑槽连杆BC上；B.要观察到后腿是DE摇杆结构化的构件；C.转动副B是复合铰。

解：

①结构传动分析。结构由5个构件组成，曲柄AB，连杆BD、DE（后腿）、滑槽连杆BC（前腿）和机架。电动机经由齿轮减速带动曲柄AB转动，曲柄AB传动了两路结构：第一路是前腿结构——曲柄高副三杆结构，形成滑槽连杆BC的摆动，也就是前腿的运动；第二路是后腿结构——曲柄摇杆结构，通过连杆BD实现后腿DE摇杆的摆动。

②确定运动副类型。低副数$P_L=5$［转动副A、B（复合铰链，此处计为2个转动副）、D、E］，高副数$P_H=1$（高副C）。

③确定机架和原动件，机架打上剖面线，活动构件数$n=4$，原动件为曲柄AB。

④绘制结构运动简图：按各运动副间的图示距离和相对位置，选择适当的瞬时位置，按比例画出各运动副位置并用大写字母标注；用构件简图表示方法将同一构件上的运动副连接起来，用1、2、3……标上构件号；画上原动件的运动方向，求得结构运动简图。如图1–54（d）所示。

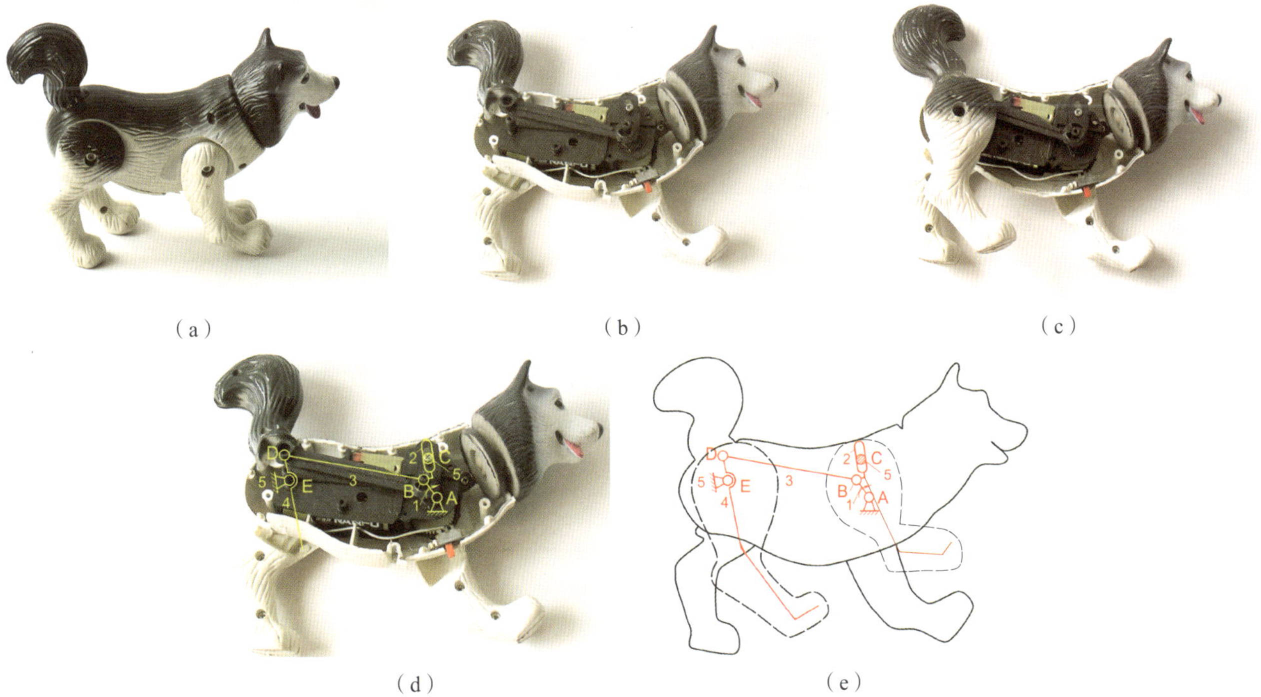

图 1–54　玩具狗 / 上海视觉艺术学院 / 张一（摄）/2008

⑤更形象的表示可画成图1-54（e）。读者在本题中要体会到构件的形象表示在简图绘制中是需要的。

⑥计算自由度F。$F=3n-2P_L-P_H=3\times4-2\times5-1\times1=1$。$F=1$表示结构有一个独立运动构件，符合玩具狗只有一个曲柄AB为原动件的实际情况。

五、产品结构简图练习

1. 结构常见表达方式

为了方便结构简图的绘制，参照国家常用机动示意图代表符号的标准，把构件、传动副和常见的齿轮、凸轮传动简图归纳在表1-1和表1-2之中。

表 1-1 构件及其与运动副相联接的表达方式

名称	表示内容	常用符号	备注
机架		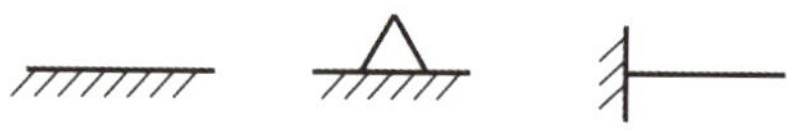	
固定联接	构件的永久联接	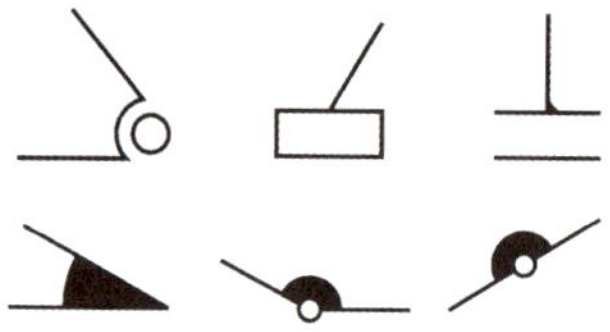	
	构件与轴的固定联接		
两构件以运动副相联接	两活动构件以转动副相联接	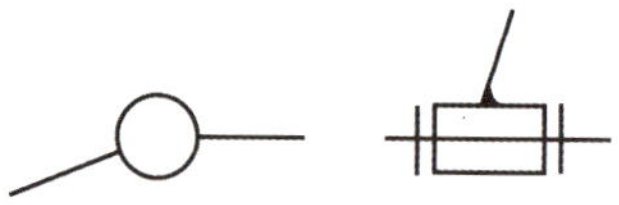	
	活动构件与机架以转动副相联接	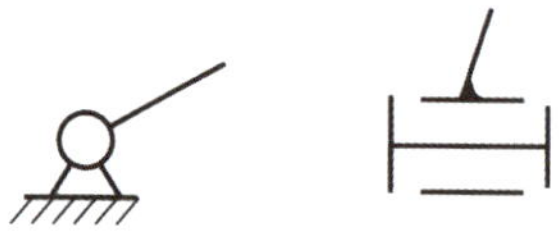	
	两活动构件以移动副相联接		
	活动构件与机架以移动副相联接		
	两活动构件以平面高副相联接		
	活动构件与机架以平面高副相联接	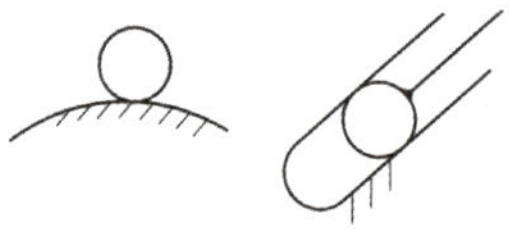	

续表

名称	表示内容	常用符号	备注
双副构件	带两个转动副的构件	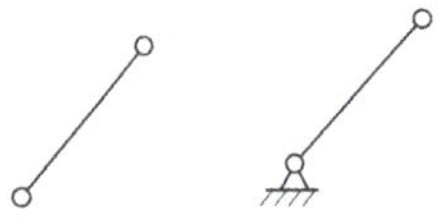	
	带一个转动副和1个移动副的构件	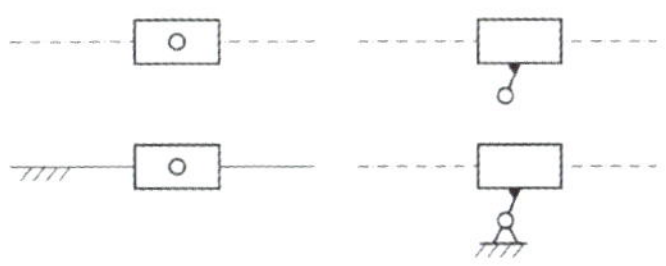	点画线代表以移动副与其相连的其他构件
	带一个转动副和一个平面高副的构件	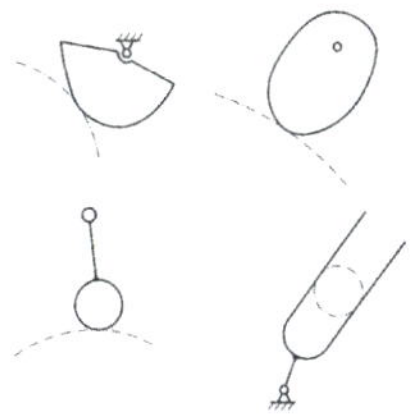	
	带两个移动副的构件	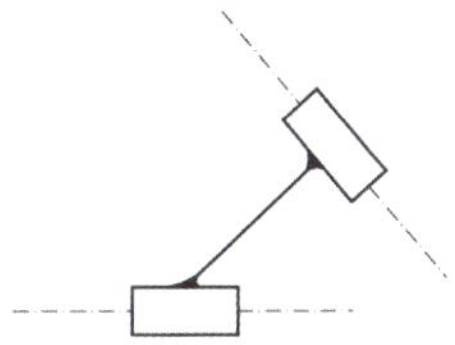	
			可用曲柄代替
三副构件	带三个转动副形成的封闭三角形的构件		
	带三个转动副的杆状构件	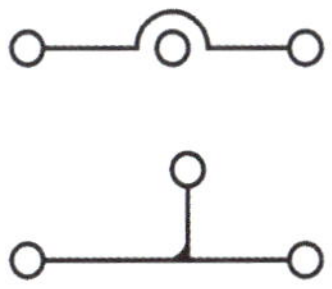	
	带两个转动副和1个移动副的构件	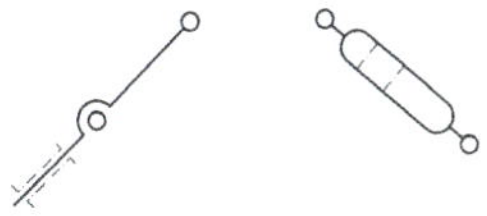	
	带一个转动副和两个移动副的构件	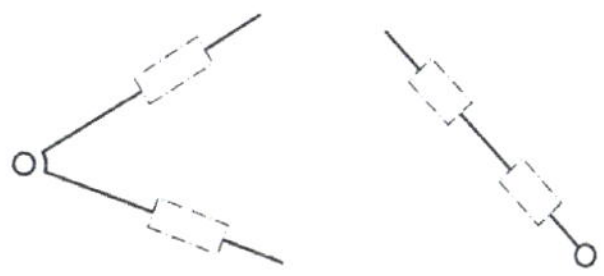	点画线的意义同前

表 1-2 常用结构的简图符号

名称		立体图形	基本符号	可用符号
平面凸轮结构	盘形凸轮	槽凸轮 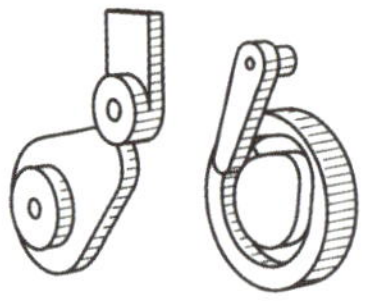	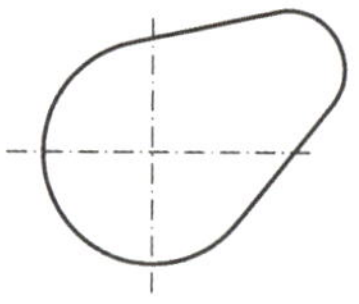	槽凸轮 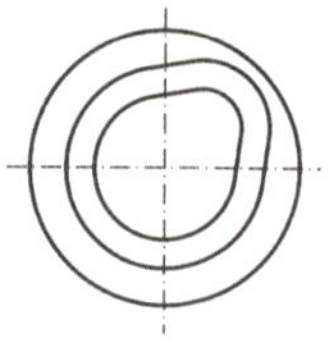
齿轮机构	圆柱齿轮结构	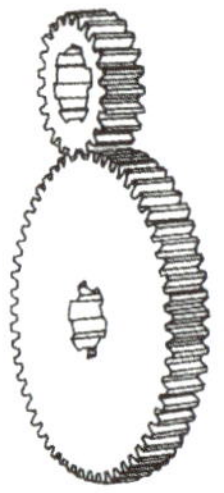	外啮合 内啮合 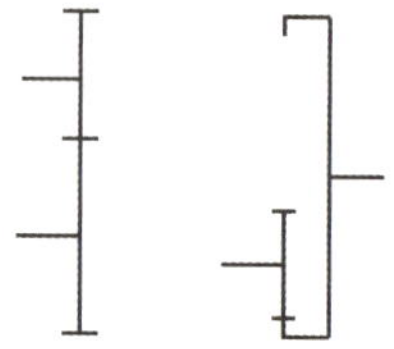	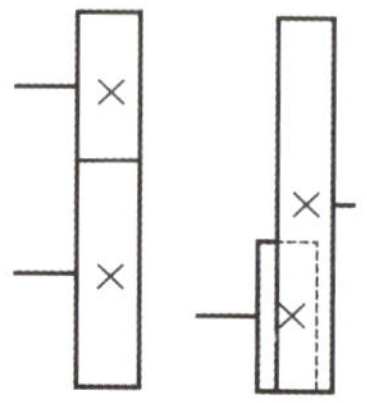
	蜗杆蜗轮结构	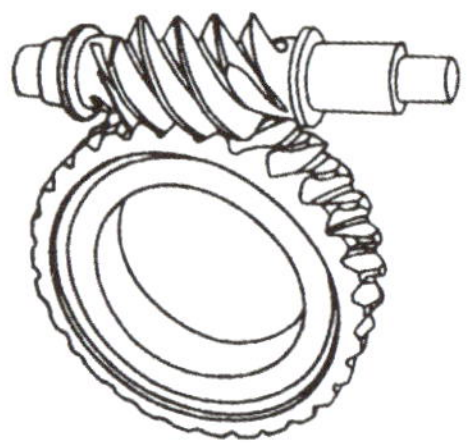	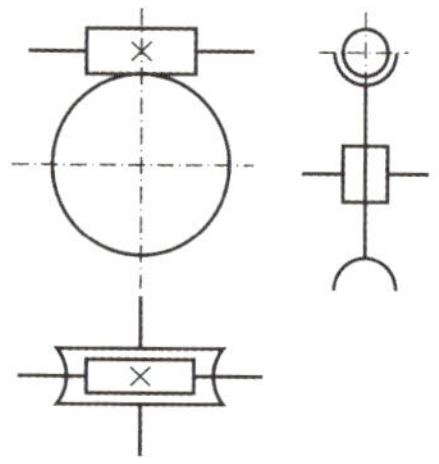	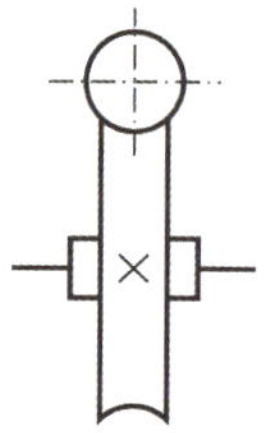
	齿轮齿条结构	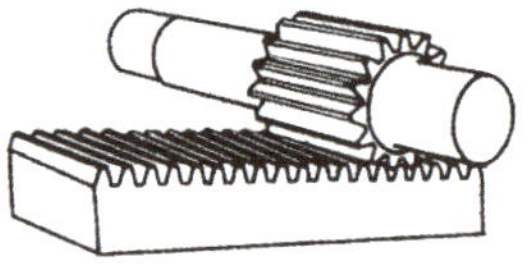	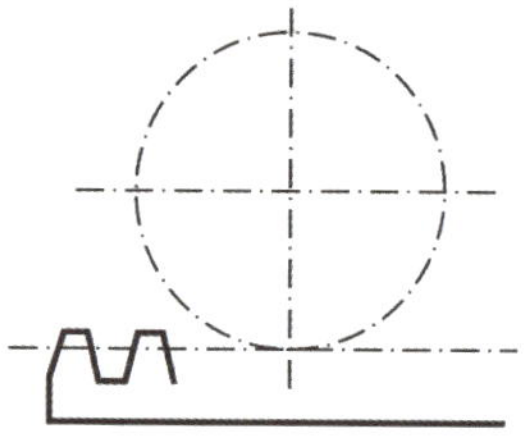	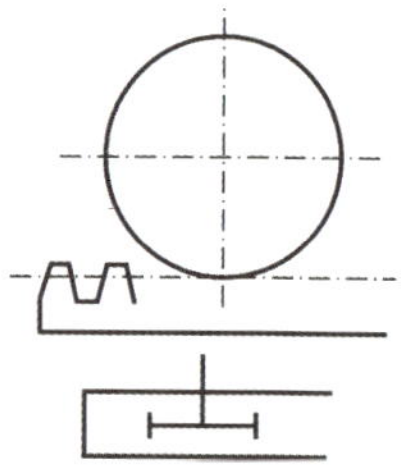
	圆锥齿轮结构	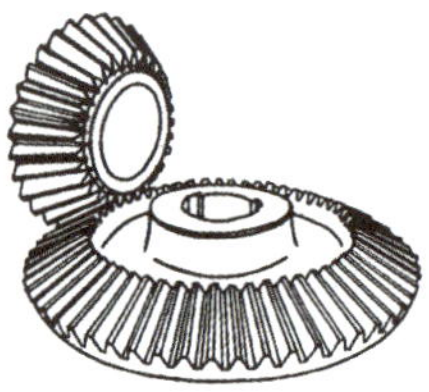	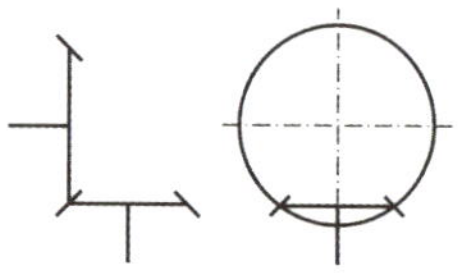	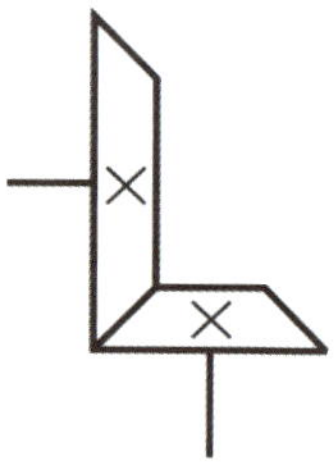
原动机	通用符号（不指明类型）	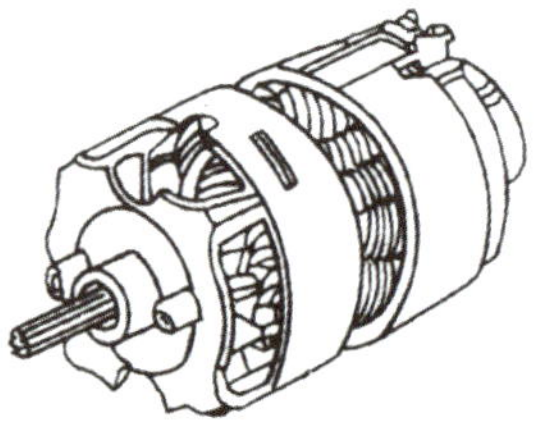	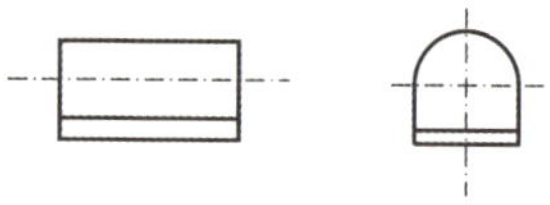	
	电动机（一般符号）		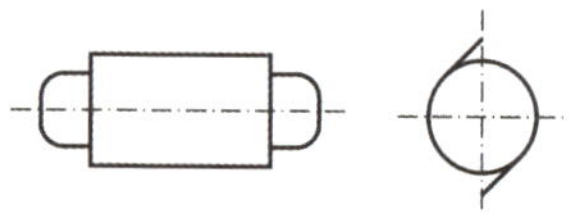	
	装在支架上的电动机		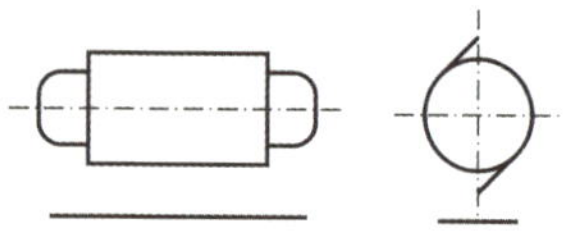	

2. 结构简图绘制练习

①解释术语：构件、运动副、高副、低副、运动链、自由度、结构运动简图、结构简图。

②根据结构的结构示意图、缝纫机下针结构（图1-55）、活塞泵结构（图1-56）、抽水唧水筒结构（图1-57）、折叠伸缩灯（图1-58）、伸缩台灯（图1-59），绘制它们的结构简图并计算自由度。

③根据图1-60～图1-64结构模型，绘制它们的结构简图并计算自由度。

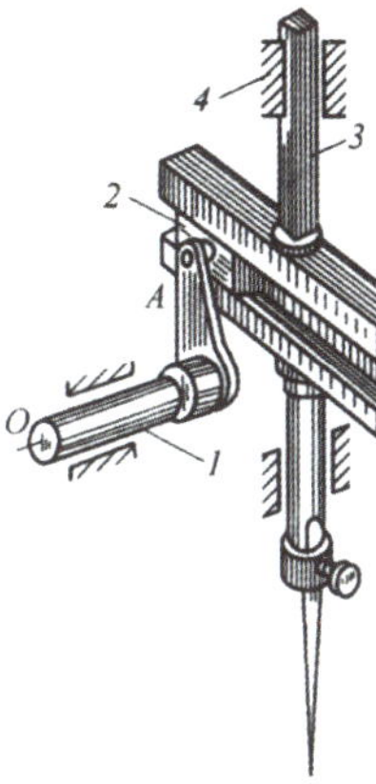

图 1-55 缝纫机下针结构

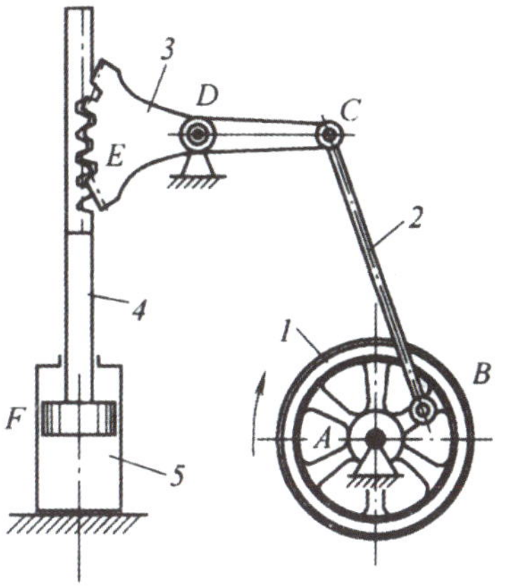

图 1-56 活塞泵结构

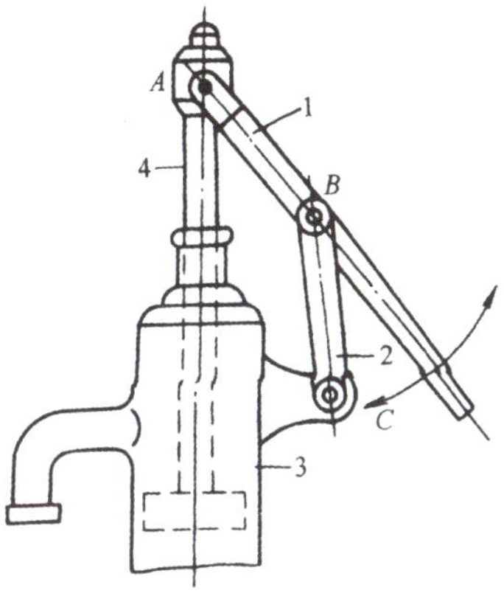

图 1-57 抽水唧水筒结构

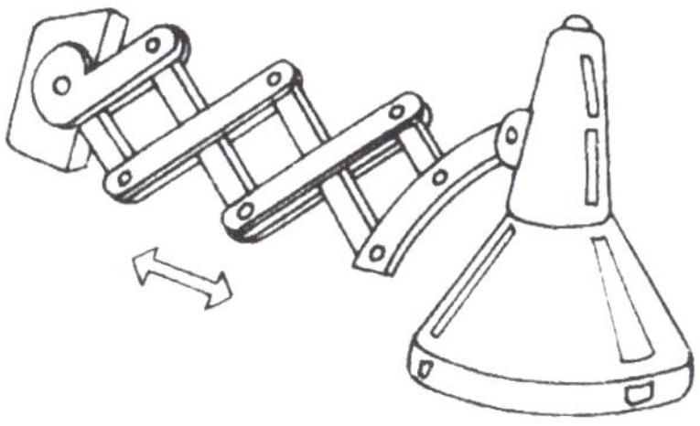
图 1-58 折叠伸缩灯

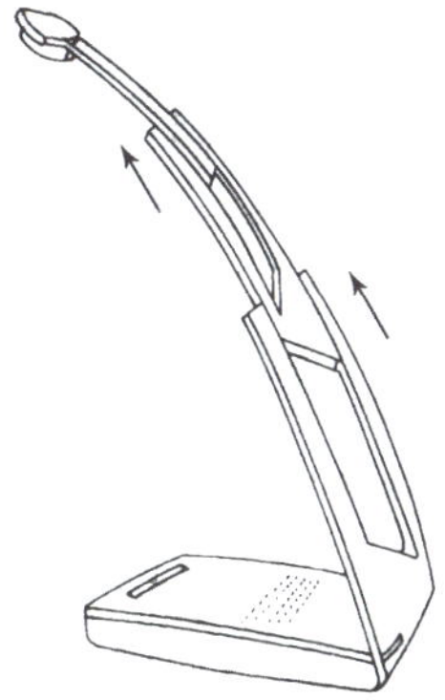
图 1-59 伸缩台灯

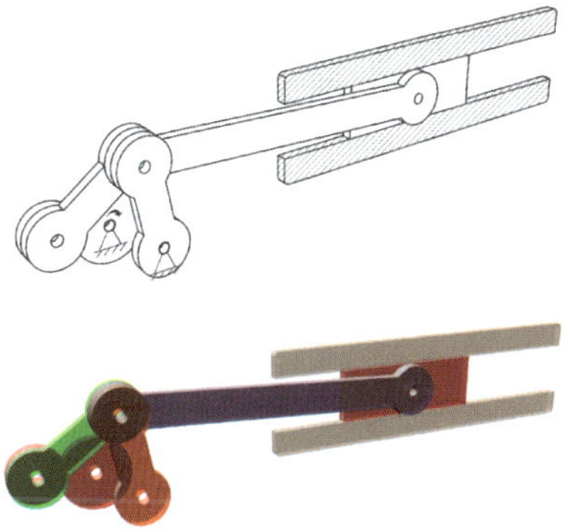
图 1-60 惯性筛结构（提示：复合铰）

图 1-61 插齿机插刀往复结构（提示：注意齿条高副及虚约束）

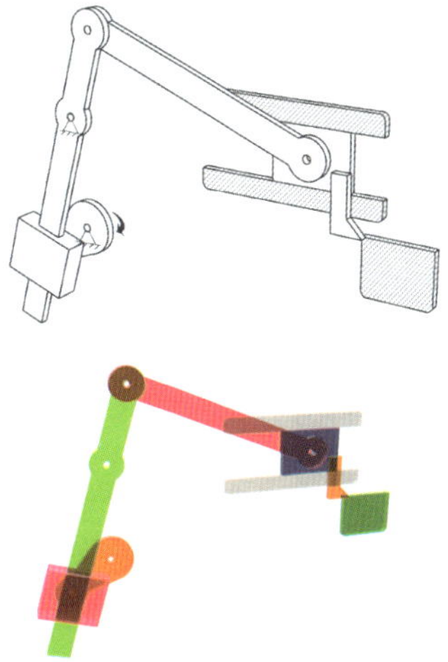
图 1-62 小型刨床（提示：移动副和三副杆的简图画法）

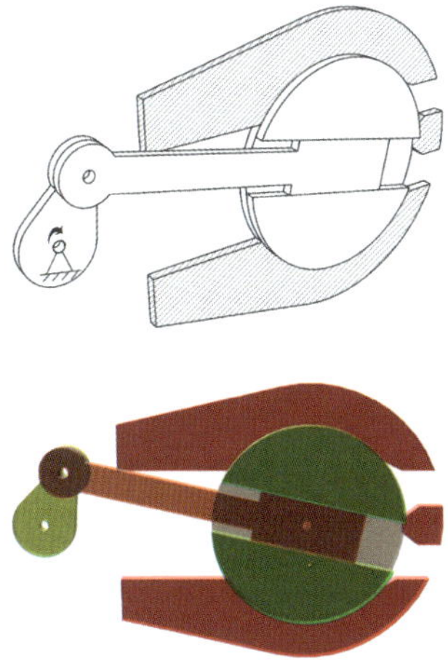
图 1-63 曲柄滑块泵（提示：转动副扩大）

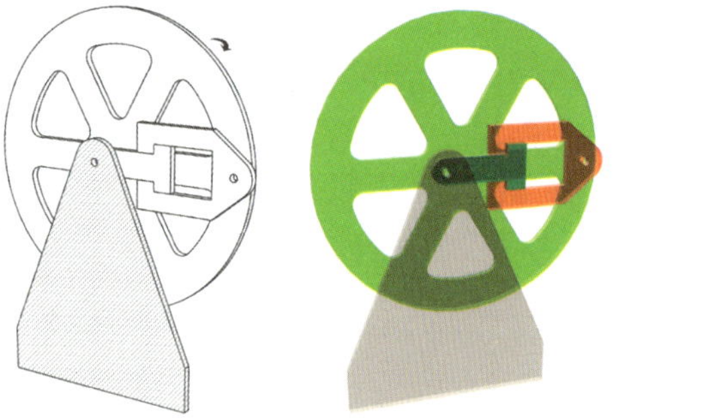

图 1-64 回转副回转柱塞泵结构（提示：移动副的汽缸活塞结构）

（a）

（a）

（b）

图 1-66 玩具模型 / 上海视觉艺术学院 / 张一（摄）/2008

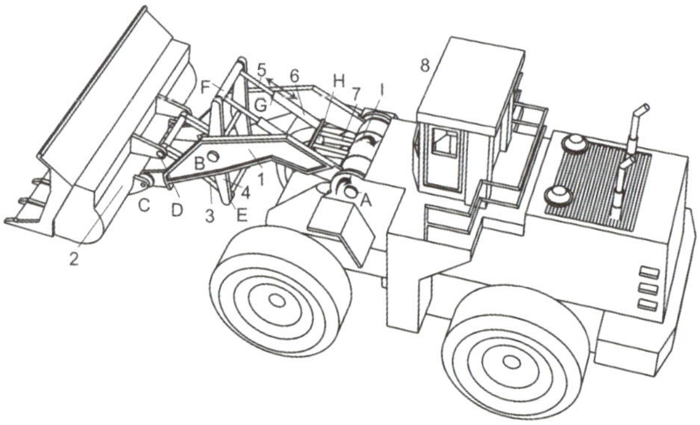

（b）

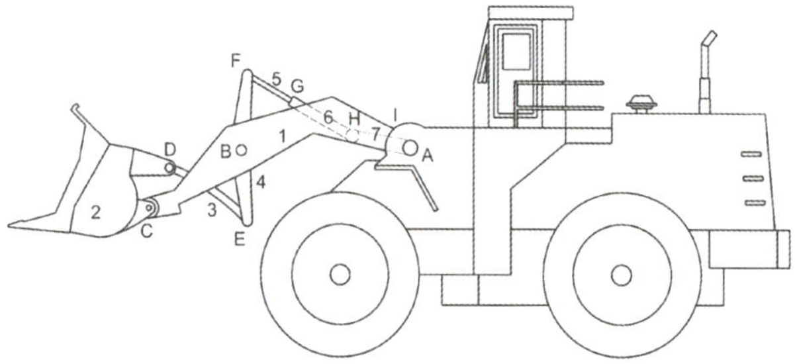

（c）

图 1-65 推土机

④图1-65（a）是铲车模型效果图，（b）图是它的立体示意图，图（c）是平面结构示意图，画出铲车模型的结构简图并计算自由度。

⑤图1-66（a）是挖掘机的玩具模型效果图，图1-66（b）图是铲车的玩具模型效果图，绿色圆点代表转动副，绿色条形代表移动副，白色箭头代表原动件运动方向，请画出它们的结构简图并计算自由度。

⑥图1-67是青蛙弹跳玩具，将钮簧上紧后，将青蛙放在地上，便可以弹跳。钮簧为运动输入，产生旋转运动，通过齿轮3、2、1带动杆4转动，杆4带动杆5摆动，实现青蛙玩具跳跃运动。请画出青蛙弹跳玩具的结构简图。（提示：杆4是曲轴（曲柄）；杆5和青蛙

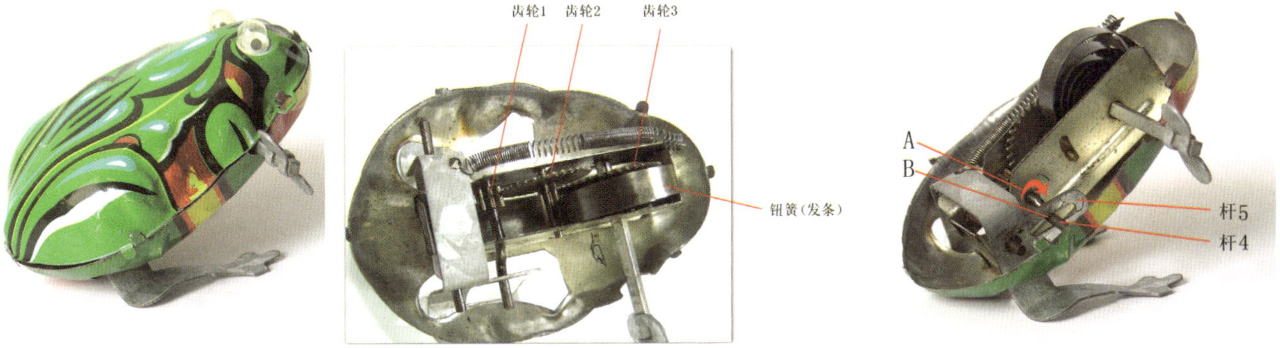

图 1-67　青蛙弹跳玩具 / 上海视觉艺术学院 / 张一（摄）/2010

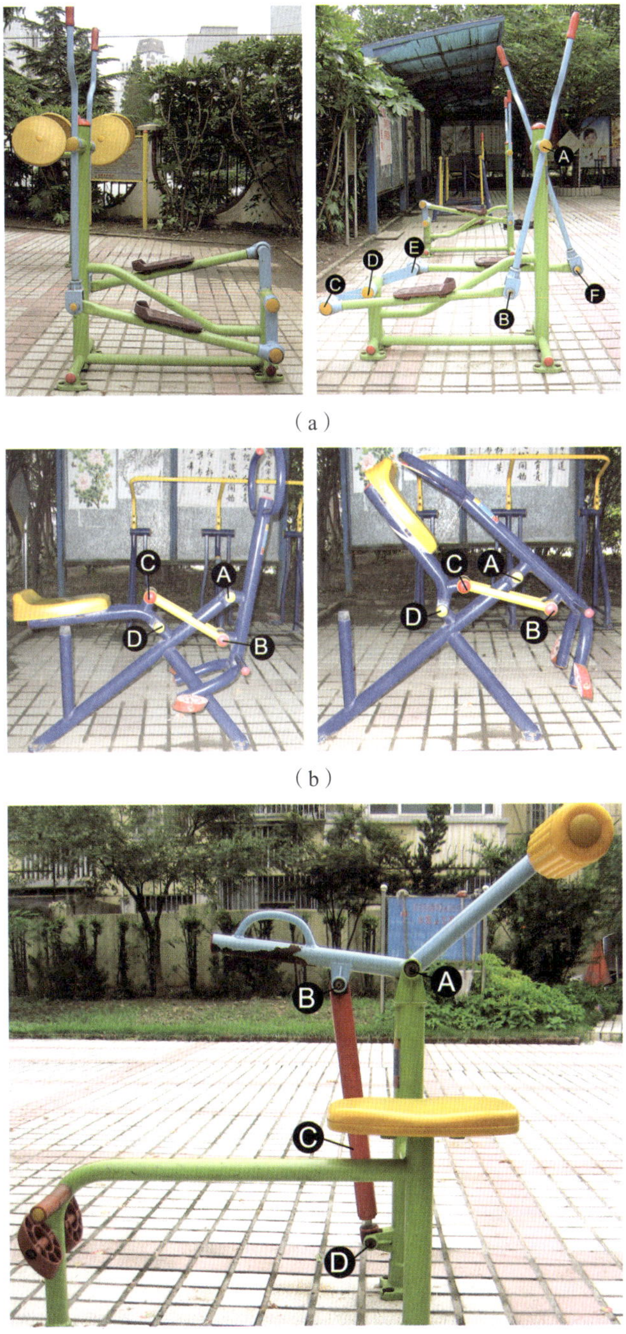

图 1-68　健身器材 / 上海视觉艺术学院 / 张一（摄）/2010

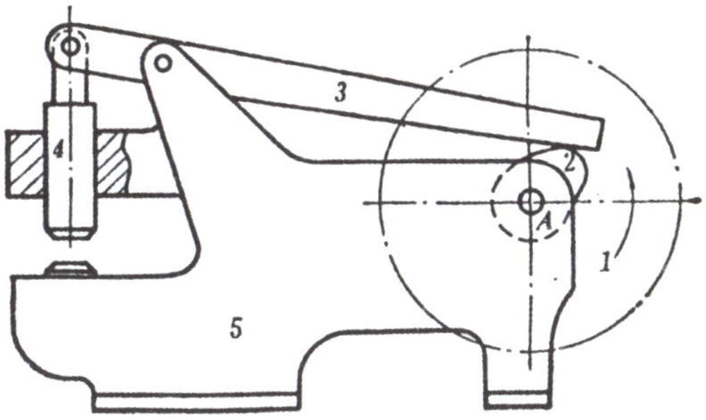

图 1-69　简易冲床

的后腿固接，成为一个构件；A为转动副；B为高副）

⑦图1-68是一组健身器材，请画出它们的结构简图。

提示：图1-68（a）中A为复合铰链，图1-68（c）中C为滑块）。读者可在自己居住的小区中，寻找类似的连杆式健身器材进行练习。详细图解内容也可参见第三章第四节的图3-40。

⑧改错。图1-69为简易冲床的结构示意图，请绘制结构运动简图、计算它的自由度，并对存在的错误加以改正。

提示：每增加一个低副，结构的自由度增加1；每将一个低副改为高副，结构的自由度增加1

第三节　基础连杆结构的组成和演化

一、基础连杆结构组成

基础平面连杆结构就是最简单、最基本的连杆结构，它的特点是杆件数最少。基础平面连杆结构分类如图1-70。

小结：全部低副的平面结构构件数最少是四杆；含有一个高副的平面结构构件数最少是三杆。

1. 全铰四杆结构

（1）曲柄摇杆结构（图1-71）

机械原理中约定，全铰四连杆结构中，和机架构件直接联接的构件称之为连架杆；不直接和机架联接的构件称之为连杆；能作整圈回转的连架杆称之为曲柄。连架杆AB能作整圈回转，是曲柄构件；连架杆CD只能作某一角度范围内的摆动，称之为摇杆，它左右摆动有两个极限位置；BC杆不直接和机架AD联接，称之为连杆。全铰四杆结构则称之为曲柄摇杆结构。

在活动型产品结构设计中，铰接四杆结构应用最多。本书约定，铰接四杆结构中，机架上转动副用A、D表示；连杆上的转动副用B、C表示。联接两构件的转动副使构件间作整圈回转的相对运动，则称转动副为整转副；若不能作整圈相对转动，则称转动副为摆转副。这些定义对理解结构转化很有帮助。A、B为整转副，C、D为摆转副。

曲柄摇杆结构是应用相当广泛的连杆结构，第一章中图1-53碎石机结构、图1-46摇筛结构都是曲柄摇杆结构的具体应用。

（2）双曲柄结构（图1-72）

在图1-71的曲柄摇杆结构中，将曲柄AB看成机架，AD、BC为连架杆，CD为连杆，形成一个新的转化结构。在转化结构中，根据本章讲到的“低副运动可逆性”的性质，四杆结构各构件间的相对运动没有变化，A、B转动副仍为整转副，连架杆BC、AD都可以绕机架支承点回转360°，形成两个曲柄构件。含有两个曲柄的铰接四杆结构称之为双曲柄结构。参见表1-3中四连杆结构演化后的双曲柄结构简图。

连架杆AB、CD能绕机架支承点A和D回转360°，组成双曲柄结构。

本章中，图1-48平行四边形结构就是双曲柄结构，和曲柄固接的车轮构件在做回转运动。应该指出，在活动型产品结构中，双曲柄结构应用不是很多。

（3）双摇杆结构（图1-73）

图1-71的曲柄摇杆结构中，将摇杆CD看成机架，AD、BC为连架杆，AB为连杆，形成一个新的转化结构。在转化结构中，根据本章讲到的“低副运动可逆性”的性质，四杆结构各构件间的相对运动没有变化，C、D两转动副仍为摆转副，连架杆BC、AD绕机架CD只能作某一角度的摆动，形成两个摇杆构件。含有两个摇杆的铰接四杆结构称之为双摇杆结构。参见表1-3中四连杆结构演化后的双曲柄摇杆结构简图。

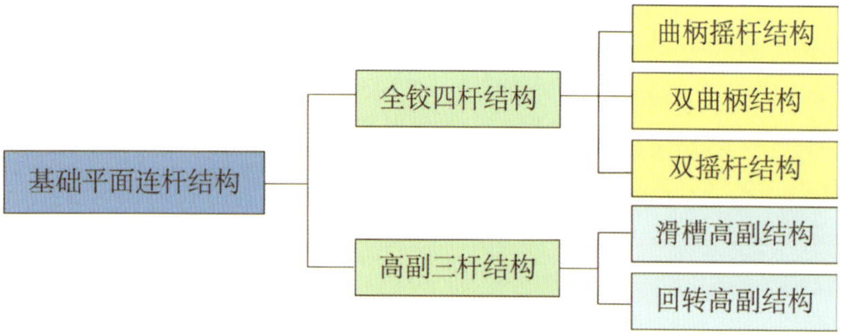

图 1-70　基础平面连杆结构分类

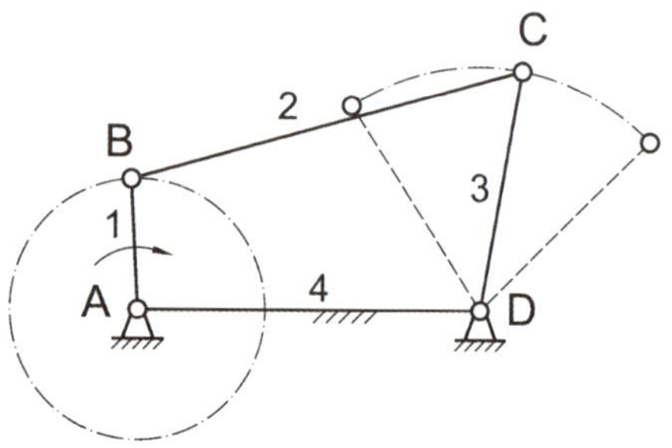

图 1-71　曲柄摇杆结构

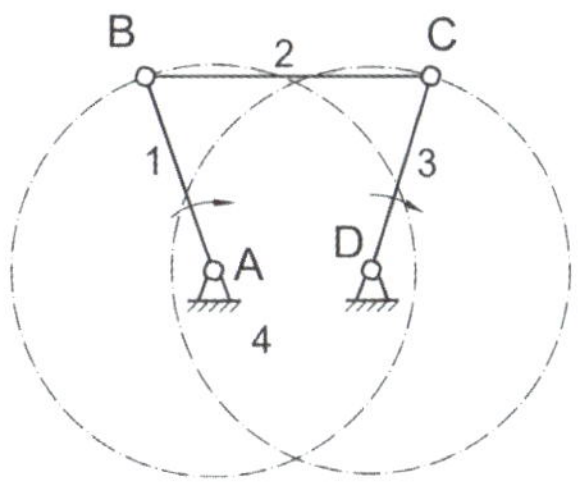

图 1-72　双曲柄结构

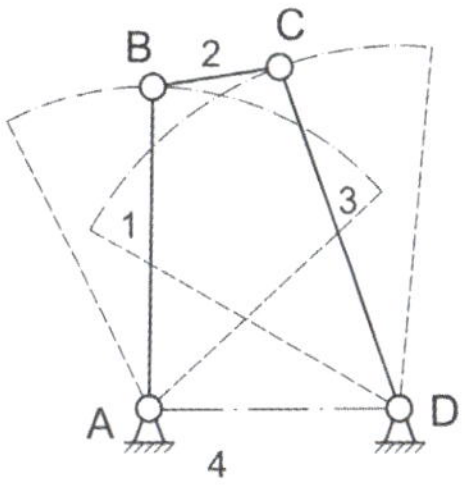

图 1-73　双摇杆结构

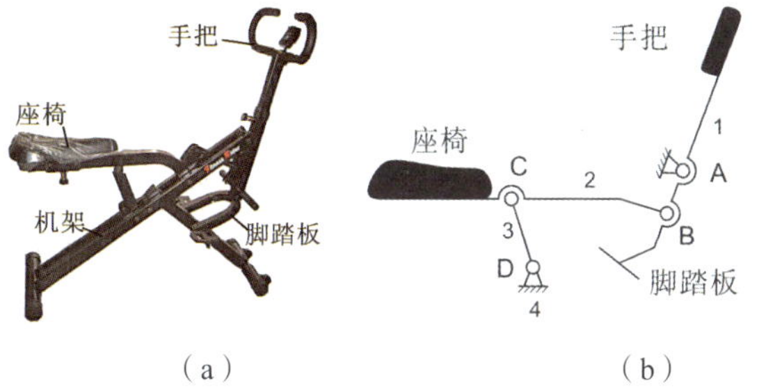

图 1-74　健身运动器

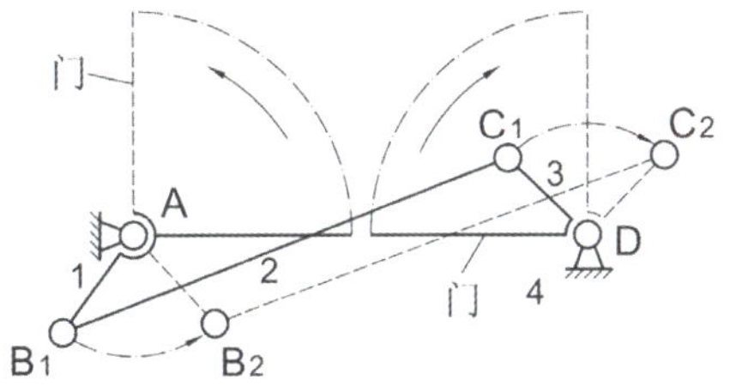

图 1-75　汽车车门开闭结构

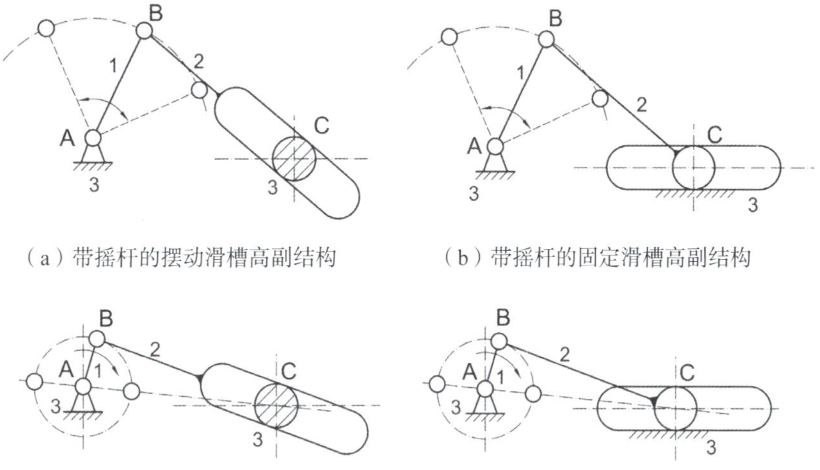

（a）带摇杆的摆动滑槽高副结构　（b）带摇杆的固定滑槽高副结构

（c）带曲柄的摆动滑槽高副结构　（d）带曲柄的固定滑槽高副结构

图 1-76　滑槽三杆高副结构

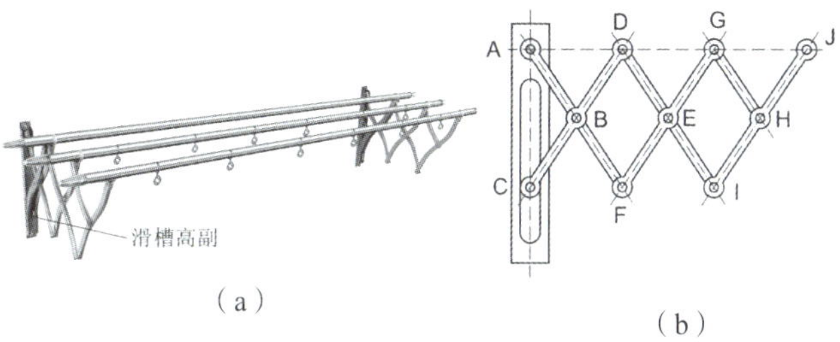

图 1-77　晾衣架结构

图1-73中，连架杆AB、CD 只能在某一角度内作摆动，组成双摇杆结构。

图1-74所示的健身运动器就是双摇杆结构的实际应用。手把AB和座椅CD为摇杆，运动员坐在座椅上，双手摇动手把，座椅会跟着摆动，使手臂、腹部和腿部肌肉得到锻炼。可对照健身运动器和它的结构运动简图（图1-74b）绘制结构运动简图，掌握形象地表示简图的方法。

图1-75所示的汽车车门开闭结构也是双摇杆结构应用。门AB和门CD为摇杆，门AB闭合（或开启），门CD也随之闭合（或开启），请注意简图中，门和摇杆结构化的表示方法。

后面介绍的众多折叠桌椅，多数也是双摇杆结构，应该说，双摇杆结构在活动型产品结构设计中有非常广泛的应用前景，非常需要工业设计师运用丰富的想象力把它应用起来。

2. 高副三杆结构

（1）滑槽高副三杆结构

铰接四杆结构用低副高代的结构演化方法可以形成滑槽高副三杆结构。滑槽高副三杆结构中，滑槽接触为高副接触。它的四种常见结构形式如图1-76所示。第一章玩具狗的前腿结构就是摆动滑槽高副结构，见图1-76（c）和图1-54；应用极为广泛的平行四边形伸缩结构，它的起始结构经常是滑槽固定的“滑槽高副结构（或是有曲柄或摇杆的滑块结构）”。家用伸缩晾衣架就是这种结构形式，见图1-77；最简单的折叠椅和折叠桌也是这种结构，见图1-78。

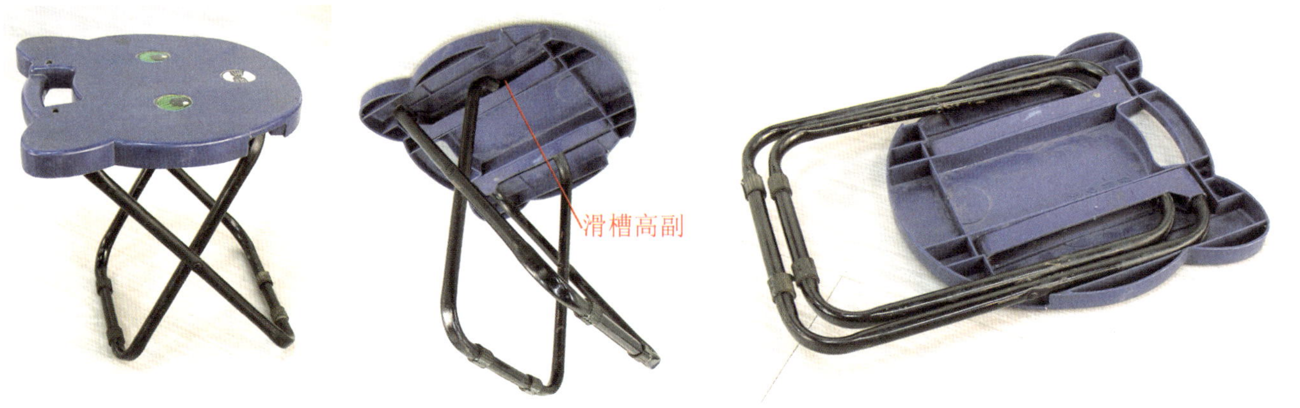

图 1–78　折叠椅（凳）/ 上海视觉艺术学院 / 张一（摄）/2010

（2）回转高副三杆结构

回转高副三杆结构最常见的结构形式是凸轮结构，上一节局部自由度中论述到这种结构，参见图1–47。

二、平面四杆结构演化

1. 转动副演化为移动副

转动副演化为移动副的几何原理是：回转中心移至无穷远的位置时，圆曲线蜕变成直线，形成了移动副的直线轨迹。

①铰接四杆结构演化为曲柄（或摇杆）滑块结构（图1–79）

在铰接四杆结构中，C点的轨迹是一个以D点为圆心的圆弧曲线，图1–79（a）；按C点圆弧轨迹演化成一个以D为圆心的圆弧槽，C点固接在圆弧形滑块上，除去CD杆，使它成为虚约束，演化为图1–79（b）的结构，C点轨迹不会变；将圆心D移至无穷远处，以D点为圆心的圆弧槽演化成直线，C点的圆弧运动也演化成直线运动，形成了滑块结构，如图1–79（c）所示。如果C点的移动方向不和原机架线AD重合，偏离一个距离e，称之为偏置滑块结构；如果和AD线重合，称之为正置滑块结构，或者对心滑块结构。

滑块结构中，连架杆AB为曲柄，称之为曲柄滑块结构；连架杆AB为摇杆，称之为摇杆滑块结构。在活动型产品结构设计中，这两种形式的活动结构经常被采用，图1–80中的榨汁机和图1–81中折叠椅都采用了滑块结构设计。

②滑块结构演化成双移动副结构

图1–79的滑块结构中，A、B、C仍然是转动副，按照转动副的转化原理，都可以转化为移动副。图1–82中，B点相对C点是圆弧轨迹，如果将C点移至无穷远，转动副C消失，B点的相对轨迹演化为一直线，用移动副取代，形成双移动副结构，由于该结构可产生正弦函数关系，又称为正弦结构。本章的缝纫机下针结构（见图1–55）也是这种形式。

2. 取不同构件为机架

前面讲述曲柄摇杆结构时，谈到选取不同连架杆与机架，曲柄摇杆结构会演化为双摇杆结构或双曲柄结

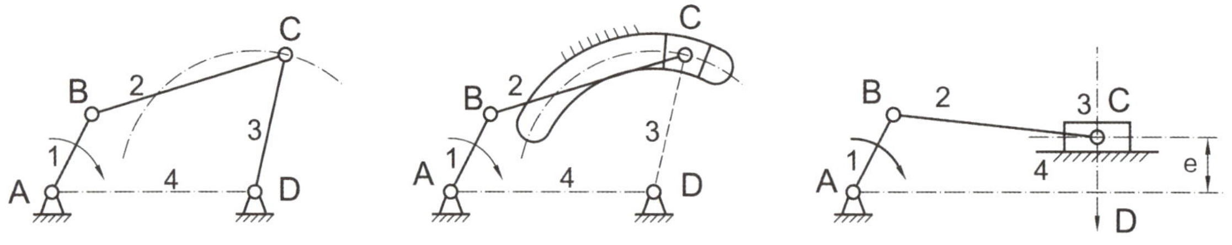

（a）　　（b）　　（c）

图 1–79　铰接四杆演化为滑块结构

图 1–80 榨汁机

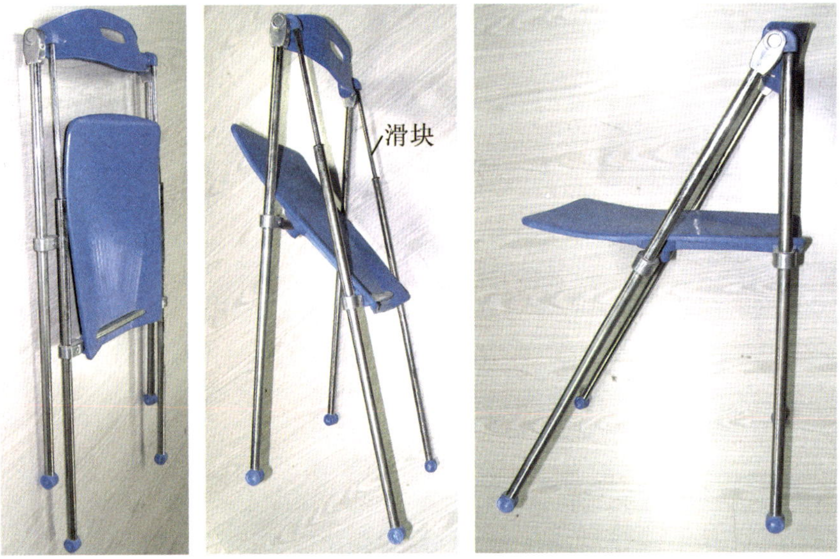

图 1–81 槽杆式折椅

构。同样方法也可选取连杆BC为机架，由于转动副B是整转副，转动副C为摆转副，得到的演化结构为又是另一个运动不一样的曲柄摇杆结构，见表1–3。

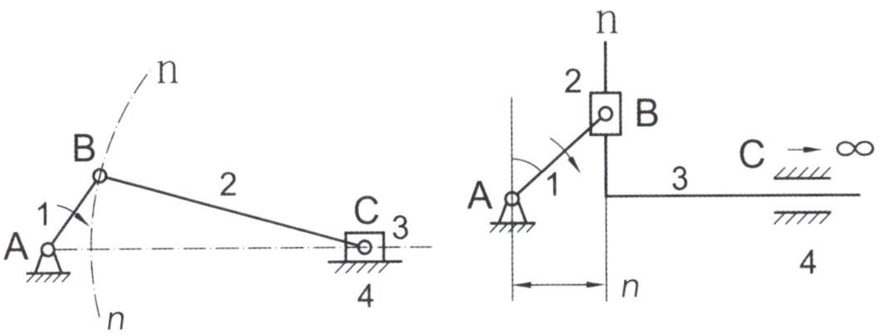

图 1–82 滑块结构演化为正弦结构

同样，图1–79的曲柄滑块结构也可用“取不同构件与机架”的方法得出一系列演化结构。这些结构的演化关系都列于表1–3中。表中还列出了两个移动副的演化结果。在活动型产品结构选型设计中，都可以作为参考。

表 1–3 四连杆结构及其演化形式

铰接四杆结构	含有1个移动副的四杆结构	含有两个移动副的四杆结构	机架
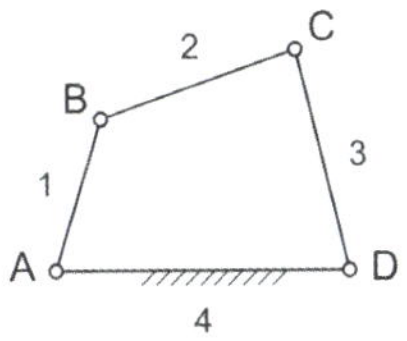 曲柄摇杆结构	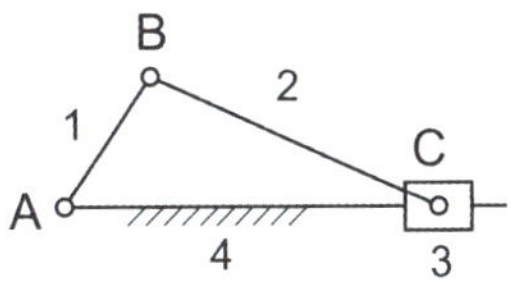 曲柄滑块结构	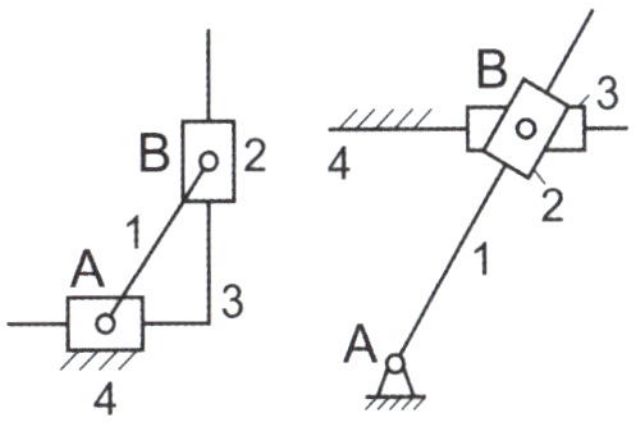 正弦结构 正切结构	4
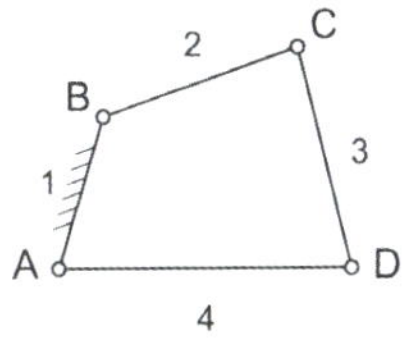 双曲柄结构	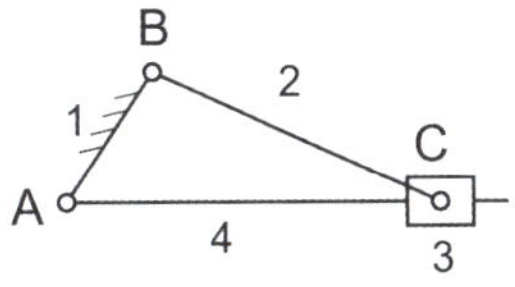 转动导杆结构	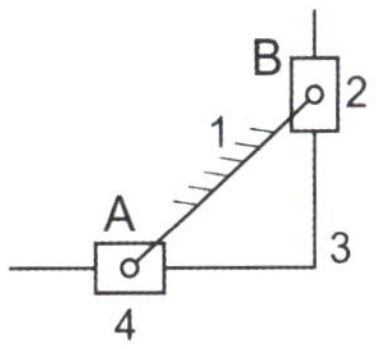 双转块结构	1

续表

铰接四杆结构	含有1个移动副的四杆结构	含有两个移动副的四杆结构	机架
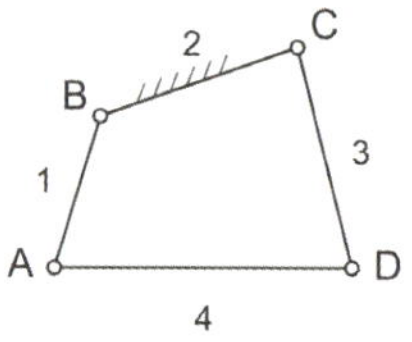 曲柄摇杆结构	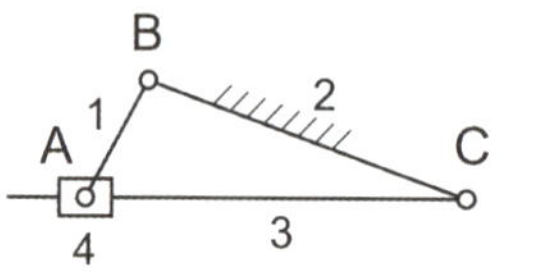 摆动导杆结构 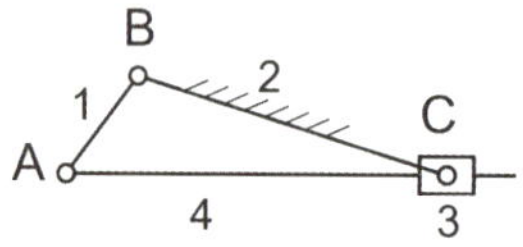 曲柄摇块结构	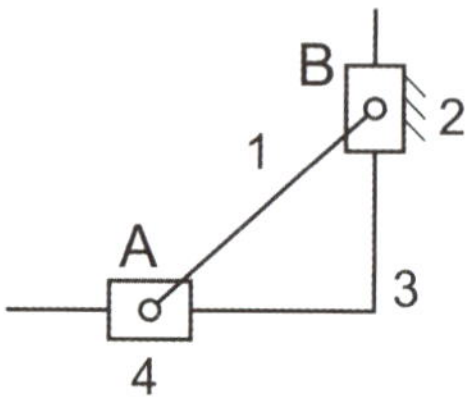 正弦结构	2
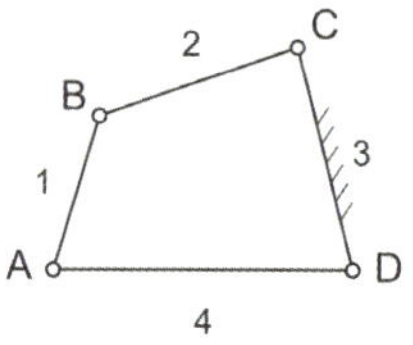 双摇杆结构	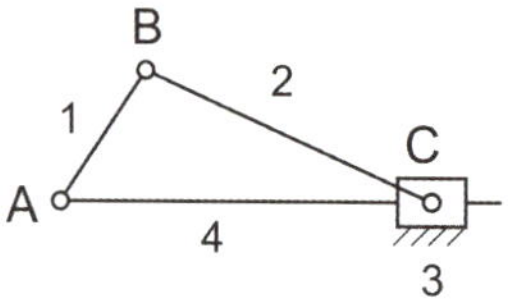 移动导杆结构	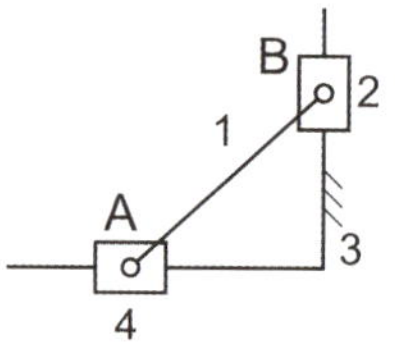 双滑块结构	3

表1-4对表1-3中带移动副结构作了应用说明。实践表明，在活动型产品结构设计中，大量运用的结构都是平面基本结构及其演化。掌握这部分知识，有助于读者理解现有产品上的结构应用，并得到在新产品设计上结构选型的灵感。

表 1-4　带有一个或两个移动副结构应用举例

铰接四杆结构	应用实例	作为机架构件
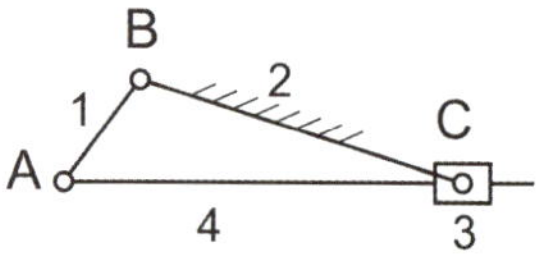 曲柄摇块结构	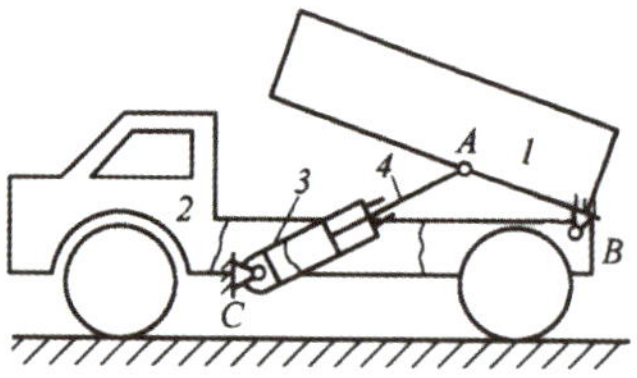 自卸汽车卸料结构	2 一个移动副
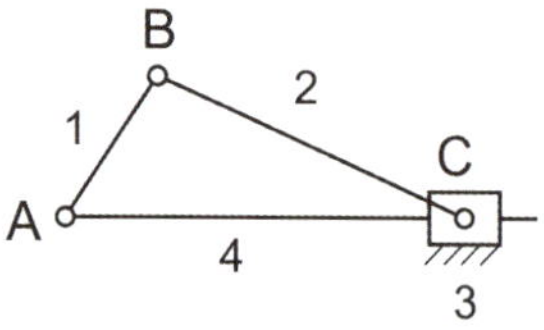 移动导杆结构	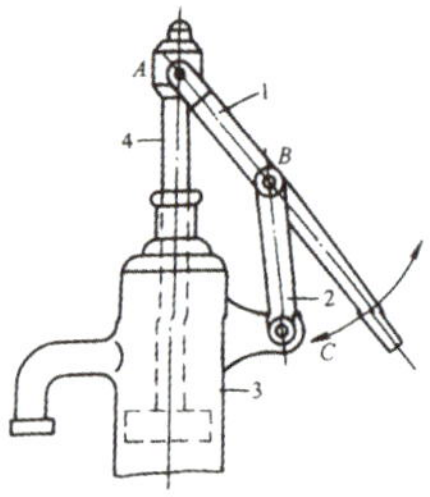 手压抽水筒	3 一个移动副

续表

铰接四杆结构	应用实例	作为机架构件
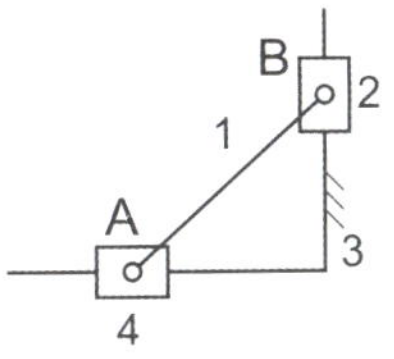 双滑块结构	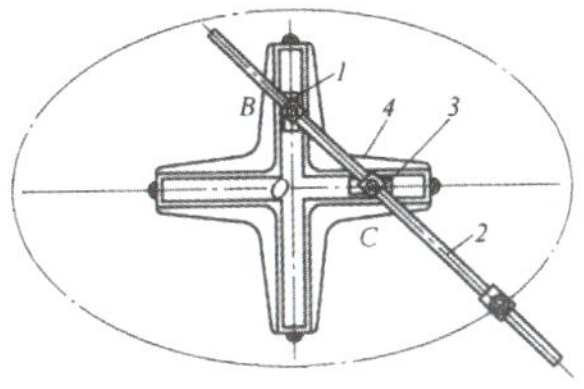 椭圆仪	3 两个移动副
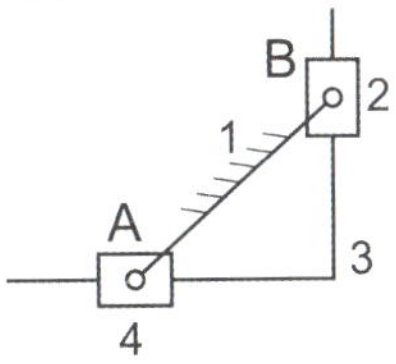 双转块结构	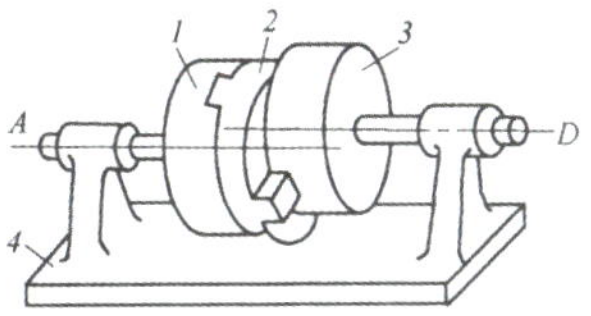 十字滑块连轴节	1 两个移动副

3. 回转副扩大

本书已将回转副扩大的内容放入结构简图中讲述，这里不再赘述，请读者理解并记住，回转副扩大是结构演变的一种方法。

4. 低副高代

在自由度不变的条件下，转动副或移动副被高副取代，构件数减少一个，形成少一个构件的高副结构，平面三杆结构是经常见到的形式。请见前面已述的滑槽三杆高副结构（图1-76）。

三、多杆连杆结构组成

1. 结构组成原理

结构组成原理包含以下三大内容。

①任何结构由三部分组成：机架、主动件（原动件）和从动系统。

②每个主（原）动件具有一个自由度，结构自由度F和结构主（原）动件数必须相等。

③从动系统自由度为零。从动系统可以分解若干个不可再分的，自由度为零的运动链，这种运动链结构学上称之为杆组。

研究结构组成主要是研究从动系统中的杆组结构。结构的组成过程就是在主动件后联接上合适杆组的过程。

2. 杆组

根据结构杆组自由度为零的条件，如果一个杆组有n个构件，P_L个低副，那么它必定满足下列公式：

$$3n-2P_L=0$$
$$P_L=\frac{2}{3}\cdot n \qquad (1-2)$$

构件数n和低副数P_L必须是整数，满足公式（1-2）最简单杆组数字是$n=2$，$P_L=3$，说明由两个构件、三个运动低副组成的运动链是最简单、不可分的从动系统，机械原理中把这种杆组称为Ⅱ级杆组。它的常见结构形式有9种，如图1-83，而在活动型产品结构设计中最常见的形式为5种：图1-83（a）（b）（c）（d）（e）。

从公式（1-2）中，还可以得到其他基本杆组形式，如$n=4$、$P_L=6$，得到Ⅲ级杆组等，在活动型产品结构设计中应用很少，略去不讲。

3. 平面结构组成举例

例1. 铰接四杆结构组成，如图1-84。

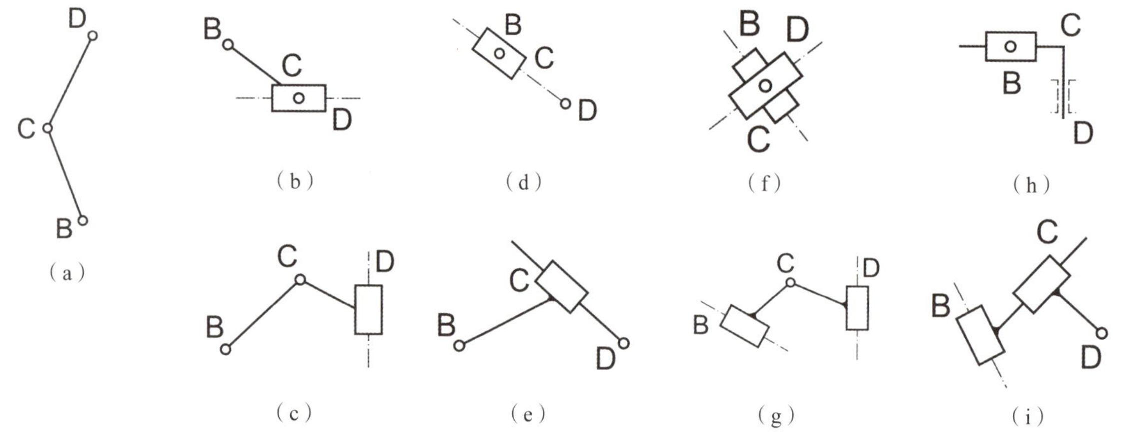

图 1-83　常见Ⅱ级杆组结构

机架（构件4）+主（原）动件（构件1）+Ⅱ级杆组从动系统（a型）=铰接四杆结构。

例2. 曲柄（摇杆）滑块结构组成，如图1-85。

机架（构件4）+主（原）动件（构件1）+Ⅱ级杆组从动系统（b型）=曲柄（摇杆）滑块结构。

例3. 图1-86是一个三层多功能文具盒。文具盒除了三层存放文具以外，还可以支撑各类纸张图片，方便文件阅读，特别在电脑前进行文件输入时，尤其实用。试分析其结构组成。

解：

①画出三层文具盒的结构简图。如图1-87，结构运动简图是一个八连杆结构。绘图时，请注意两点：A.简图的位置是和文具盒打开的位置的一致性；B.三副杆BCG和DCF交叉的表示方法。

②根据结构组成原理，选定基本连杆结构ABCD（图1-88a）。它的组成在图1-84中已经分析。将Ⅱ级杆组FEG（a型）［图1-88（b）］和连杆结构BC、CD两杆相联结，成为一个自由度$F=1$全铰六连杆结构；再将Ⅱ级杆组IHJ（a型）［图1-88（c）］和六连杆结构的EF、AD两杆相联结，形成了自由度$F=1$的全铰八连杆结构（图1-87）。

③结构组成分析。

A. 八连杆三层文具盒结构是在自由度$F=1$的基本四连杆基础上连续串联叠加两个Ⅱ级杆组FEG和IHJ，它们都是图1-83所示的9种Ⅱ级杆组中最常见的a型。

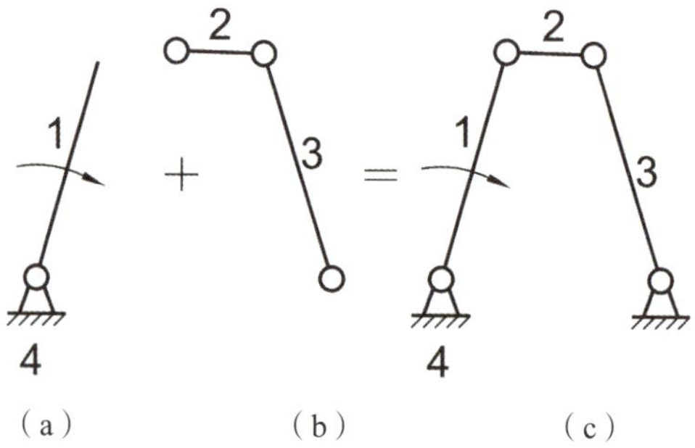

图 1-84　铰接四杆结构组成

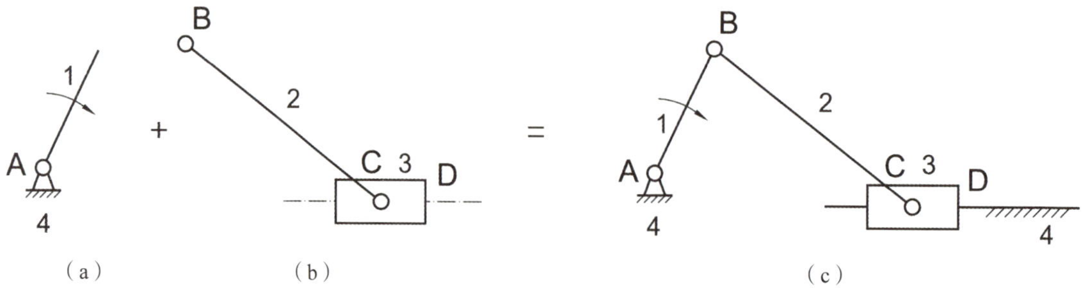

图 1-85　曲柄（摇杆）滑块结构组成

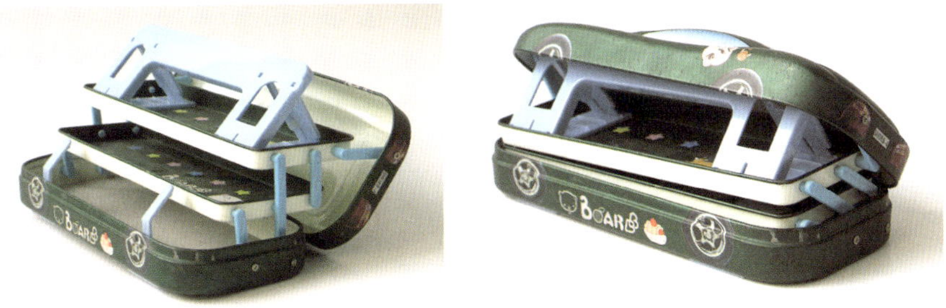

图 1–86 三层多功能文具盒 / 上海视觉艺术学院 / 张一（摄）/2010

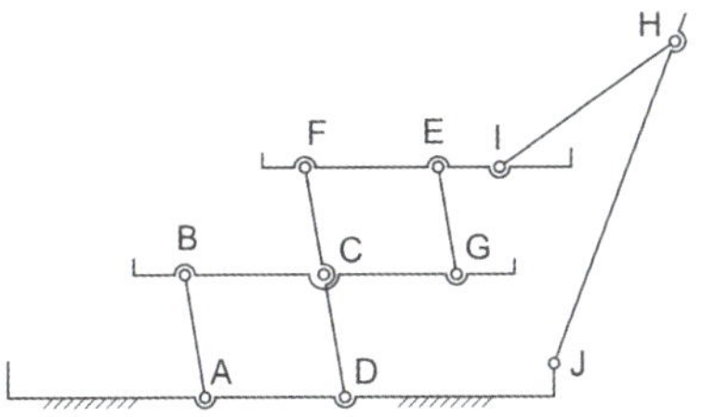

图 1–87 八连杆三层文具盒结构简图

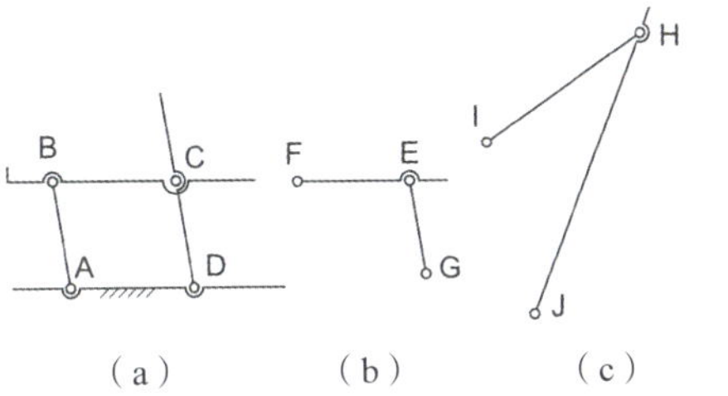

图 1–88 八连杆三层文具盒结构组成

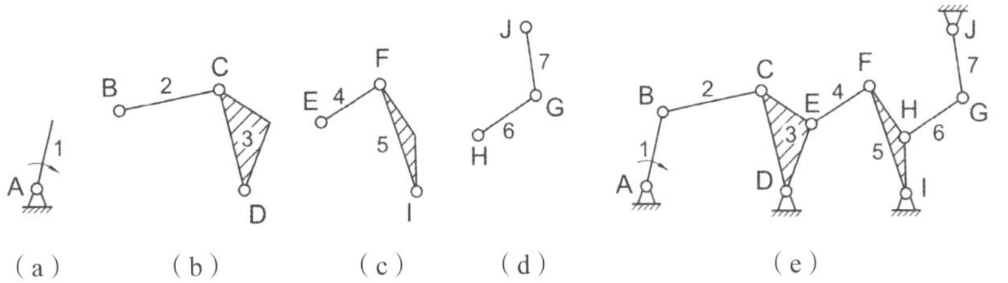

图 1–89 八连杆结构组成

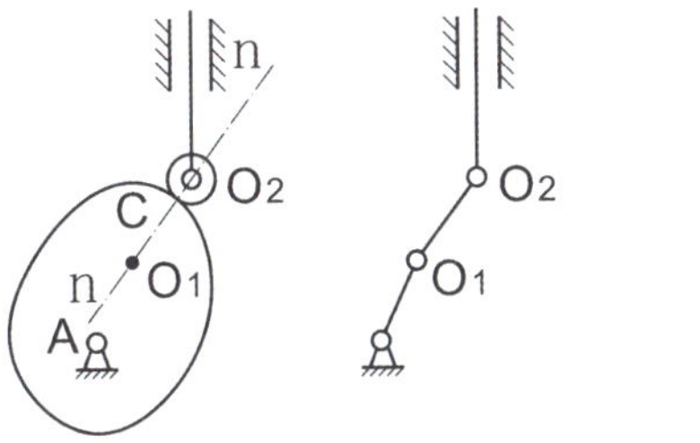

图 1–90 高副低代的画法

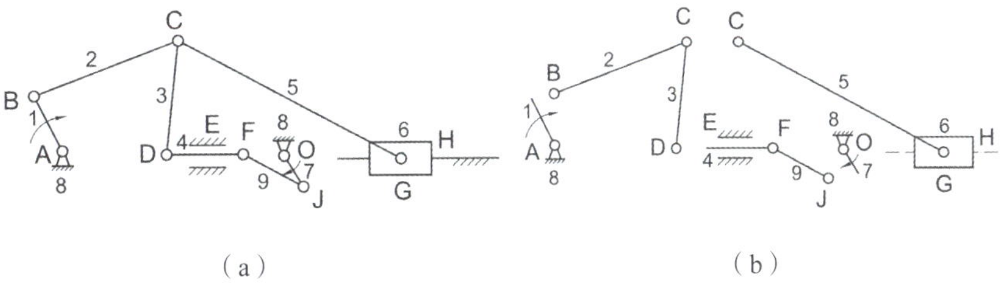

图 1–91 大筛结构的结构组成

B. 如果将文具盒盖JH杆作为主动件来分析结构组成，将会遇到麻烦，因为JHIFD为一个五杆结构，自由度$F=2$。在分析结构组成时应予以注意，必须从基本连杆结构开始分析。

C. 常见的八连杆结构组成如图1–89。主动杆1叠加a型Ⅱ级杆组BCD，注意CD杆的刚性三角形结构画法，D副和机架相连，成为一个四连杆结构；再叠加一个a型Ⅱ级杆组EFI，注意FI杆的刚性三角形画法，I副连到机架上，成为一个六连杆结构；再叠加一个a型Ⅱ级杆组HGJ，J副连到机架上，组成全铰八连杆结构。

例4．分析本章第二节“产品结构图讨论和训练”中的摇筛结构（图1–46）的结构组成。

解：此题难点在于凸轮高副如何分析。在结构组成分析中，凡是有高副处，用“高副低代”的方法处理。“高副低代”方法原理如图1–90。在高副接触C处的法线方向，将曲率中心O_1、O_2画上替代的低副，然后用连杆联接。高副低代后的低副结构，在替代的瞬间位置上和原高副情况完全一样。

大筛结构的高副用“高副低代”的方法处理后的结构简图如图1–91（a）所示。它的结构组成按照结构组成的拆分方法可以依次分为：

机架8＋主动件1＋a型Ⅱ级杆组BCD＋ { b型Ⅱ级杆组CGH ; b型Ⅱ级杆组EFJ＋主动件7 } ＋机架8 ＝大筛结构。

大筛结构的结构组成见图1–91（b）。

第二章

设计与实训

第一节　项目训练一——曲柄连杆类产品结构设计

一、项目要求

本项目讨论的曲柄连杆是曲柄摇杆四杆结构和曲柄滑块四杆结构及其设计方法。结构的运动特点是可将连续回转运动变为转动往复运动（摇摆，如图2–1）或移动往复运动，或者将转动往复运动（摇摆，如图2–2）或移动往复运动变成连续回转运动。

设计前，设计者必须完成两个重要的程序。

①确定选什么样的结构形式来完成任务；

②选择初定设计参数，然后由初定的设计参数求解结构未知参数。初定的参数分为两类：第一类为直接可以确定的设计参数，也就是设计者可以根据产品的构思直接提出的设计数据，例如位置线、摆角、某些杆的杆长等；第二类设计参数为约束性设计参数，这些参数在整个设计过程中起到对方案的约束作用，使设计方案具有唯一性，如果约束性参数不够，设计方案将会很多，甚至无穷。如果设计出的结构不理想，设计者可以重新修改初定参数，主要是改变约束性参数，再开始新一轮设计，直到满意为止，甚至可以重新选择结构形式。这段话很重要，在后面的产品设计案例中会不断地重复、强调。

二、知识点

曲柄结构设计有三大知识点。

1. 曲柄存在条件

（1）曲柄连杆结构（图2–1）

ABCD曲柄摇杆结构中，曲柄存在条件是转动副A为整转运动副。易见，AB杆和BC杆共线时，曲柄AB处于AB_1和AB_2两极限位置，如果曲柄AB通过两极限位置，曲柄就可以转动360°，转动副A为整转副。根据这样的几何关系，数学上得到曲柄摇杆结构的曲柄存在条件为：

①曲柄AB是四杆中长度最短的杆件；

②长度之和条件：曲柄和最长杆的长度之和小于或等于其余两构件的长度之和。

图2–1中，设四杆结构各杆长度为a（AB杆）、b（BC杆）、c（CD杆）和d（AD杆）。如果最短杆长为a，最长杆为c，存在$a+c \leqslant b+d$，则转动副A为整转副，连杆AB为曲柄构件。

（2）曲柄滑块结构（图2–2）

图2–2所示的是偏距为e的滑块结构。极限位置是曲柄和连杆的共线位置，易见，如果连架杆AB能通过B_1、B_2两极限位置，转动副A就成为整转副，连架杆AB就是曲柄构件。根据这样的几何关系，数学上可得到曲柄滑块结构中的曲柄存在条件为：

①曲柄AB的长度和偏距e之和小于连杆长度BC；

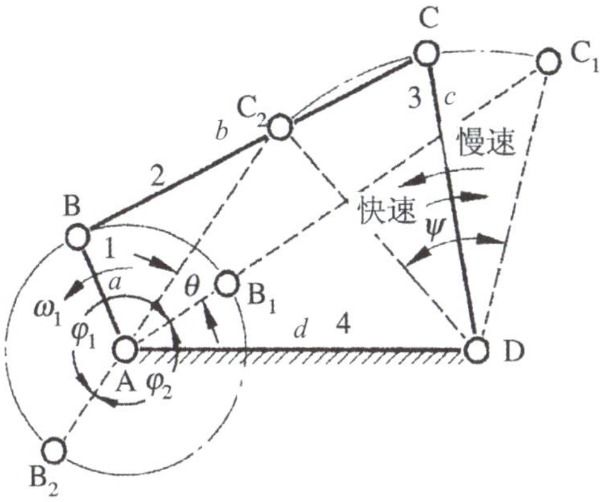

图 2–1　曲柄摇杆结构曲柄条件

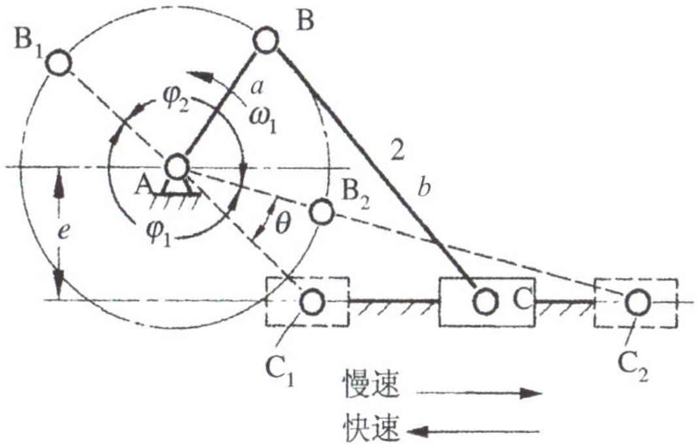

图 2–2　曲柄滑块结构曲柄条件

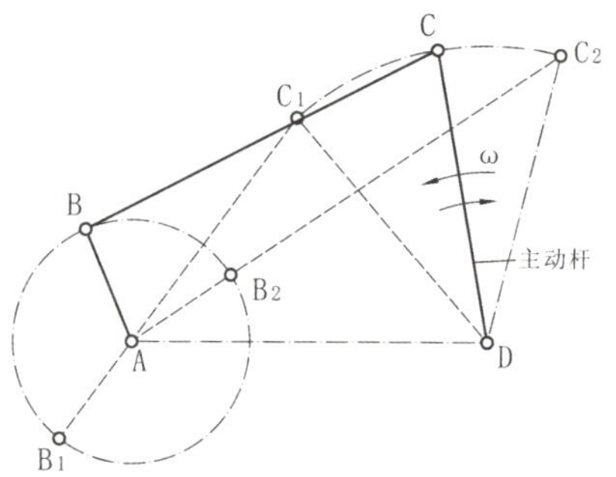

图 2-3 曲柄摇杆结构死点位置

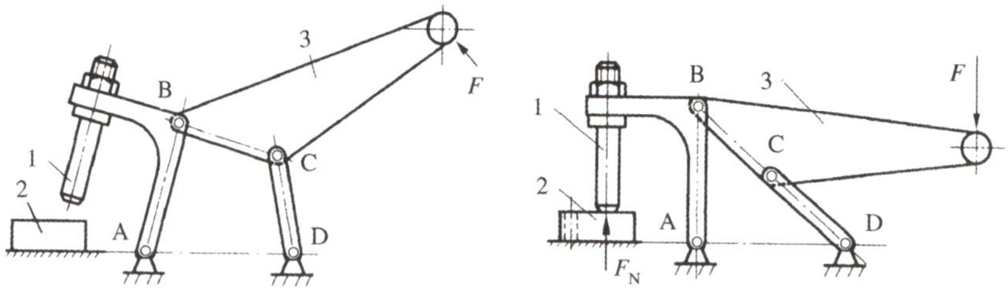

图 2-4 连杆式快速夹具

②正置曲柄滑块结构（$e=0$）只需要曲柄长度小于连杆长度。

图2-2中，设曲柄长度为a，连杆长度为b，则曲柄存在条件写成公式为$a+e<b$

2. 死点位置（图2-3）

曲柄摇杆结构运动中，CD摇杆为主动杆，在曲柄和连杆共线的位置上，摇杆处于极限位置，此时摇杆传递的力效果最差，连杆BC对从动杆AB的有效力矩为零，结构会出现“顶死”现象，图中的B_1C_1和B_2C_2两位置称为死点位置。“死点位置”出现的条件是“连杆和从动杆共线”。一般说“死点”是不利的，在脚踩缝纫机曲柄摇杆结构和内燃机正置曲柄滑块结构上，采用了一些方法予以克服，传动要求不高的缝纫机利用了“从动杆惯性”克服“死点”位置；内燃机则采用了多气缸传动，各组气缸“死点”位置错开来通过死点。但在有些需要“锁紧”的结构设计中，“死点”位置往往是有用的。图2-4的连杆式快速夹具，利用BC连杆和从动杆CD的共线，使压紧工件的摇杆AB不容易松开；又如图2-5，飞机起落架结构，连杆BC和从动杆CD共线，使飞机轮支杆AB不会自行收起。

3. 曲柄摇杆四杆结构行程速比系数k的确定

①摆杆CD在极限位置时曲柄AB的夹角θ的物理含义参见图2-6、图2-1。假定曲柄逆时针转动，AB_1到AB_2为工作行程，θ角越大，说明工作行程时间越长，摇杆慢进快回程度明显；反之亦然。$\theta=0$，表示结构无慢进快回现象。图2-2的曲柄滑块结构也标注了这种现象。

θ角的大小可以由设计者直接确定，也可以由行程速比系数k间接算出。行程速比系数k是衡量摇杆慢进快回（或者快进慢回）的所谓“急回运动”特性的指标，见图2-1，它的计算公式是：

$$K=\frac{\text{曲柄工作弧长}BB_1}{\text{曲柄回程弧长}B_1B}=\frac{\psi_1}{\psi_2}=\frac{180°+\theta}{180°-\theta}\quad(k\geqslant 1)$$

由此算出：

$$\theta=\frac{K-1}{K+1}\cdot 180° \qquad (2\text{-}1)$$

θ角物理含义归纳为：（1）θ角的存在说明曲柄结构有急回的特性；（2）θ角越大，“急回”特性越显著。

②$\angle C_1C_2O=\angle C_2C_1O=90°-\theta$的作图理由。根据“圆心角等于二倍圆周角”的几何定理，这样的作图使圆心角$\angle C_1O\,C_2=2\cdot\theta$，保证曲柄在极限位置夹角为$\theta$角。

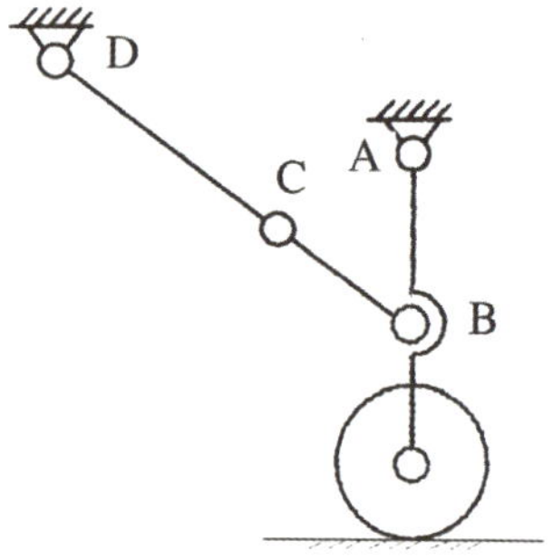

图 2-5 飞机起落架结构

三、设计案例

图解法设计曲柄摇杆四杆结构，设计步骤主要可分为三大步骤（图2-6）：

（1）确定选定的结构形式是曲柄摇杆四杆结构ABCD。

（2）确定初定设计参数：①摇杆CD的杆长和一个极限位置；②摇杆CD的摆动角ψ；③摇杆两极限位置时，曲柄AB的夹角θ；④机架位置线AD。

一般来说，机架位置线AD和摇杆CD的初始位置为约束性设计参数。

（3）求解曲柄摇杆结构的未知参数：曲柄AB、连杆BC和机架AD的尺寸。

用图解法求解所求的连杆尺寸，作图过程有6个主要过程：

①画出机架线AD，并在机架线上任选一点D，作为摇杆转动副；

②根据已知摇杆长和一个极限位置C_1D及摇杆CD的摆动角ψ，作等腰三角形△C_1C_2D，求得摇杆CD另一极限位置C_2D；

③以C_1C_2为底边，根据已知的极限位置时曲柄AB的夹角θ，作底角$\angle C_1C_2O=\angle C_2C_1O=90°-\theta$的等腰三角形△$C_1C_2O$，求得圆心$O$点；

④以O为圆心，OC_1（或OC_2）为半径画圆交机架线AD于A点，求得机架AD长；求得连杆BC和曲柄AB长度之和AC_1及它们的位置；求得连杆BC和曲柄AB长度之差AC_2及它们的位置；

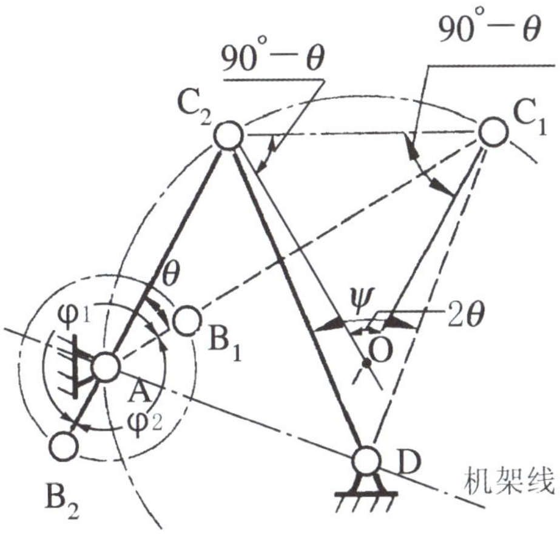

图 2-6　曲柄摇杆结构设计

⑤取（AC_1-AC_2）/2作为半径，以A为圆心，交极限位置线AC_1、AC_2于B_1、B_2两点，求得曲柄长AB和连杆长BC；

⑥粗实线画出曲柄摇杆结构第二位置AB_2C_2D，用比例尺量取曲柄AB，连杆BC和机架的长度，曲柄摇杆设计完成。

四、实践程序——玩具狗腿结构设计

1. 实践内容

玩具狗后腿结构设计。从第一章第二节中产品结构图讨论和训练例3已经知道了玩具狗的结构传动和简图绘制（详见图1-54），可以确定玩具狗的后腿结构为曲柄摇杆结构。参照曲柄摇杆结构设计步骤，对该玩具狗腿作结构设计。

2. 设计程序

①初定设计参数。根据玩具狗行走速度，后腿行程为40mm/步，在玩具总体尺寸大小的条件限制下，后腿腿长70mm，初定摇杆CD尺寸为12mm，第一极限位置与机架的夹角$\angle C_1DA$为84.5°，每步摇杆摆角$\psi=32°$，摇杆C_1D的位置（图2-7）。考虑到“急回”特征不是十分需要，取$\theta=2°$（$k=1.022$）；

②画出机架线，根据图纸大小，任意确定摇杆转动副D的位置；

③由已知条件，作等腰三角形△C_1C_2D，求得CD摇杆的极限位置C_1D和C_2D；

④作$\angle C_1C_2O=88°$和$\angle C_2C_1O=88°$交于O点，得到三角形△C_1C_2O；

⑤以O为圆心，OC_1为半径作圆交机架线于A点，得到机架连杆长AD；

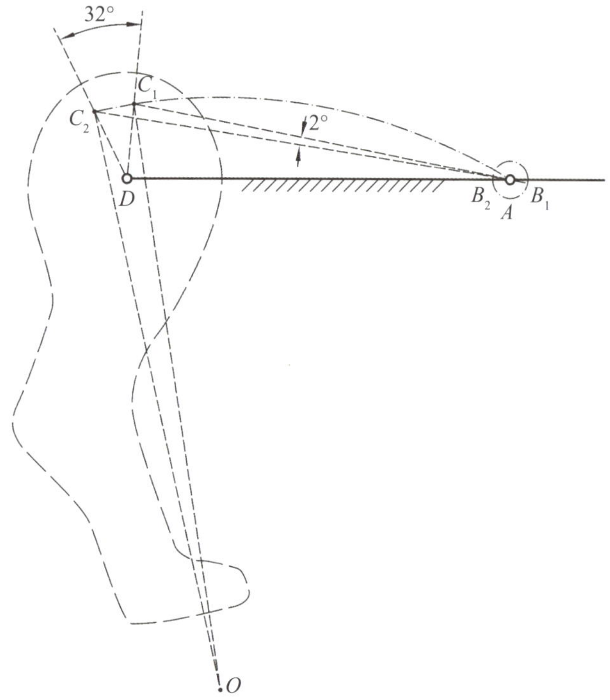

图 2-7 玩具狗后腿设计

⑥以A点为圆心，（AC_2-AC_1）/2为半径作圆求得B_1、B_2点，由此得到曲柄AB和连杆BC的杆长；

⑦用比例尺量出AD、AB、BC的长度，求得设计尺寸为：$AB=3\text{mm}$，$BC=67\text{mm}$，$AD=64\text{mm}$。

3. 注意事项

①图解法求解杆件尺寸误差比较大，一般可以用作图比例放大的方法来提高精度。

②曲柄摇杆结构作图过程本身已经保证了曲柄AB可以到达两极限位置，不需要验证曲柄存在条件。

③曲柄摇杆结构设计的方法有多种，本书介绍的方法仅是其中一种，规定的初定设计参数只能是摇杆长、极限摆角ψ和曲柄极限位置夹角θ，但摇杆初始位置和机架线位置可以由设计者任意确定，求得无穷多个方案供选择。

④作图时要注意角度的精确性，角度误差非常容易被放大。

⑤如果用本章第四小节介绍的计算机辅助绘图软件，可以在电脑中直接测量或读取精确数据。

第二节 项目训练二——连杆两位置四杆结构产品设计

一、项目要求

连杆位置的结构设计在“机械原理”中称之为“刚体导引结构设计”。图2-8中，列举了刚体BC有三个位置，要求设计一个铰接四杆结构，满足刚体BC在结构运动时能依次占有三个指定位置B_1C_1、B_2C_2、B_3C_3。由于连架杆运动是定轴转动，不是平面运动，满足刚体BC位置要求的只能是连杆，所以刚体导引结构设计就是连杆位置的结构设计。

本项目讨论的问题是：

①连杆两位置设计方法的重要性和它的图解设计方法。

②活动型产品设计中连杆两位置图解设计方法的应用。

折叠式活动型产品设计时，主要强调“折叠（合拢）”和“放开（打开）”两个位置，如果能把产品位置要求归结到连杆两位置问题，那么折叠式活动型产品结构设计中的此类问题就会迎刃而解。所以说，连杆两位置的重要性就在于其研究的问题和折叠式活

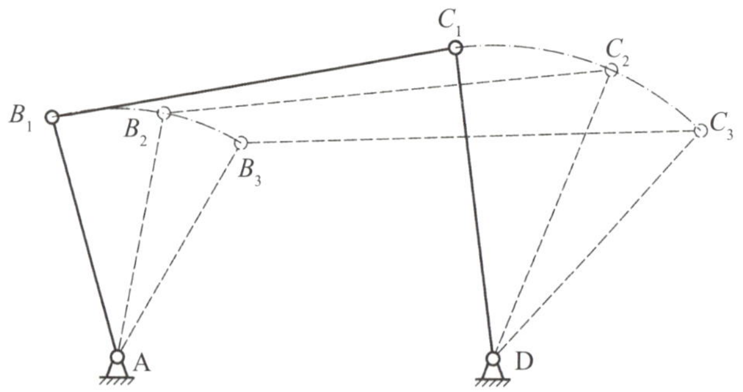

图 2-8 刚体导引结构设计

动型产品所要解决的问题是一致的。

项目讨论的设计案例用本章第四节所讲的计算机辅助绘图软件完成，可以得到精确的结构数据。

二、知识点

连杆两位置四连杆结构设计方法

1. 连杆两位置四杆结构设计和求解步骤

①已知连杆两位置B_1C_1、B_2C_2及机架位置线AD。

②设计一个铰接四连杆结构$ABCD$，当连架杆AB（或CD）转动时，连杆BC能依次占有B_1C_1、B_2C_2两个位置。也就是求解机架点A、D转动副的位置。

③解：根据连架杆运动几何特征可知：B_1、B_2肯定在以A转动副为圆心的圆周上，所以转动副A必在B_1B_2的垂直平分线上；同理，转动副D必在C_1C_2的垂直平分线上。因此，连杆两位置的设计步骤是：（图2–9）

A.确定并画出B_1C_1、B_2C_2、连杆两个位置及机架线；

B.作B_1B_2的垂直平分线交机架线于A点，求得A转动副的位置及AB杆长；

C.做C_1C_2的垂直平分线交机架线于D点，求得D转动副的位置及CD杆长、AD杆长；

D.连接AB_1C_1D，完成了连杆两位置的铰接四连杆结构设计。

2. 连杆两位置四杆结构设计推广——连杆三位置四杆结构设计

连杆三位置四杆结构设计和连杆两位置结构设计方法一样可以完成连杆三位置结构设计。

①已知连杆三个位置B_1C_1、B_2C_2、B_3C_3（注意和两个位置设计相比，增加一个B_3C_3的已知条件，减少了一个已知机架位置线的条件）。

②设计一个铰接四连杆结构，当连架杆AB（或CD杆）转动时，连杆BC依次占有B_1C_1、B_2C_2、B_3C_3三个位置（图2–10）。也就是求解机架点A、D转动副的位置。

③解：

A.作B_1B_2、B_2B_3（或B_1B_3）的垂直平分线，交于一点A，求得A转动副的位置及AB杆长；

B.作C_1C_2、C_2C_3（或C_1C_3）的垂直平分线，交于一点D，求得D转动副的位置及CD杆长、机架AD长；

C.连接AB_1C_1D，完成了连杆三位置的铰接四杆结构设计。

3. 连杆两位置设计的问题讨论

①连杆两位置设计时，已知条件就是设计前要确定的初始设计参数，如上一小节所述，初始设计参数分为两类：第一类设计者为直接可以确定的设计参数，也

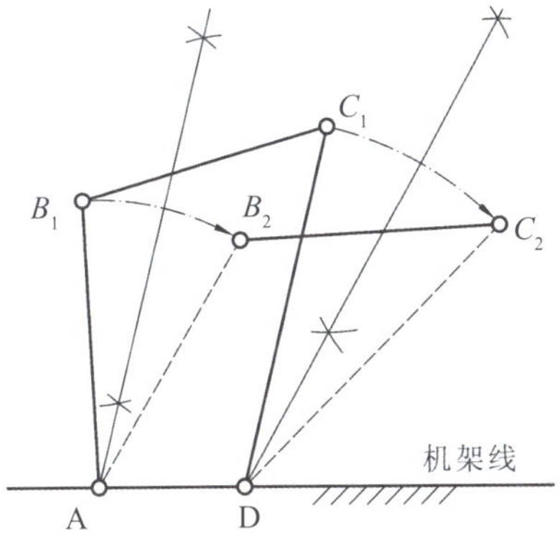

图 2–9　连杆两位置设计

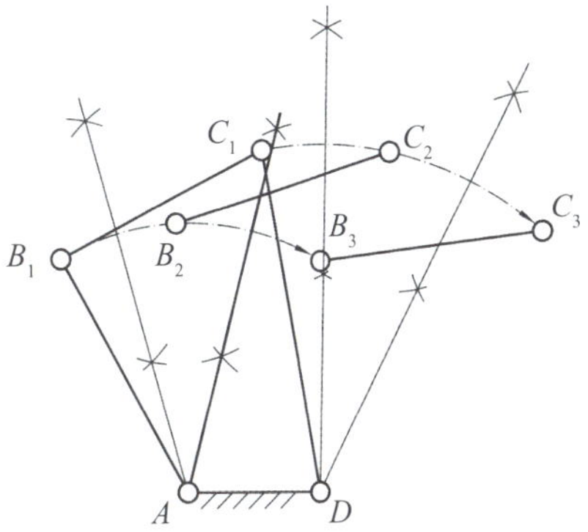

图 2–10　连杆三位置设计

就是产品具体的构思过程中可以直接地、方便地提出的设计数据；第二类设计参数为约束性设计参数，通常要设计者进行试探，同时带有盲目性，上述连杆两位置设计时，机架位置线就是约束性设计参数，这些参数在整个设计过程中起到对方案的约束作用，使设计方案具有唯一性，如果约束性参数不够，设计方案将会很多，甚至无穷。

初始设计参数不同，设计结果是不一样的。例如机架线的位置确定，不同的机架线位置，可以得到不同的设计方案，设计者只能从多个设计方案中选择一个满意的方案。

②具体产品设计时，连杆两位置初始设计参数可能不太容易找到和确定，初学者可能会感到是一个技巧问题。这是因为初始设计参数确定往往有多种选择，可以说不同类型的产品初始设计参数选择多少是有些不一样的，请读者在下面具体设计案例中，细心体会掌握。实际上，只要朝着“设计方案具有唯一性的目标”去选择初始设计参数，总能解决问题。有较好数学基础的人，可以通过数学方法分析已知参变量数目来掌握它。

③连杆位置设计问题的判定原则是：求解的结果是机架上的运动副位置。说得具体些，如果设计的折叠型产品，最终目的是求得机架上的运动副A和D，那么设计可用连杆两位置的方法解决。这一判定原则也需要读者通过实例练习来掌握。

④连杆三位置设计在折叠型产品结构中应用很少，本章节不再讨论，读者可以仿效连杆两位置产品设计的案例解决连杆三位置设计问题。

三、设计案例——折叠椅设计

1. A型折叠椅活动型产品设计

理解连杆两位置的设计方法是相当容易的，但在具体的产品设计中，应用这种方法并不太容易。难点在于设计者必须从产品构思的草图中发现四连杆结构的存在和作用，判定是一个连杆两位置产品设计问题，其中包括设计时初始设计参数的确定。下面试图通过具体的活动型产品——折叠椅的设计来阐述连杆两位置活动型产品设计过程。

（1）折叠椅的产品设计构思

折叠椅打开应该具有稳定的椅座要求，至少有3个构件：椅座、椅背、椅脚；至少有三个运动副连接。据此不难画出折叠椅产品的构思草图，如图2-11（a）所示。

（2）结构的选型

图2-11（a）结构是一个刚体三角架，不能运动，使其有折叠运动的最简单结构应该是铰接四连杆结构或者高副三连杆结构。根据连杆结构组成原理及其演化规律，初步确定可供选型的结构形式大约有三类（实际上远不止三类），如图2-11（b）所示；如果应用产品设计的思维方法还可有多种衍生结构形式，如图2-11（c）。

（3）A型折叠椅图解设计

以图2-11（b）中A型全铰四杆折叠椅为例说明图解设计步骤。根据选定结构形式确定“折叠”“放开”两个位置，判定是否是连杆两位置设计问题。

①画出全铰四杆结构打开的位置

AD为椅背椅腿杆，BC为椅座杆，AB为支架腿杆［图2-12（a）］。确定出AD位置线、AB_1位置线和AB_2位置线，A点和B_1点位置。

②确定初始设计参数

直接确定的设计参数是：机架位置线AD及A转动副位置；支架腿AB杆长度和AB杆的“放开”位置线AB_1、“折叠”位置线AB_2；椅座BC杆“放开”位置线B_1C_1（C_1点未知）［图2-12（a）］；需要确定的约束性设计参数是：椅座杆BC杆长和椅座杆BC的“折叠”位置线B_2C_2（注意：“折叠”位置线AB_2和“折叠”位置线B_2C_2应平行于AD机架位置线，才有较好折叠效果）。

可见，设计问题归述为：已知机架位置线AD和A转动副位置，支架腿AB杆的“放开”位置线AB_1和“折叠”位置线AB_2及AB杆长度；椅座BC杆的“放开”位置线B_1C_1和“折叠”位置线B_2C_2及椅座杆BC杆长。求

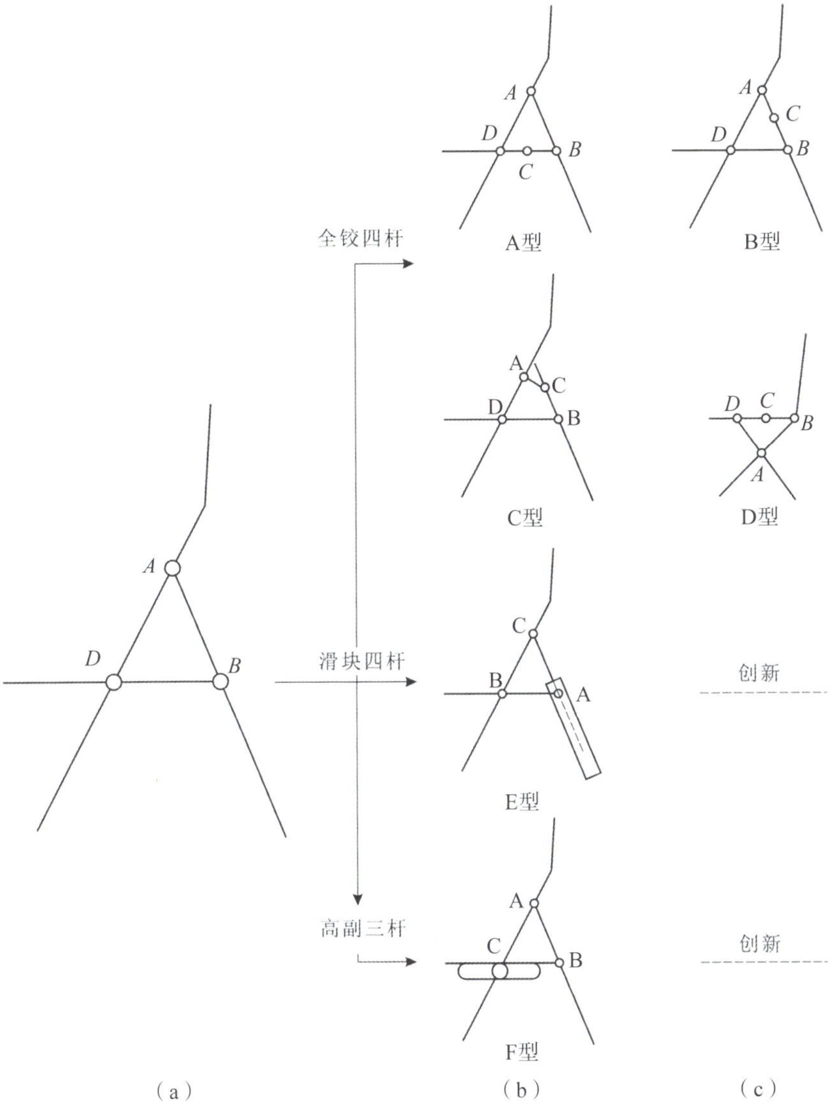

图 2-11　折叠椅设计构思和结构造型

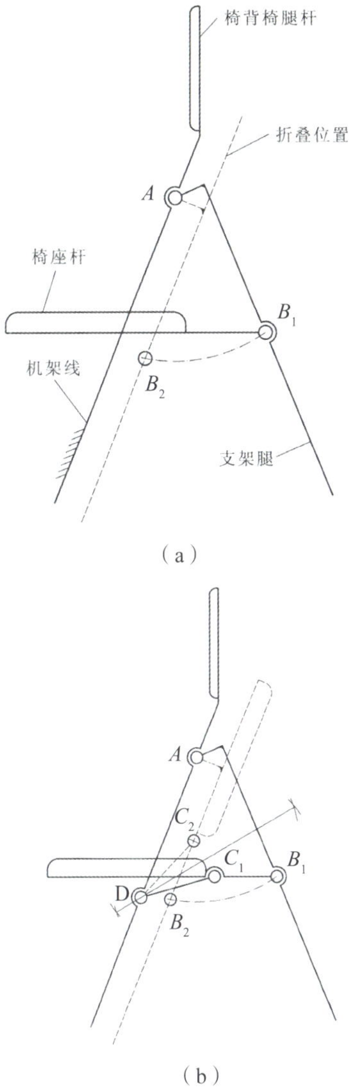

图 2-12　A 型折叠椅全铰四连杆结构图解设计

解机架位置线上D转动副和AD杆长。根据连杆位置设计的判定原则，可知本设计为连杆两位置设计问题。［图2-12（b）］

③作图求解

根据确定的初始设计参数，在图2-12（a）的基础上画出“折叠”位置线B_2C_2（图中，为了有较好的折叠效果，“折叠”位置线AB_2和“折叠”位置线B_2C_2重合），在椅座杆BC位置线B_1C_1上，由BC杆长定出转动副C的第一位置C_1点，以A为圆心，AB长为半径可以确定转动副B的折叠位置B_2点。由B_2点根据杆长相等原则，在“折叠”位置线B_2C_2上，确定转动副C的折叠位置C_2点。

④作C_1C_2的垂直平分线交机架线于D点，求得机架杆长AD和连架杆CD，连接A B_1 C_1D四点，全铰四杆结构设计完成。

⑤设计方案验证

由于约束性设计参数选择不同，两位置设计有无穷多解，验证求得D转动副位置是否符合设计要求。如果不满意，一般是D点偏高或偏低，可重新假定约束性设计参数BC杆长，确定C_1位置，再设计一次。如果结果趋势符合要求，但D点仍不理想，可在假定C_1的选择方向继续试凑，直到满意为止，一般不会超过3次；如果趋势不符合要求，D点位置离要求相差更多，可以改变C_1的假定方向，在相反的方向上继续试设计，一般也不会超过3次，就能找到符合要求的D点位置。

（4）试做结构模型

根据求得的杆长尺寸、结构化构件形状，制作平面模型，检验设计效果，确定结构 "打开" 位置时定位零件的形状和安放位置（图2-13）。

（5）产品工业造型设计

完成构件结构化造型设计。产品实物照片图见图2-14。构件结构化是艺术类学生的强项，他们以个人独特的审美视角和想象风格对构件进行造型设计，在同类型的机械结构中，完成千姿百态的创意作品。

（6）折叠椅的结构选型和产品设计

图2-11全铰四杆折叠椅结构形式中，B型结构折叠椅设计在本章第三节图2-36中会详细讲述，C型、D型、E型和F型折叠椅设计本书不再进一步叙述，读者可以把它作为习题进行设计练习。C型折叠椅的产品外观效果图参见图2-15（a），D型折叠椅的产品外观效果图参见图2-15（b），E型折叠椅的产品外观效果图参见图2-15（c）。

图 2-13　全铰四连杆 A 型折叠椅平面模型效果

2. 全铰六杆折叠躺椅设计

（1）产品设计构思

躺椅的功能必须满足"躺"的要求，如：椅背要有较大倾斜度、椅座要低、有扶手等。一般说，设计师都可以在折叠椅的基础上画出躺椅的结构构思草图，如图2-16（a）所示。

（2）结构选型

从结构设计角度看，满足设计要求的结构形式是不少的，从简单、可靠、实用（包括加工）等条件选择，结构的形式就比较有限。

根据构思草图，结构形式是全铰五连杆结构，自由度$F=2$。折叠式产品绝大多数情况下都要求自由度$F=1$，一个简单的"收"或"放"的运动输入，就能使产品各构件具有确定的运动。应用结构组成原理，只要在选定的基础四杆结构$ABCD$上，加一个Ⅱ级杆组，就能满足自由度$F=1$的要求，图2-16（b）加上了一个最简单的a型Ⅱ级杆组CEF（参见第一章第三节图1-83）组成一个全铰六连杆折叠躺椅的结构，它有三个机架转动副点A、D、F。

图 2-14　产品实物照片 / 上海视觉艺术学院 / 张一（摄）/2010

（a）

（b）

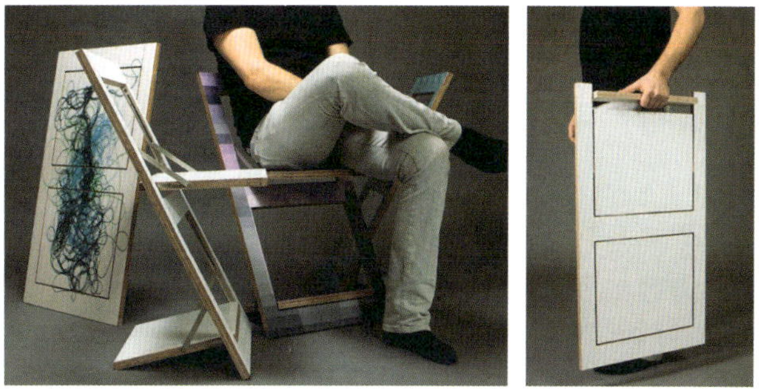

（c）

图 2-15　各种折叠椅的结构选型和产品设计

（3）折叠躺椅六连杆结构图解设计［图2-16（c）］

①先设计四连杆结构*ABCD*

确定初始设计参数，直接确定的设计参数是：机架线*AD*位置，连架杆*AB*杆长，连杆*BC*杆长，躺椅“放开”时连杆*BC*的位置线B_1C_1；约束性设计参数是：“折叠”后的位置线B_2C_2（折叠位置Ⅰ）。折叠位置线一般都选和机架线平行，以获得较好的折叠效果。

②求解机架线转动副*D*的位置

这是一个连杆两位置设计问题。以*A*为圆心，*AB*为半径，交*B*点两位置线于B_1、B_2；根据*BC*杆等长原则，可以画出C_1、C_2两点；作C_1C_2的垂直平分线，交机架线于*D*点，求得*D*副位置，由此可定出*CD*杆、*AD*杆的长度，完成四连杆*ABCD*的设计。

③设计a型Ⅱ级杆组*CEF*

选择初始设计参数，直接确定的设计参数是：*CE*杆（躺椅支架腿）放开位置线C_1E_1；约束性设计参数是：*CE*杆折叠后的C_2E_2位置Ⅱ及转动副的第一位置E_1。需要把握和强调的是：由于构件实体尺寸的空间约束，*CE*杆的折叠位置Ⅱ不可能越过机架*AD*，和C_2B_2位置线重合或者贴近。图2-16（c）中，选择机架线下方较贴近的位置作*CE*杆折叠位置Ⅱ，尽可能使C_2E_2和AB_2平行。

④求解机架线转动副*F*的位置

这也是一个连杆两位置设计问题。根据*CE*杆等长原则，量取$C_2E_2=C_1E_1$，在折叠位置Ⅱ上求得E_2点；作E_1E_2垂直平分线交机架线于*F*点，求得转动副*F*的位置，完成Ⅱ级杆组*CEF*的设计。特别说明的是：由于E_1点是初始约束性设计参数，设计师总可以通过改变E_1的位置（*CE*杆长），求得转动副*F*和转动副*A*重合的最佳*CE*杆长，使设计的结构更简洁、紧凑。图2-16（c）中E_1'就是两次试凑后的最佳位置，在E_1'位置上，转动副*F*、*A*重合。

⑤制作实物杆件模型验证（图2-17）

根据求得的杆长尺寸，结构化构件形状，制作平面模型，检验设计效果，确定结构“打开”位置时定位零件的形状和安放位置。

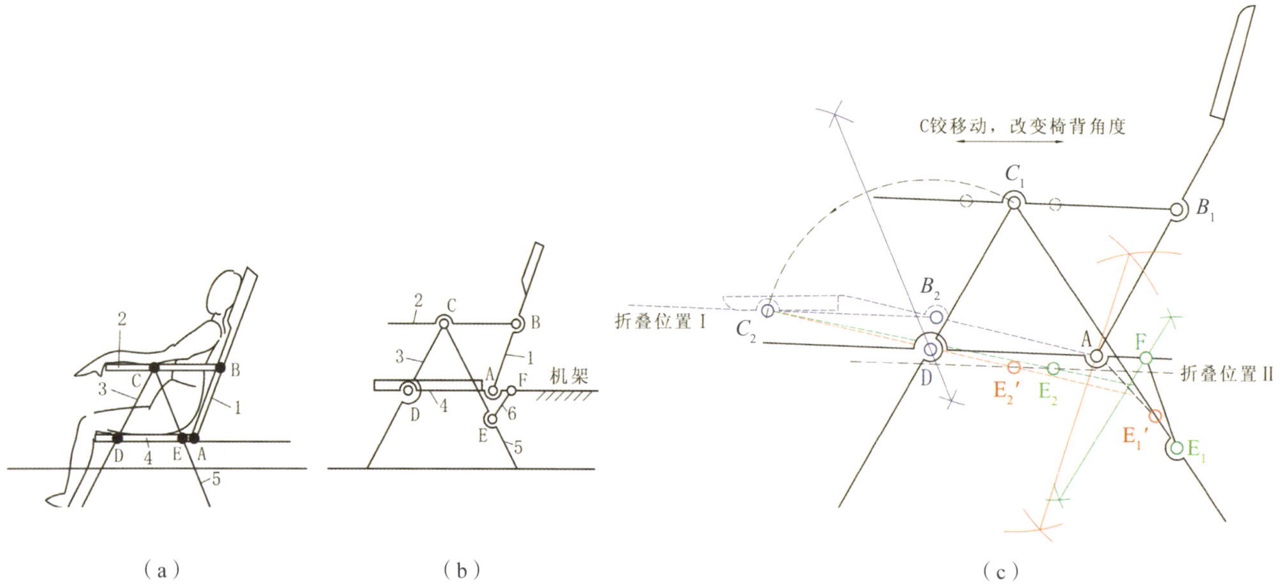

图 2-16 全铰六连杆折叠躺椅图解设计（连杆两位置）

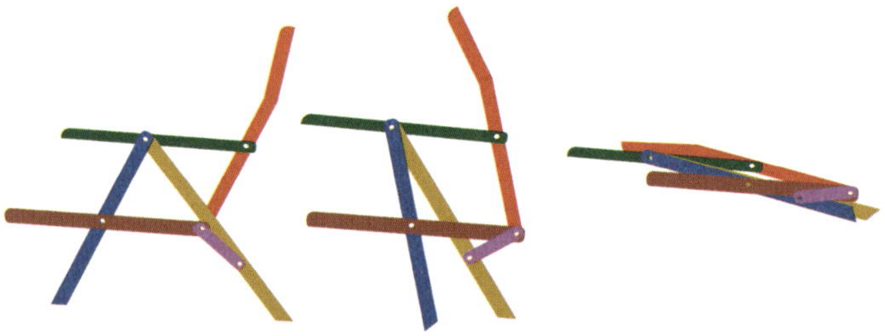

图 2-17 六连杆躺椅平面模型效果

图 2-18 全铰六连杆躺椅实物照片 / 上海视觉艺术学院 / 张一（摄）/2010

（4）全铰六连杆躺椅的产品照片见图2-18。

（5）注意事项

①全铰六连杆躺椅设计中，改变初始设计参数*AB*杆的初始位置，就可以调节椅背的倾斜度，满足使用者的舒适性要求。在产品构件结构化设计时，将转动副*C*的C_1位置设计多个（一般3～4个），就可以达到改变*AB*杆倾斜度的目的。

②全铰六连杆躺椅设计中，扶手（连杆*BC*）和椅座（*AD*杆）要求平行。如果将*ABCD*四杆结构设计成平行四边形结构，其折叠效果会更好。因为平行四边形结构在任何状态，连杆和机架总是平行的，符合许多折叠产品的要求。请读者在后面的设计中注意平行四边形结构的应用，特别是多层相同结构的伸缩性产品，如折叠梯等。

③每个构件的结构化设计是产品设计的另一主项，构件形态不同，产品外观会有很大差异。

四、实践程序——多层文具盒（工具箱）产品设计

1. 产品设计构思

多层文具盒的产品特点是：盒盖打开后，展现出多层平行盒板（至少两层），充分利用了文具盒的有限空间；分层放置物品，使物品放置整齐、有条有理。据此思路比较容易构思出盒盖打开后各盒板平行展开的结构示意草图［图2-19（a）］。

2. 结构选型

多层文具盒（工具箱）结构选型并不困难，从结构选型构思草图（图2-19（a））中可以马上感悟出一个四连杆结构的存在，画出的立体图如图2-20（a）所示。根据结构的组成原理，加上一个a型Ⅱ级杆组，可以得到另一个二层六杆结构，如图2-19（b）；若再加一个a型Ⅱ级杆组，又可得三层八杆文具盒（工具箱）的结构形式。由于Ⅱ级杆组叠加方式不同，它可以有两种结构组成，Ⅱ级杆组连接到第二层盒板上，形成图2-19（c）全铰八杆Ⅰ型结构，立体图见图2-20（b）；Ⅱ级杆组连接到第三层盒板上，形成图2-19（d）全铰八杆Ⅱ型结构。当然，还存在其他结构形式，读者可进一步分析，例如高副三杆结构的应用，又如滑块结构的应用等。

3. 实践程序一：二层文具盒产品设计

选型见图2-19（a）、图2-20（a），设计过程见图2-21。

（1）结构选型

结构选型为全铰四杆结构，如图2-19（a）。

（2）确定初始设计参数

直接确定的初始设计参数是：机架线*AD*、连架杆*AB*杆长（和盒盖固接，提示：将盒盖看成一个*ABEF*的刚性四边形构件，有利于结构点定位）、转动副*A*的位置、连杆*BC*（文具盒第二层盒板）打开和合拢的位置线B_1C_1、$B_2\ C_2$。一般来说，设计者根据产品的设计要求都非常容易确定出这些参数，但满足设计参数的方案会很多，理论上是无穷多，如果补充一个约束性，设计方案就会唯一的被确定。本题补充的约束性设计参数是连杆*BC*的长度。

（3）图解求*CD*杆长和*AD*机架杆长

易见，设计问题是一个已知连杆C_1和C_2点，求机架*D*点的连杆两位置问题。根据打开和合拢的构件位置线及杆长等长原则，就可以求得C_1和C_2点，作C_1、C_2两点的垂直平分线，交机架于*D*点。量得*CD*杆和*AD*杆的长度，完成设计。

（4）问题讨论

设计时若将机架*AD*（盒底）看成一个多边形刚体，有利于确定产品轮廓和结构点定位。

双层文具盒的结构选型也可以采用图2-19（b）全铰六杆结构形式，请读者作为习题进行设计练习。图解过程和设计方法基本和下面举例的全铰八杆三层文具盒相似。图2-22是全铰六杆两层文具盒运动模型，供读者设计时参考。

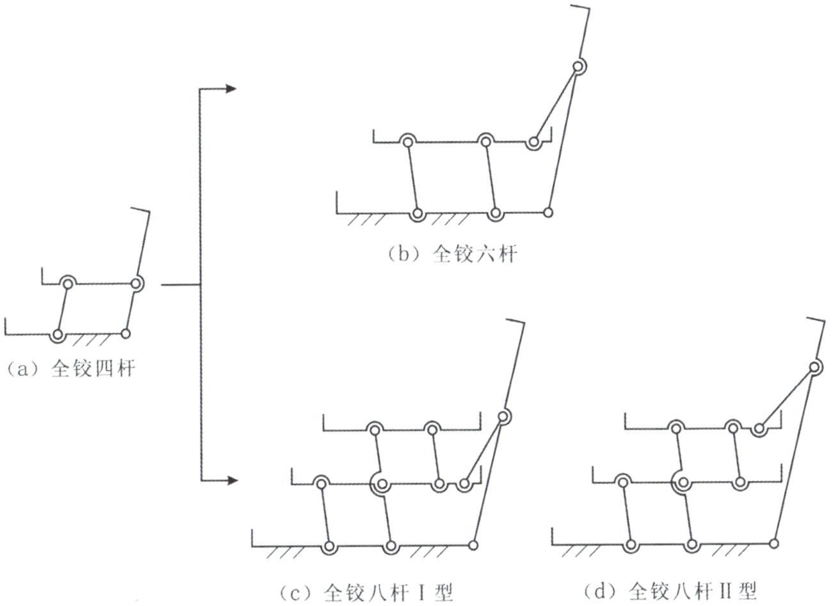

图 2-19　多层文具盒（工具箱）结构选型构思

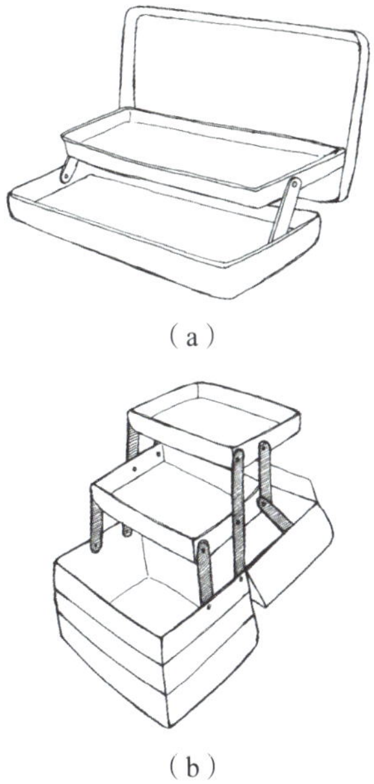

图 2-20　多层文具盒（工具箱）立体图

4. 实践程序二：全铰八杆三层文具盒产品设计（图2-23）

（1）结构选型

结构选型为全铰八杆Ⅱ型结构形式［图2-19（d）］，第二层盒板为*CBE*杆，第三层盒板为*FGH*杆。

（2）确定初始设计参数

①和二层文具盒一样，直接确定的第二层盒板的初始设计参数是：机架线*ADI*及运动副*A*的位置、*AB*杆长、*BC*杆长及*BC*杆的打开、合拢的位置线B_1C_1、B_2C_2。

②直接确定的第三层盒板的初始设计参数是：第三层盒板打开、合拢的两个位置线$F_1G_1H_1$和$F_2G_2H_2$、*BE*杆长、盒盖的位置线K_1L_1和K_2L_2。

提示：设计时要把盒盖看成一个刚性四边形*KJIL*的构件形态容易找到合适结构点。

③补充的约束性设计参数为：*FH*杆长和*HJ*杆长。

提示：*HJ*杆位置线设定可以考虑合拢时和H_2J_2和G_2E_2平行，使结构紧凑美观，由此定出*HJ*的方向。

（3）设计图解过程

①图解求机架点*D*、*I*转动副位置及机架杆*ADI*、盒盖*IJKL*的尺寸。

②由于求解的*D*、*I*点是机架线上的转动副，设计问题是一个连杆两位置问题。

③首先像设计二层文具盒一样，作C_1、C_2两点的垂直平分线，在机架线上求得转动副*D*点；由已知杆长*BE*求得E_1、E_2点。

④根据第三层盒板打开的位置线$F_1G_1H_1$，延长*AB*杆可求得F_1点，得到*BF*杆长。由*ABF*杆长不变的原则，在合拢的位置线F_2G_2H上求

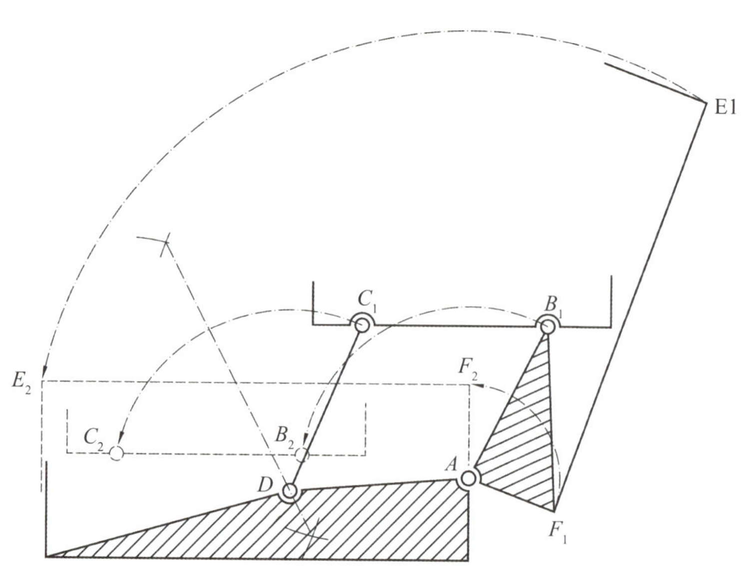

图 2-21 全铰四杆两层文具盒（工具箱）结构设计

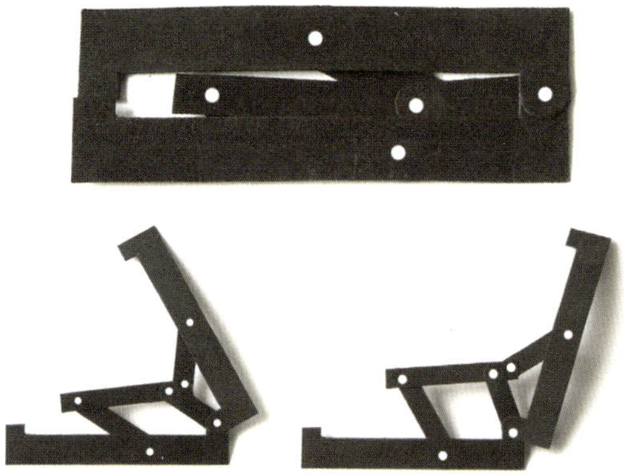

图 2-22 全铰六杆两层文具盒运动模型 / 东华大学 / 王宇炜 /2006

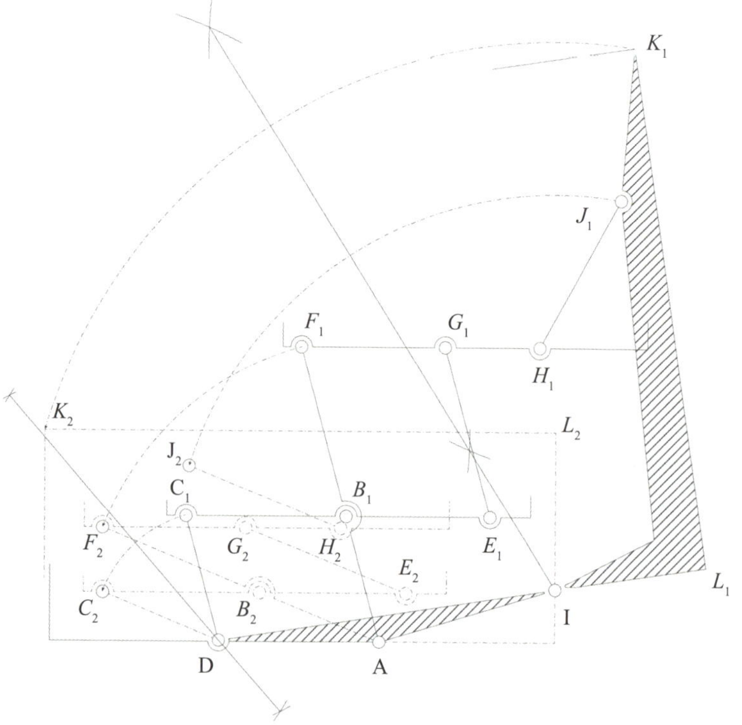

图 2-23 全铰八杆三层文具盒（工具箱）结构设计

得F_2点。

⑤根据平行四边形原理，取EG杆长 = BF（或者BE杆长 = FG），求得G_1和G_2点。

⑥根据补充约束性设计参数FH杆长，在第二位置线上求得H_1和H_2两点。在文具盒KL两个位置线上，由HJ杆长求得J_1和J_2两点。

注意：前面提示的把盒盖看成一个四边形$JKLI$的刚性构件，优点在这里得到体现，它能帮助设计者合理地灵活地定出J_1点的位置。在H_2J_2平行于G_2E_2条件下定出J_2点。

⑦至此，容易判断，转动副I应在K_1、K_2的垂直平分线上。请注意，把机架线看成一个ADI的刚性三角形构件，有利于在J_1、J_2垂直平分线上找到合适地I点位置。求得I点，机架杆ADI尺寸和盒盖$IJKL$的尺寸到这里就完全确定了。

（4）设计方案检验和模型制作

根据图解法求得的杆长尺寸，制作运动模型验证。见图2-24。

（5）产品设计效果图

全铰八杆三层文具盒文具盒的产品照片见图2-25（a）。多层文具盒（工具箱）的产品照片见图2-25（b）。

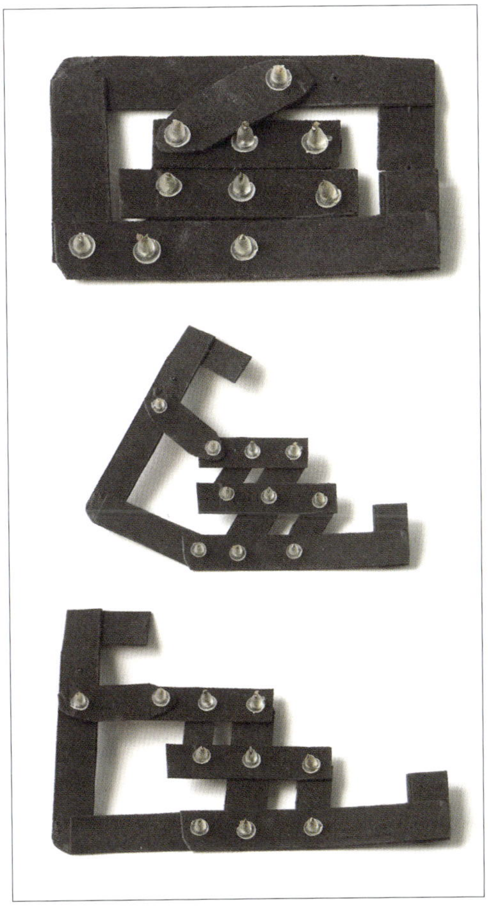

图 2-24　全铰八杆三层文具盒运动模型 / 东华大学 / 田玉晶 /2005

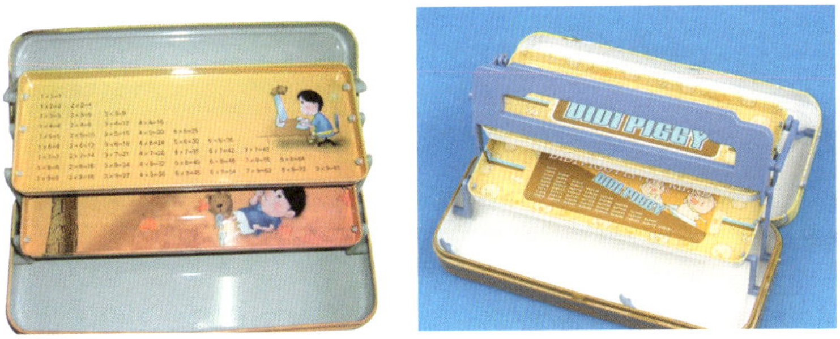

（a）

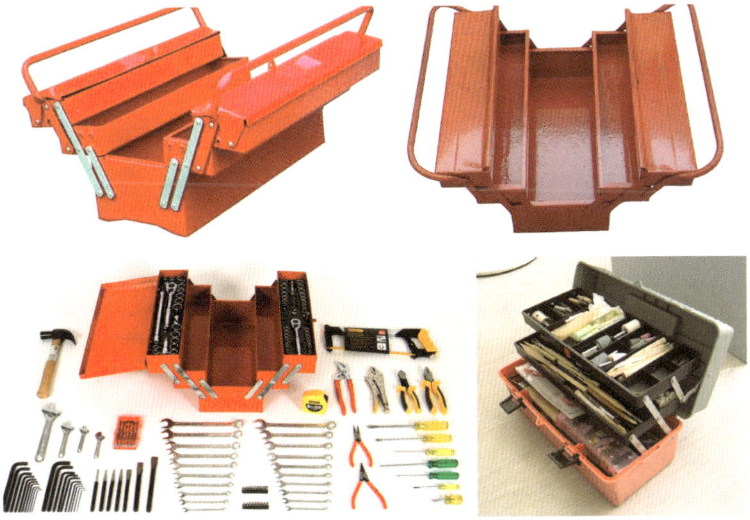

（b）

图 2-25　多层文具盒（工具箱）产品照片 / 上海视觉艺术学院 / 张一（摄）/ 2012

第三节 项目训练三——连架杆两位置结构产品设计

一、项目要求

连架杆两位置结构设计在“机械原理”中称之为“函数再现结构设计”。它的设计思想是：设计一个铰接四杆结构$ABCD$，在结构运动时，两连架杆AB和CD的转角之间实现预先规定的对应函数关系。说得更清楚些：图2-26中，设连架杆AB在两个位置Ⅰ、Ⅱ时的转角依次为θ_1、θ_2，设计一个四杆结构$ABCD$，使另一连架杆CD满足预先规定的对应的转角顺序关系为φ_1、φ_2。连架杆两位置结构的设计命题陈述可以概括为：已知需要设计的四杆结构的机架杆AD的长度（即机架上固定转动副A和D的位置），连架杆AB的长度及它的位置θ_1、θ_2，CD连架杆对应的两个位置φ_1、φ_2。求解连杆转动副C的位置及BC杆长和CD杆长。

活动型产品结构设计中，有相当一部分折叠产品，它的“折叠”和“放开”两个位置属于连架杆两位置设计问题，如折叠椅、桌、梯子、门窗等。也有一些有传动要求的产品，也是连架杆两位置设计问题，如榨汁机、健身器、溜冰鞋等。

项目讨论的问题是：

①如何掌握连架杆两位置设计方法并用于产品设计（已知产品，应用设计方法）；

②如何将产品设计问题归为连架杆两位置设计问题（已知设计方法，寻找产品使用设计方法）。

项目讨论的设计案例用本章第四节计算机辅助绘图软件完成，可以得到精确的结构数据。

二、知识点

连架杆两位置四连杆结构设计方法

1. 设计方法概述

连架杆两位置四杆结构设计方法称为“反转机架法”。方法的核心思想是：刚化（固接）几何要素，利用反转机架的作图方法，把连架杆位置问题化成连杆位置问题进行求解。

图2-27中，已知机架AD，连架杆AB长及位置θ_1、θ_2（即AB_1和AB_2），连架杆CD的两位置线Ⅰ、Ⅱ（即φ_1、φ_2）。

应用反转机架法求解连杆转动副C的位置，使两连架杆间的转角对应关系满足：$\varphi_1=f(\theta_1)$，$\varphi_2=f(\theta_2)$。

在已知的CD杆位置线Ⅰ上，任意选定参考点E_1，根据杆长相等原则，可求得位置线Ⅱ上的E_2点。刚化（固接）三角形B_2DE_2（请注意，欲求解C点的第二位置C_2点也隐含在刚化三角形B_2DE_2平面上，B_2和C_2的几何关系，即BC杆长关系，也被刚化确定下来），将Ⅱ位置的刚化三角形B_2DE_2反转到位置线Ⅰ，此时E_2点和E_1点重合，欲求解的C点第二位置C_2点也和C点的第一位置C_1点重合，B_2点反转至B_2'点。现在需要理解的问题是：将E_1D杆看成机架，欲求解的C_1点是机架E_1D

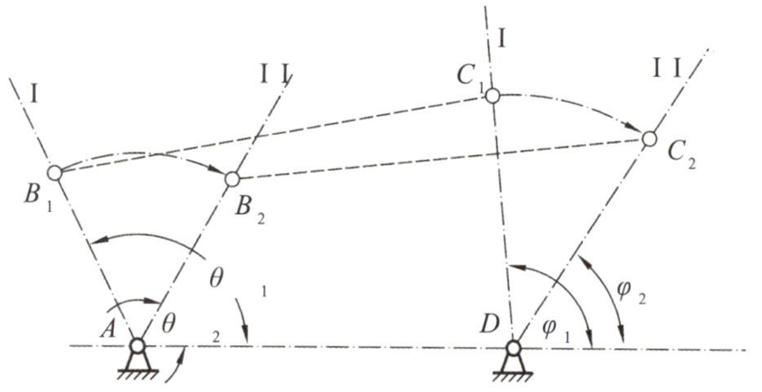

图 2-26　连架杆函数对应关系

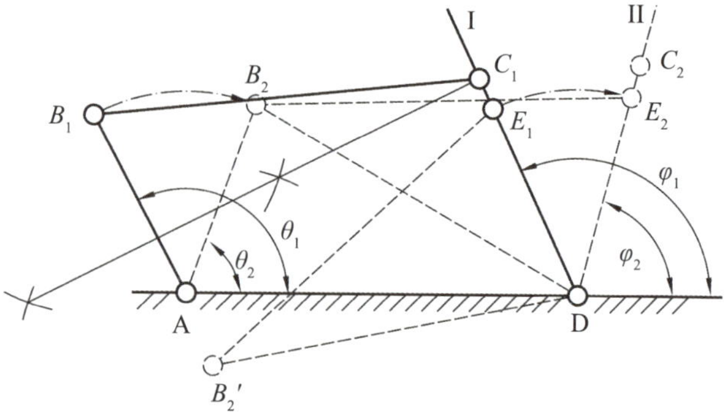

图 2-27　连架杆两位置四杆结构设计

上的点，C_1点到B_1点和C_1点到B_2'点都保持同样的几何关系——BC杆等长。所以问题就转化为上一节讨论的连杆两位置问题：已知连杆点B_1、B_2'，求解机架点C的连杆位置问题。

由于B_1、B_2'和求解点C（即C_1点）保持等长关系（BC杆长度），所以C点肯定在B_1、B_2'点的垂直平分线上，C同时又在E_1D"机架线"上，所以B_1、B_2'点垂直平分线和E_1D的交点就是C_1点位置，连接B_1C_1可求得BC杆长，连接C_1D可求得CD杆长。

2. 连架杆两位置结构设计步骤（图2-27）

（1）判定问题

判定设计问题是连架杆两位置问题，判定原则是：最终求解结果是确定连杆点C。

（2）确定设计参数

对设计者来说，初始设计参数分两类：直接设计参数（根据产品要求如操作空间、直接确定的参数）；约束性设计参数（要有很多方案，要通过选择和试探确定）。

①机架位置线及固定转动副A、D两位置，即AD杆长；

②确定连架杆AB两个位置AB_1和AB_1及AB杆长；

③确定连架杆CD对应关系的两位置线Ⅰ和Ⅱ。

（3）求位置线Ⅱ上的E_2点

在连架杆CD的位置线Ⅰ上任选参考设计点E_1，根据DE_1杆等长原则求得位置线Ⅱ上的E_2点；

（4）求反转机架点

刚化（固接）三角形B_2DE_2，并将它绕转动副D点反转到位置线Ⅰ，使E_2点和E_1点重合，求得B_2点反转机架点B_2'；

（5）完成四连杆两位置设计

作B_1和B_2'点垂直平分线交位置线Ⅰ（DE_1）于C_1点，求得C点位置，求得BC杆长和CD杆长，完成四连杆两位置设计。

（6）检验

以C_1D为半径、D为圆心，求得C_2点，检验B_1C_1是否等于B_2C_2。

3. 连架杆两位置设计推广——连架杆三位置设计

应该指出：在活动型产品结构设计中，连架杆三位置设计问题遇到不多。本节仅从理论方法层面上作一介绍。

（1）设计问题概述

如图2-28，已知机架线AD和转动副A、D位置；AB杆长及AB杆三个位置AB_1、AB_2、AB_3（θ_1、θ_2、θ_3）；连架杆CD的三个位置线Ⅰ、Ⅱ、Ⅲ（φ_1、φ_2、φ_3）。也就是已知机架AD杆长，连架杆AB杆长及两个连架杆三位置和对应函数关系：$\varphi_1=f(\theta_1)$、$\varphi_2=f(\theta_2)$、$\varphi_3=f(\theta_3)$。求解连杆C点的位置及BC杆、CD杆尺寸。

求解的过程和连架杆两位置方法一样，在第Ⅰ位置线上任意选择一点E_1，由杆长原则求得Ⅱ、Ⅲ位置上的E_2、E_3点；刚化三角形B_3DE_3并反转到第Ⅰ位置线，使E_3、E_1点重合，得B_3'点，同理刚化三角形B_2DE_2，反转到第Ⅰ位置线，使E_2、E_1点重合，得B_2'点；由于刚化的假定隐含的B_3C_3、B_2C_2等于连杆长BC的几何关系在反转后全部保持不变，所以连杆点C的位置始终和B_1、B_2'、B_3'保持等长的几何关系，若将E_1D杆看成机架，求解连杆点C的问题就变成已知B_1、B_2'、B_3'三个连杆点，求机架点C的位置问题，变成了一

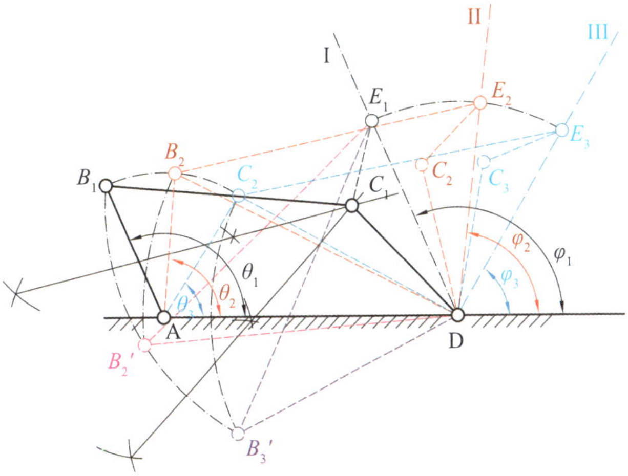

图 2-28　连架杆三位置四杆结构设计

个连杆三位置问题，连杆点C应是B_1B_2'和B_1B_3'（或B_1B_2'和$B_2'B_3'$）两条垂直平分线的交点。

（2）连架杆三位置结构设计的问题讨论

①连架杆三位置结构设计过程和步骤和连架杆两位置设计是一样的，不同之处是三位置设计时，连杆点C的位置不会在确定的连架杆位置线Ⅰ上（如果在，只能是偶然巧合，是一种特殊情况），它表示C点在位置线Ⅰ的平面B_1DE_1上。连架杆CD构件化结构设计时要考虑到这一问题，否则再现的CD杆转角φ_1、φ_2、φ_3会有变化，增加或减少一个常量。

②连架杆两位置和三位置四杆结构设计的初始设计参数是一样的，但约束性设计参数不一样。连架杆两位置设计时，约束性设计参数是连杆点C必须在ED杆的位置线Ⅰ上，而连架杆三位置设计没有这一约束性设计参数的要求。

③在初始设计参数确定的条件下，连架杆两位置或三位置的设计方案是唯一的，但改变初始设计参数进行设计，设计方案有很多，理论上是无穷多的，设计师只能从众多方案中选择比较满意的一个。

三、设计案例——人字折叠梯产品设计

1. D型全铰四杆人字折叠梯的产品结构设计

（1）产品结构概述

D型全铰四杆人字折叠梯的产品外观效果图参见图2-29（c），它的产品构思可参阅第三章折叠梯产品设计案例（参见图3-1），结构的创新思维路线基于B型折叠椅结构的拓展，图2-29中，B型四杆结构叠加了平行四边形结构，形成D型人字梯结构，通过不同的初始设计参数选择和构件造型设计，人们可以设计出满足不同功能需求的多种折叠梯。

（2）D型人字折叠梯初始设计参数确定

如图2-30，按尺寸比例画出D型人字折叠梯打开的位置，确定AD杆为机架构件，可以直接确定出初始设计参数为：A、D转动副位置，连架杆AB杆长和AB杆的打开位置A_1B_1和折叠位置A_2B_2（A_2B_2的位置由梯面杆BF的折叠位置而定，BF的折叠位置线应选定和机架杆AD

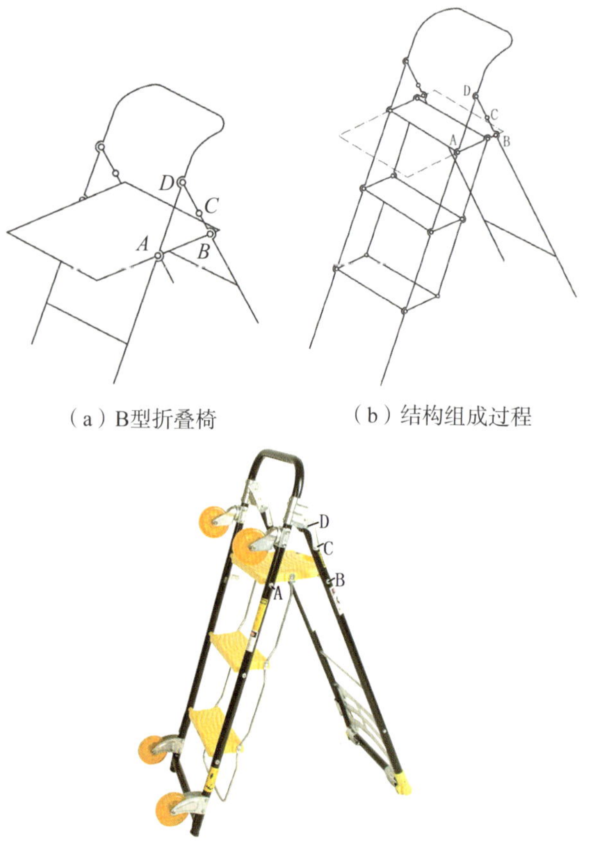

（a）B型折叠椅 （b）结构组成过程

（c）产品效果图

图2-29 D型全铰四杆人字梯结构组成/上海视觉艺术学院/张一（摄）/2012

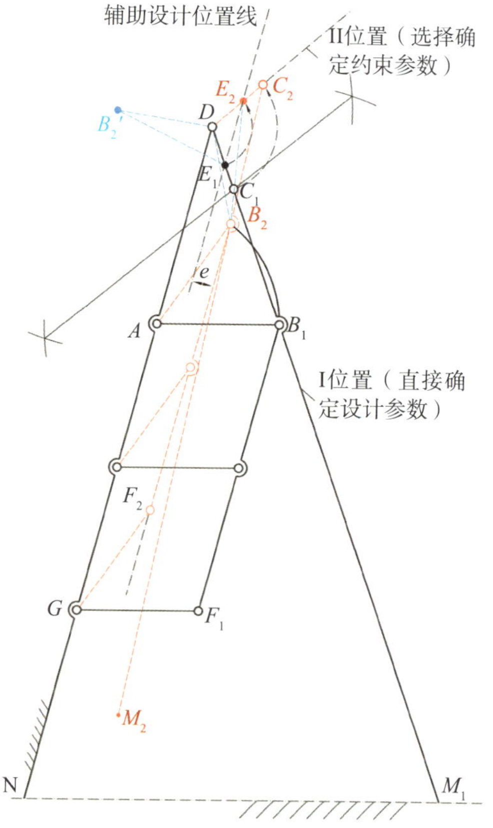

图2-30 D型全铰四杆人字梯图解设计

平行，以获得较满意的设计效果）；连架杆CD的打开位置线Ⅰ（即设计后C_1D位置）。

（3）需要选择确定的约束性设计参数是连架杆CD的折叠位置线Ⅱ（即设计后的C_2D位置），位置线Ⅱ选择是否理想直接影响梯腿杆CBM的折叠效果，理想的选择效果是图解设计求得的C点能使折叠位置的CBM杆和梯面杆BF重合。本例中CA杆位置线Ⅱ的确定依据辅助设计线的帮助，辅助设计线的初始设定在机架杆AD和梯腿杆CBM折叠位置中间，取设计值e为它们中点值。

（4）D型人字折叠梯图解设计过程

①以A为圆心，AB杆长为半径，在梯面杆BF的折叠位置线上求得B_2点；在CD杆打开位置线Ⅰ上任意选定参考设计点E_1，以D为圆心，DE_1为半径作圆弧交辅助设计线于E_2点，连接DE_2，求得CD杆选择的折叠位置线Ⅱ。

②刚化（固接）三角形B_2DE_2，以D为圆心将三角形B_2DE_2顺时针转至CD打开位置线Ⅰ，使E_1和E_2点重合，B_2转至B_2'点，图解的精度很大程度取决于这次作图的准确性，希望读者在此检查一下$\triangle B_2DE_2$是否全等于$\triangle B_2'DE_1$。

③作B_1、B_2'点的垂直平分线交打开位置线Ⅰ于C_1点，求得连杆点C，连接BC、CD，求得BC杆和CD杆的杆长，完成D型人字梯的全铰四杆结构设计。

（5）设计方案检验

①检验设计结果正确性。以D为圆心，C_1D为半径在位置线Ⅱ上求得C_2点，检验B_1C_1是否等于B_2C_2。若不相等或误差大，设计失败，需要检查整个设计过程；

②检验设计结果合理性。如果椅腿杆CBM在折叠位置时$C_2B_2M_2$和梯面杆B_2F_2重合或基本重合，设计方案比较合理。图2-30中，本例的梯腿杆$C_2B_2M_2$和梯面杆B_2F_2不重合，应该说，不是理想方案。读者可以通过改变约束性参数e值，重新决定辅助设计线位置，只要掌握e值的变化和求得C_2点的逼近梯面杆B_2F_2程度之间的关系，仅需要3~5次试凑设计，就可以得到最佳CD杆位置线Ⅱ，满足$C_2B_2M_2$和B_2F_2重合的折叠要求。

2. A型全铰四杆人字折叠梯产品结构设计

（1）产品结构概述

A型全铰四杆人字折叠梯的产品外观效果图见图2-31，产品的结构形式构思过程可参阅第三章图3-1。A型人字折叠梯的结构特点是简洁实用，梯子打开时定位锁定方便，但造型美观性稍差。

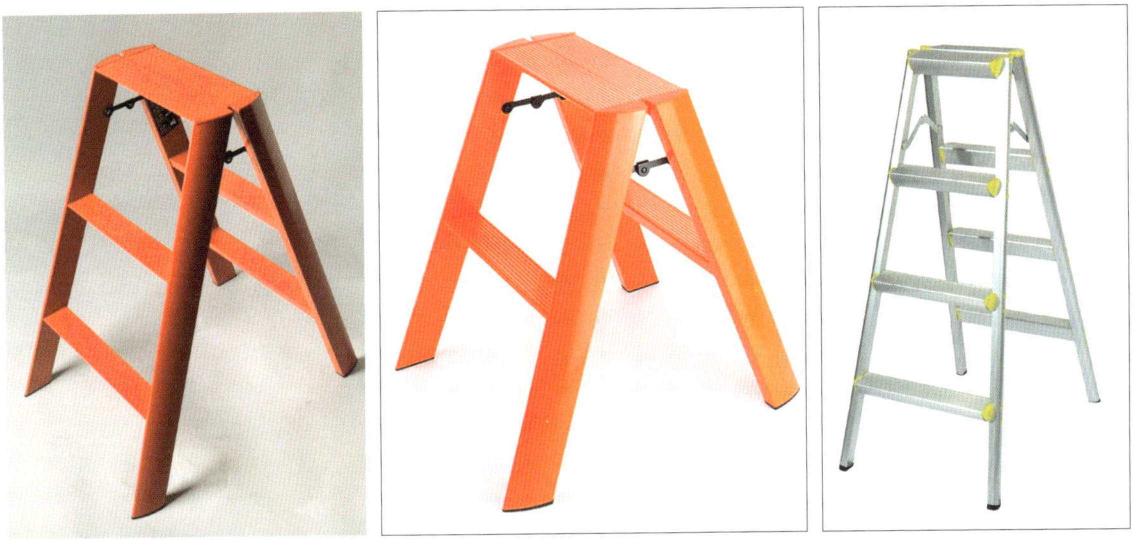

图 2-31　A 型全铰四杆人字折叠梯产品效果图

A型折叠梯的结构简图如图2-32（a）。折叠梯在打开位置时，BC杆和CD杆共线，是一"A"型结构形态。这种结构的结构形态优点在于：折叠梯在打开位置时能自动产生锁合定位的效果。从简图中可以看到，如果把梯腿杆AD（或者AB杆）看成是机架，A型全铰四杆人字折叠梯的设计问题可归结求连杆点C的位置问题，是一个连架杆两位置的设计问题。它的图解设计过程和D型人字折叠梯一样，相异之处在于初始设计参数不一样，读者从本例中要体会到初始设计参数确定的重要性，初始设计参数确定说到底是一个结构怎样选型的问题。选什么样的结构形式就会直接求得什么样的初始设计参数。

（2）初始设计参数确定［图2-32（b）］

直接确定的初始设计参数为：AD机架线及A、D转动副位置；连架杆AB杆长及打开位置线AB_1和折叠位置线AB_2（AB_2线要和机架线平行，有较好的折叠效果）；连架杆CD的打开位置线Ⅰ（C_1D位置线）。

选择确定的约束性设计参数是：连架杆CD折叠位置线Ⅱ（即设计后C_2D位置线），本例确定Ⅱ位置线时，依靠选择确定的辅助设计位置线的帮助，要平行AD机架线并初始选定在AD和AB_2中间，如图2-32（b），然后根据求得的E_2点定制CD杆位置线Ⅱ。

（3）图解作图步骤

①在CD杆Ⅰ位置线上任意确定一点E_1，以D为圆心，DE_1为半径转至辅助设计位置线上，得交点E_2，连接DE_2，求得连架杆CD的折叠位置线Ⅱ。

②刚化三角形B_2DE_2，以D为圆心转至第Ⅰ位置线，E_2和E_1点重合，求得B_2'点，注意△B_2DE_2全等于△$B_2'DE_1$。

③作B_1、B_2'点的垂直平分线交第Ⅰ位置线于C_1点，求得连杆点C，由此量得CD杆长和BC杆长。结构设计完成。

（4）设计方案检验

①以D为圆心，CD杆长为半径，在第Ⅱ位置线求得C_2点，检验B_1C_1、B_2C_2两尺寸是否相等。不相等或有误差，请重新检查作图过程是否正确。

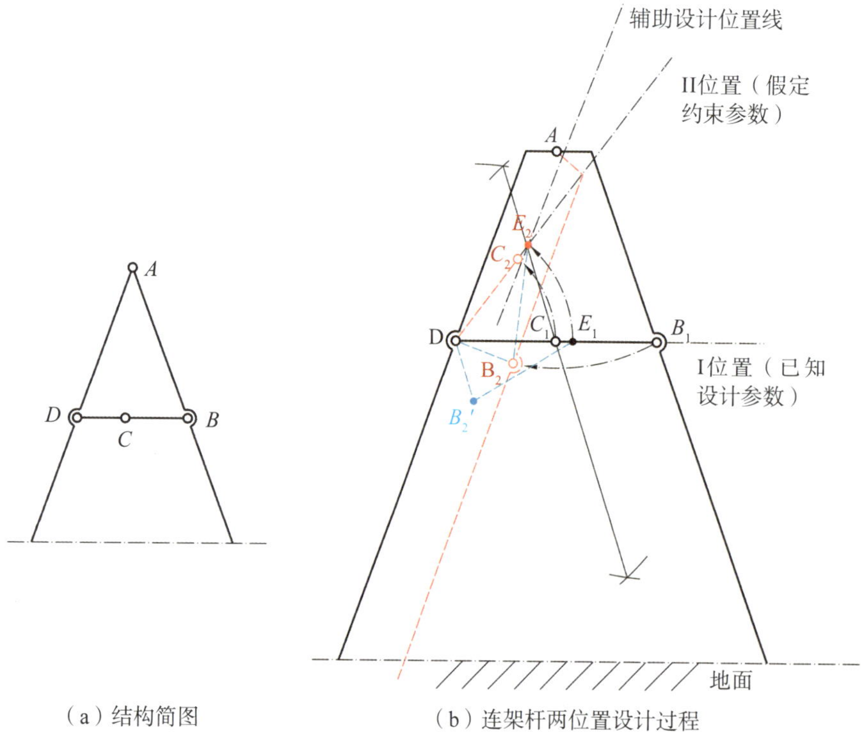

（a）结构简图　　（b）连架杆两位置设计过程

图 2-32　A 型全铰四杆人字折叠梯产品设计

②检验设计的合理性。本例中*AB*杆和*AD*杆是椅腿杆，C_2点合理性与否不会明显影响折叠效果，只要*AB*杆和*AD*杆折叠时是平行的，就满足了设计的大部分要求。当然，如果能满足*BC*杆和*CD*杆等长，使结构的打开对称美观性增加、零件数减少，应该说也是检验设计方案合理性的一个方面，读者也可和前面讨论的案例一样，调整辅助设计位置线的位置，总可以找到*BC*杆等长于*CD*杆的设计位置。本例图解中，方案达到了这一设计要求。

四、实践程序——折叠桌、椅产品设计

不少活动型产品结构设计应用到连架杆两位置的设计方法，在本节和第三章的设计案例中，读者会看到上一节的连杆两位置所设计问题也可以用连架杆两位置的设计方法解决；在确定初始设计参数时，连架杆两位置设计更具有规律性。日常生活中应用的部分折叠桌和椅的产品是典型的连架杆两位置结构设计案例。

1. 产品构思

从设计思维路线上看，折叠桌产品是折叠椅产品的放大和变形。如果把椅背除去，椅座替换成桌面（改变椅腿高度），椅子就可以有桌子的功能。设计师很自然用“叉”形结构来构思折叠桌的产品草图，如图2-33（a）。

2. 结构选型

“叉”型结构的刚性三角架桌，可以采用连杆基本结构进行折叠产品设计。借鉴上一节的折叠椅的结构选型方法（详见图2-11），不难画出四种折叠桌可选结构形式：A型折叠桌结构形式是草图中的桌腿*BD*由*BC*和*CD*两杆组成，形成全铰四杆结构，这种结构形式目前在折叠产品中应用十分广泛；B型折叠桌结构形式是构思草图中的桌面*AD*由*AD*和*CD*两杆组成，形成全铰四杆结构，这种结构形式在有创意的折叠桌中得到应用（参见图2-34）；C型折叠椅结构形式是构思草图中的*D*转动副由*D*高副取代，形成三杆滑槽高副结构，这种结构形式和产品在第一章第三节做过介绍，参见图1-78；D型折叠桌结构形式是构思草图中*DB*桌腿增加一个滑块构件*BC*，形成滑块四杆结构，参见第三章图3-6。应该说，A、B、C、D四种折叠桌结构基本形式仅是结构设计中的一部分，应用结构演化原则和组

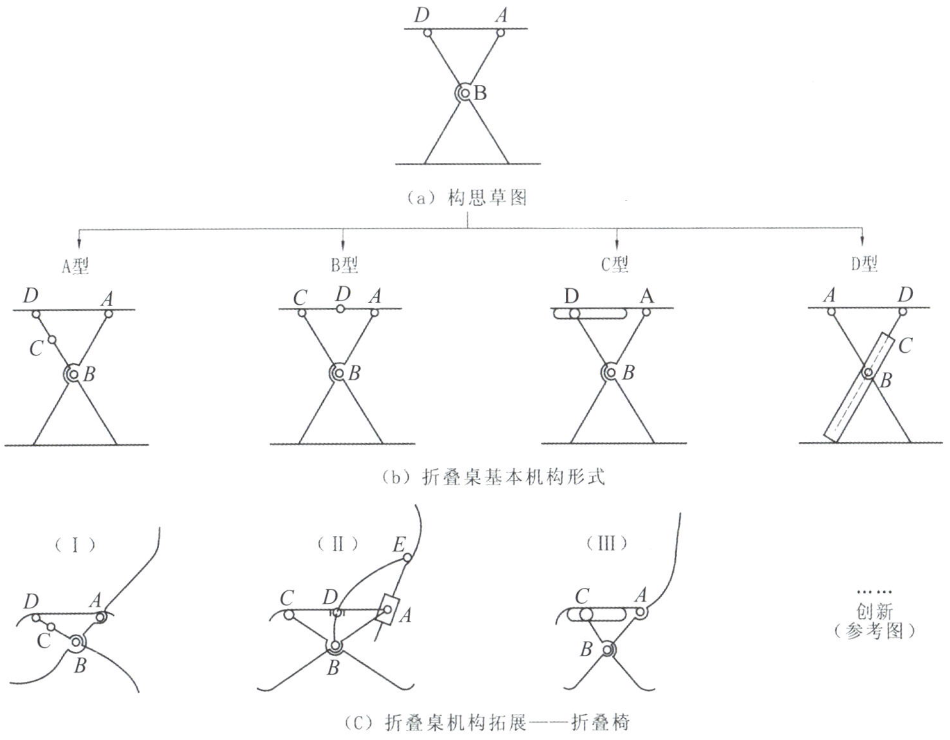

图 2-33　折叠桌结构选型及拓展

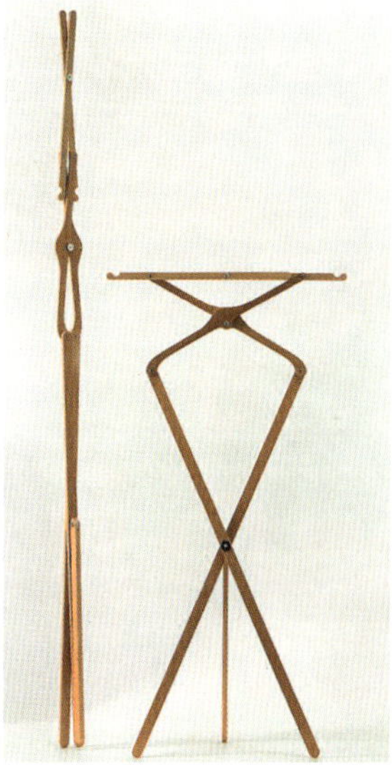

图 2-34　B 型折叠桌产品照片

成规律，读者还可以想出更多。

利用A、B、C、D折叠桌基本结构形式可以拓展设计成各种折叠椅产品，它们的结构简图参见图2-33（c），列示了Ⅰ、Ⅱ、Ⅲ三种类型，对应结构简图的产品照片见图2-35。读者在掌握连架杆两位置的设计方法后可将这些产品作为习题进行设计练习。

为了使设计案例具有代表性和示范性，选定A型结构形式折叠桌来陈述连架杆两位置结构设计过程。

3. 实践程序一 —— A型折叠桌结构产品设计

（1）确定连架杆两位置设计问题

判定原则是求解结果为连杆点C。

（2）确定初步设计参数

根据折叠桌的功能要求，参照图2-33的选型结构简图，按尺寸比例不难画出图2-36（a）。图中：按设计要求直接确定的三个参数是：机架线AD及A、D转动副位置；AB连架杆长及AB连架杆两位置线AB_1（放开位置）和AB_2（折叠位置）。AB_2位置线应和机架线AD平行，以获得较满意的折叠效果；连架杆CD的放开位置线Ⅰ（设计后的DC_1位置）。通过选择确定的约束性设计参数为连架杆CD的折叠位置线Ⅱ（设计后的DC_2位置）。位置线Ⅱ的确定不太容易，有时可能会带有盲目试探的感觉，建议在AB杆折叠位置线AB_2附近画一条与它平行的辅助设计线，在该线上求得参数设计点E_2，连接DE_2并确定DE_2为CD杆的第Ⅱ位置线（折叠位置）。

由此，画出A、D、B_1、B_2、M_1、N_1和辅助设计线位置。

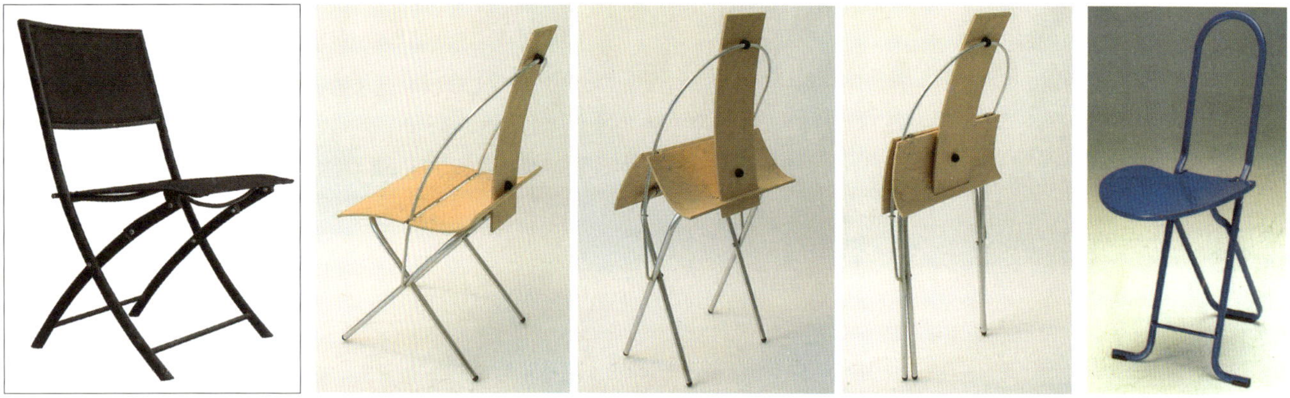

（a）　　　　　　　　（b）　　　　　　　　（c）

图 2-35　折叠桌结构拓展——折叠椅产品图

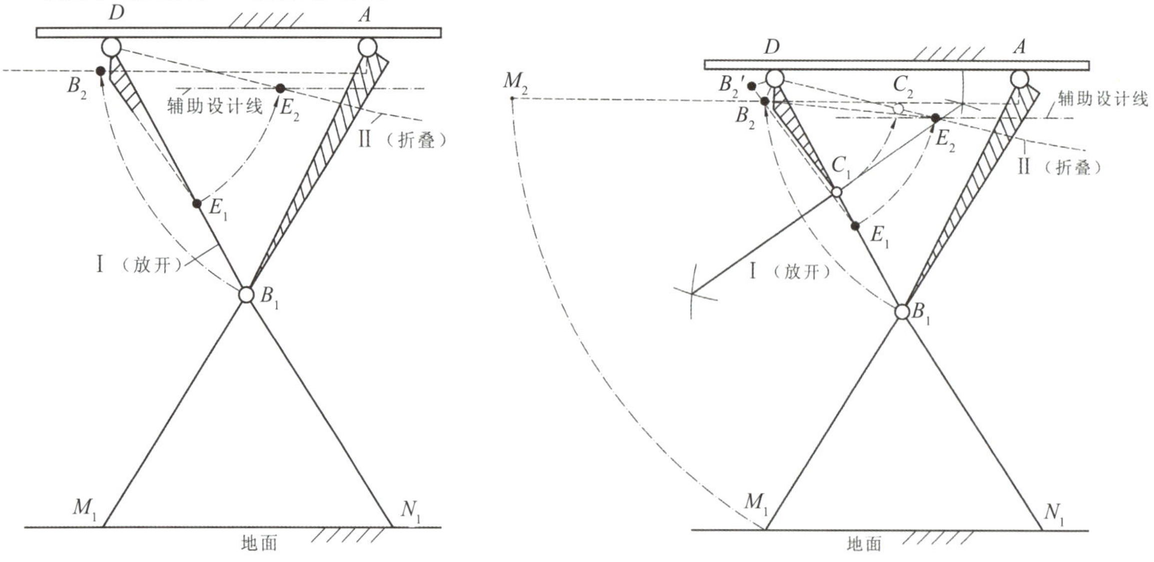

（a）初始设计参数确定　　　　（b）图解设计过程

图 2-36　折叠桌连架杆两位置设计

（3）图解步骤（图2-36（b））

①在连架杆CD的Ⅰ位置上（放开位置）任选一点设计参考点E_1，由等长原则，以D为圆心，DE_1长为半径，在辅助设计线上求得E_2点。连接DE_2，求得CD杆Ⅱ位置线（折叠位置）；

②刚化（固接）三角形B_2DE_2，以D为圆心，顺时针将三角形B_2DE_2转至Ⅰ位置线，E_2点和E_1点重合，画出三角形$B_2'DE_1$（$\triangle B_2'DE_1 \cong \triangle B_2DE_2$），求得$B_2'$点；

③作B_1、B_2'两点的垂直平分线交Ⅰ位置线于C_1点，求得连杆点C的位置，连接BC、CD，求得BC杆、CD杆长。完成连架杆两位置四杆结构设计。

（4）设计方案检验

①以D为圆心，CD为半径，在Ⅱ位置线求得C_2点，检验B_1C_1是否等于B_2C_2，如果相等则设计正确，反之需要检查设计过程是否有错。常见错误是B_1、B_2'两点标错。

②求得的连杆点C是否合理，折叠效果是否好？一般以B_2C_2位置和AD机架线平行为最佳。如果不满意则需要重新确定约束性设计参数CD杆的折叠位置线Ⅱ，本例中为辅助设计线位置，重新开始设计。如果掌握好重新设计后C_2点的高低趋势，这种试凑方法不会超过3～5次，最终都会有满意的结果。图2-36设计案例中，B_2C_2平行于AD。

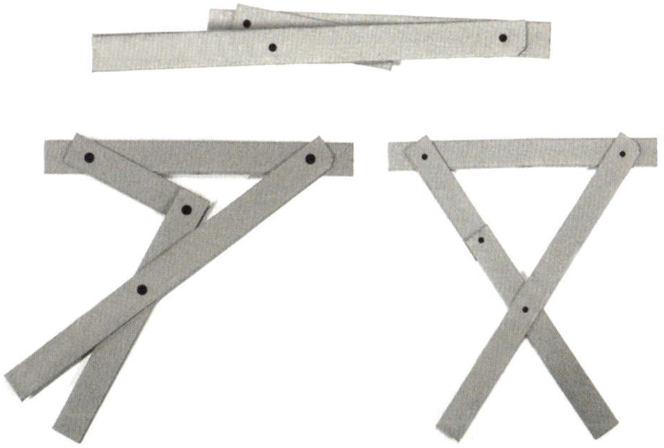

图 2-37　A 型折叠桌结构模型图 / 上海视觉艺术学院 / 张一（摄）/2012

（5）结构模型制作

图解设计获得的结构尺寸构件结构化处理后，制作实物模型，检查实际折叠效果，图2-36中打上阴影成三角形部分表示构件作了结构化处理，不再是一条直线表现一个构件。结构模型图参见图2-37。

（6）结构的产品效果图

选择好材料，将构件结构化处理，考虑了打开、折叠时产品两位置的定位问题、运动副和构件的具体结构形式等问题，完成构件零件设计，最终完成产品的全部设计。A型折叠桌产品效果图见图2-38。

4. 实践程序二 —— B型折叠椅产品设计

（1）产品结构概述

B型折叠椅的产品设计效果图，如图2-39。它的结构选型分析在上一节A型折叠椅的设计中已经论述过（参见图2-11）。根据B型折叠椅产品效果图可以画出结构简图，如图2-40（a），在它的基础上，根据椅

图 2-38　A 型折叠桌产品效果图

图 2-39　B 型折叠椅产品设计效果图

子的尺寸比例可以设计出打开位置时B型折叠椅的结构运动简图，如图2-40（b），选定AD杆为机架后，易见它是一个求解连杆BC上转动副C的位置问题，是一个连架杆两位置设计问题。

（2）初始设计参数确定

图2-40（b）。直接确定的设计参数有机架线AD及A、D转动副位置；连架杆AB杆长（图中AB杆已经结构化处理，椅面板和AB连架杆形成一个倾斜角度的固接构件）；连架杆打开位置AB_1和折叠位置AB_2，AB_2位置的确定由辅助设计线完成，辅助设计线①是假定的椅腿连杆BC的折叠位置线，平行于机架线AD；连架杆CD的打开位置线Ⅰ。

选择的约束性设计参数是：连架杆CD的折叠位置线Ⅱ。它的确定由辅助设计线②完成，辅助设计线①和辅助设计线②都平行于机架线AD，间距为e值（根据设计要求选定，初始值不宜太大），改变e值，可以有方向性地调节求解转动副C_2点的位置，以满足BC椅腿杆在折叠位置时和辅助设计线①重合的设计要求。

（3）图解作图步骤，如图2-40（c）

①根据直接确定的设计参数画出图2-40（b），作出约束性设计参数的两条平行于机架AD的辅助设计线①和②，辅助设计线①拟定为BC椅腿杆的折叠位置，在它的帮助下可求得连架杆AB的折叠位置线AB_2；辅助设计线②帮助求得连架杆CD的折叠位置线Ⅱ；

②以A为圆心，AB杆长为半径，在辅助设计线①上求得B_2点；连接AB_2，求得连架杆AB的折叠位置线AB_2；在CD杆位置线Ⅰ上任选一个参数设计点E_1，以D为圆心，DE_1为半径，在辅助设计线②上求得E_2点，连接DE_2，得连架杆CD的折叠位置线Ⅱ。

③刚化（固接）三角形B_2DE_2，以D为圆心，逆时针转到CD杆位置线Ⅰ上，E_1和E_2点重合，得到B_2'点。（注意$\triangle B_2'DE_1 \cong \triangle B_2DE_2$）

④作B_1、B_2'两点的垂直平分线交BD线于C_1点，求得转动副C的位置，连接BC、CD，求得BC杆和CD杆的杆长，完成B型折叠椅结构设计。

（4）设计方案检验

①以D为圆心，C_1D为半径，在连架杆CD的折叠位置线Ⅱ上求得C_2点，检查B_1C_1是否等于B_2C_2，不等于或有一定误差需检查设计步骤和作图精度。

②检查C_2点是否设计合理，即检查C_2点是否在假定的

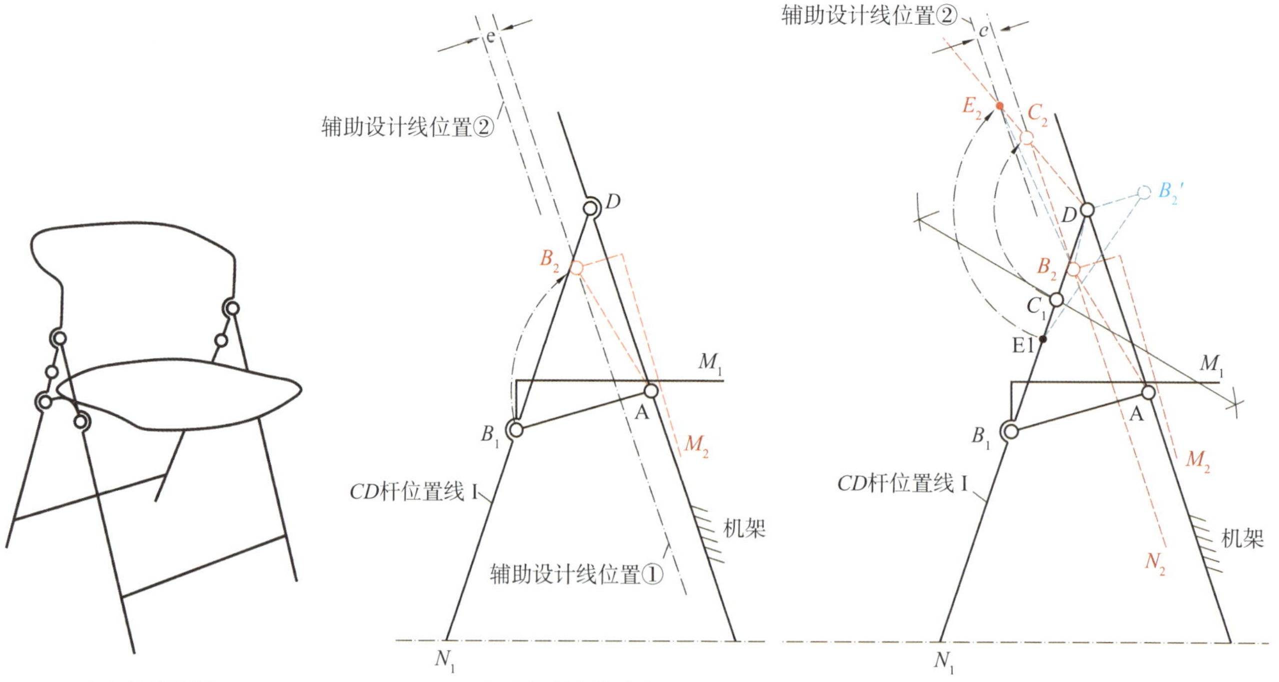

（a）结构简图　（b）初始参数确定　（c）设计作图

图 2-40　B 型折叠椅连架杆两位置设计

辅助设计线①上，如果在辅助设计线上，表明椅腿杆BC在折叠位置上和辅助设计线①重合，和机架线AD保持平行，有较好的折叠效果。如果C_2点不在辅助设计线上，则请调整e值，重新设计，只要掌握e值大小和C_2点在位置线Ⅱ上的高低趋势的关系，经过3～5次试凑设计，总可以找到辅助设计线①最佳位置，如图2-40（c）。

第四节　项目训练四——计算机辅助产品结构设计与训练

一、项目要求

本书所讲述的结构设计主要是通过图解法来进行的。图解法具有直观、高效等优点，不足之处在于误差较大，尤其是涉及角度的图解法。如果通过计算机制图，则可以完全达到高精度，满足生产加工的要求。

随着现代图形技术的发展，CAID（计算机辅助工业设计）软件成为产品设计中重要的工具。从产品概念设计到细化设计，直至最终方案的完成都可在计算机中实现，真正达到了设计的无纸化，与传统设计相比，其优势不言而喻。同样，作为产品设计的一部分，结构的设计同样也可以在计算机中实现，成为无纸化设计的一部分。

1）利用计算机图解设计求得的数据可用于构件结构化设计，在三维软件中进行建模并运动仿真，验证图解结果是否符合设计需求。

2）本节内容只介绍在Rhino及Solidworks中进行图解设计及三维建模的过程，在其他软件中如何实现不予探讨。读者可以根据自身情况选用不同软件，但图解设计思路和过程完全相同。

二、知识点

几乎所有的CAD（计算机辅助设计，包含CAID）软件都可以实现本书所讲述的图解法，常见的有Rhino、AutoCAD、Alias、CAXA、Pro/E、Solidworks、UG、CATIA等，本节内容将以工业设计常用软件Rhino及SolidWorks为例，详细介绍计算机软件辅助结构设计的方法及操作步骤，本书不具体介绍相关工具的使用，仅演示在Rhino及Solidworks中如何进行图解设计。

1. 软件特性分析

（1）Rhino

Rhino是由美国Robert McNeel & Assoc开发的专业3D建模软件，它广泛地应用于三维动画制作、工业制造、科学研究以及机械设计等领域，使用Rhino可以制作出精细复杂的3D模型。

Rhino软件短小精悍、对系统要求低、运行速度快、界面友善、易于使用，是一款非常强大的Nurbs（Non-Uniform Rational B-Splines，非统一有理B样条）建模工具。Nurbs能够比传统的网格建模方式更好地控制物体表面的曲线度，从而能够创建出更逼真、生动的造型。Rhino软件已成为工业设计专业和行业非常流行的辅助设计软件。

Rhino不仅拥有强大、易用的三维建模功能，其二维制图功能也相当出色，不亚于常见制图软件（如AutoCAD和CAXA）。利用Rhino的Curve（曲线）工具，结合编辑工具和捕捉工具，可以方便地绘制和编辑各种线条。本书的绝大部分制图都是在Rhino中完成绘制，再导入其他软件进行处理。

（2）Solidworks

SolidWorks软件是世界上第一个基于Windows开发的三维CAD系统，由于技术创新符合CAD技术的发展潮流和趋势，SolidWorks公司于两年间成为CAD/CAM产业中获利最高的公司。SolidWorks所遵循的易用、稳定和创新三大原则得到了全面的落实和证明，设计师用它大大缩短了设计时间，使产品快速、高效地投向市场。

SolidWorks有功能强大、易学易用和技术创新三大特点，且其组件繁多，这使得SolidWorks 成为领先的、主流的三维CAD解决方案。SolidWorks 能够提供不同的设计方案，减少设计过程中的错误以及提高产品质量。这款软件对每个工程师和设计者来说都操作简单方便、易学易用。

SolidWorks的草图与CAD的二维图不一样。因为采用尺寸驱动和几何约束，所以作图时可以先不考虑尺寸，画好图形后再加上各种尺寸驱动和几何约束。

2. 软件中的尺寸控制

在Rhino进行图解设计，为了满足实际尺寸的需求，一般采取以下两种方法：

①按照实际尺寸进行作图，这样的好处是对尺寸的把握比较好，缺点是对形态的发挥有一定限制作用。

②从产品的比例考虑，不考虑实际尺寸进行图解设计，在设计完成以后对产品的整体尺寸进行缩放。这样的好处是有利于形态的自由发挥，不利之处在于设计结果不一定满足生产加工的需求，有时需要调整才能得到较为优化的方案。这两种方法在作图过程上没什么区别，本节选用第一种方法介绍作图过程。

本节主要以Rhino4.0及Solidworks2014版本下的图解设计为例，在其他版本中界面和命令的使用稍有不同。

三、设计案例 —— 计算机辅助产品结构设计

1. 在Rhino中进行曲柄摇杆结构设计

本书在第二章第一节已经讲述了玩具狗后腿结构（曲柄摇杆结构）设计的方法，此处介绍在Rhino中设计后腿结构的方法，克服手工绘图带来的误差问题，达到设计的精度要求，设计作图过程见表2-1。

表 2-1 计算机辅助玩具狗后腿结构设计过程

①用“直线工具”画一水平线（机架线A_0D）； 
②打开“端点捕捉”，以D点为起始点，画一长度为12mm的竖直线（CD摇杆的极限位置C_1D）； 
③以D点为起始点，用“指定角度直线工具”画一与直线C_1D成32°角的另一极限位置C_2D，并连接C_1、C_2； 

④分别以C_1、C_2为起始点，画与直线C_1C_2成88°角、与C_2C_1成-88°角的两直线，交于O点（角度相对于起始直线逆时针旋转为正，顺时针旋转为负）；

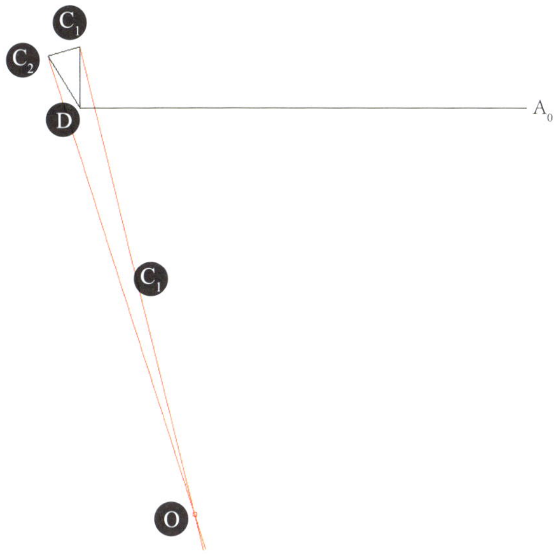

⑤打开“交点捕捉”，以O为圆心，OC_1为半径，用“圆弧工具”画圆弧，交机架线于A点；

⑥连接AC_1、AC_2；以A为圆心，AC_1为半径画圆弧，交AC_2于E点；用“分割工具”将AC_2分为AE、EC_2两段；打开“中点捕捉”，以E为圆心，$EC_2/2$为半径，用“圆工具”画圆，这样得到半径为（AC_2-AC_1）/2的圆；

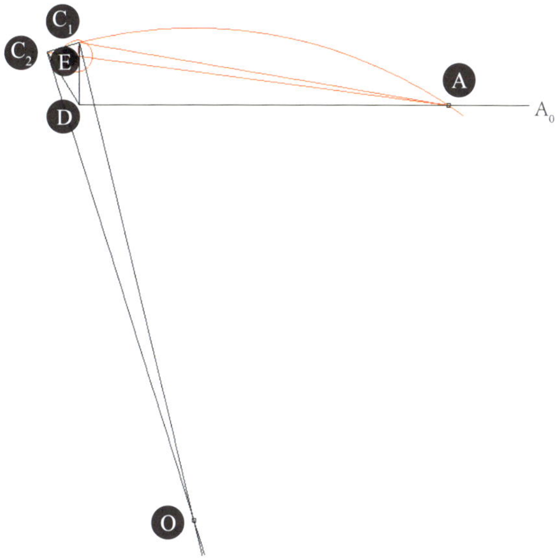

⑦打开“中心点捕捉”，用“移动工具”将以E为圆心的圆从E点移到A点，交AC_2于B_2点；用“单轴缩放工具”将C_1A延长，交圆于B_1；

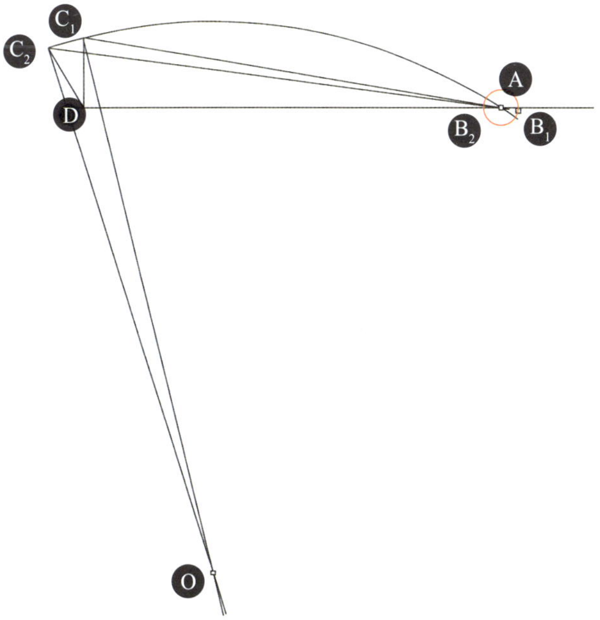

⑧用“测量工具”、量得$B_1C_1=B_2C_2$=77.79mm，AB_1=3.02mm，AD=73.81mm。后腿结构简图部分设计完毕，此方法也可应用于其他造型的玩具设计中，只需更改狗腿外观形态即可，核心结构部分设计实则相同。

*说明：其他结构设计所用到的命令与本例大体相同，只要在制图中注意“捕捉”的设置和角度、长度的精确输入方法，就可以轻松获得设计结果。在下面的Rhino辅助制图的介绍中，只讲述制图的思路和方法，已作介绍的工具不再赘述。

2. 在Rhino中进行连杆两位置设计

在本章第二节中，已介绍过连杆两位置结构的基本概念及求解思路，其命题为：已知连杆两位置B_1C_1、B_2C_2及机架位置线AD，设计一个铰接四连杆结构ABCD，当连架杆AB（或CD）转动时，连杆BC能依次占有B_1C_1、B_2C_2两个位置。也就是求解机架点A、D转动副的位置。

此处对于用计算机辅助软件Rhino如何精确绘制及测量出相应尺寸进行分步讲解，具体过程见表2-2。

表 2-2　计算机辅助连杆两位置结构设计过程

①画机架位置线A_0D_0；  	②画连杆BC的两个位置B_1C_1、B_2C_2（先确定B点的位置，再输入BC的长度，确定C点的位置）； 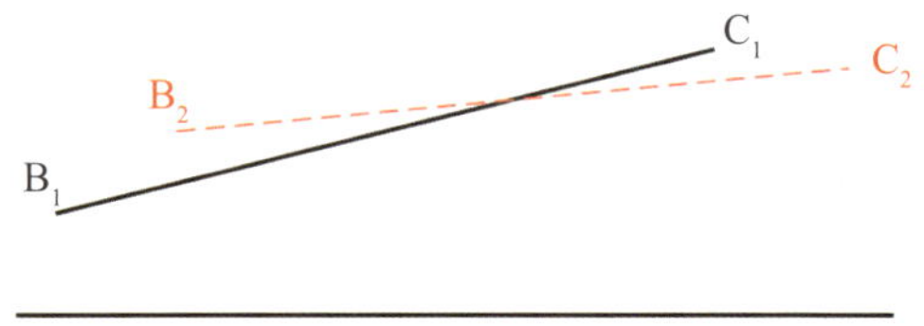
③分别以B_1、B_2为圆心，以大于$B_1B_2/2$为半径，画两等径圆弧，相交于两点； 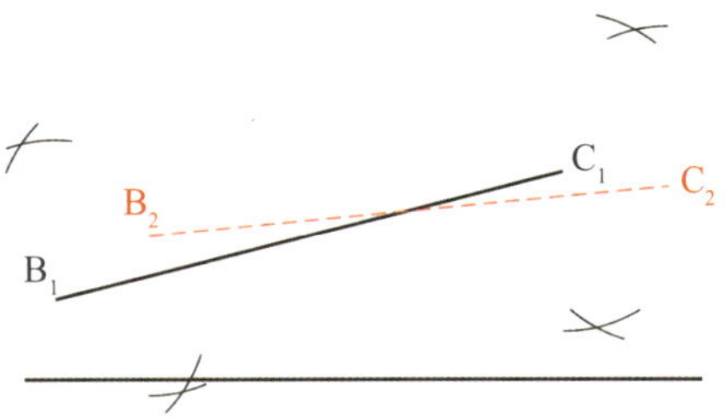 	④连接相交两点，得到B_1B_2的垂直平分线。若垂直平分线与机架位置线相交，则求得A点位置；若不能相交，则将垂直平分线在它的直线方向上进行缩放，使之与AD相交，求得A点；同样可求出D点； 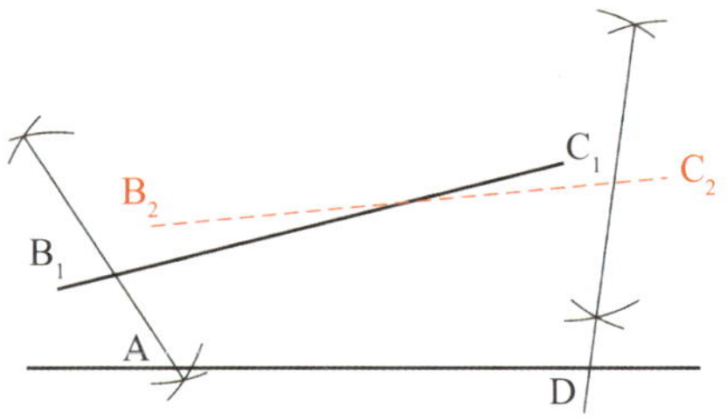
⑤删除多余直线，连接AB_1、AB_2、DC_1、DC_2，完成图解设计。 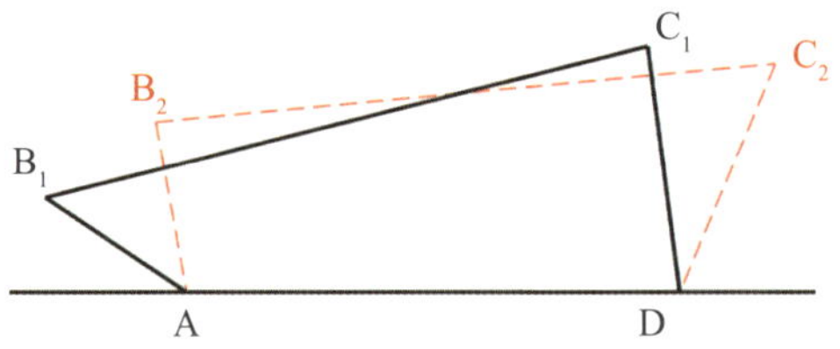 	

当然，在Rhino完成这样的图解设计，可以选用不同的命令，例如步骤4，不用工具连接相交两点，改用工具，可以画出经过相交两点，并与AD相交的直线，而不用再进行缩放。

连杆三位置图解设计的方法与此基本类似，这里不再示范。

3. 在Rhino中进行连架杆两位置设计

我们用一个设计实例来讲述如何在Rhino中进行连架杆两位置的图解设计。

设计如图2-41（a）所示的折叠椅，可以采用连架杆两位置设计的方法，初步构想结构运动简图见图2-41（b），设AD为机架，AB杆逆时针旋转，DC杆顺时针旋转，可将椅子收拢。

Rhino中连架杆两位置的图解设计过程如表2-3。

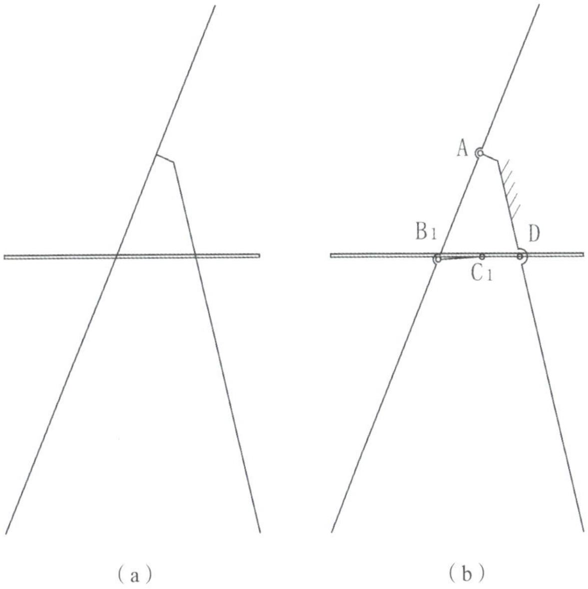

图 2-41　折叠椅结构简图

表 2-3　Rhino 中连架杆两位置图解

<table>
<tr><td colspan="2">①按照实际尺寸，如图画出机架AD并画出连架杆的始末位置A B_1、A B_2；
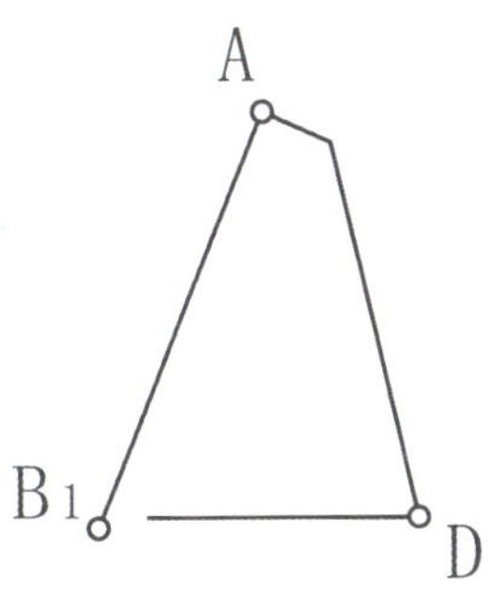

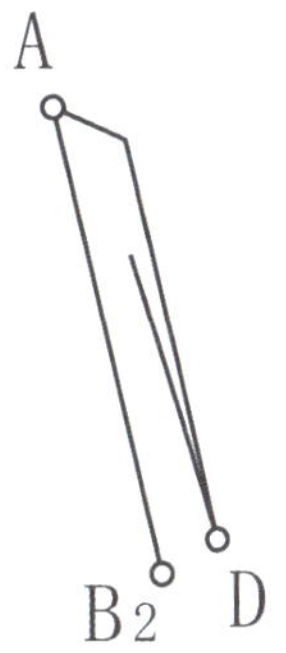
</td></tr>
<tr><td>②画出DC的两位置线DC_0、DC_0'；
③在DC_0杆上任取一点E_1，以D为圆心，DE_1为半径作圆弧，交DC_0'于E_2；
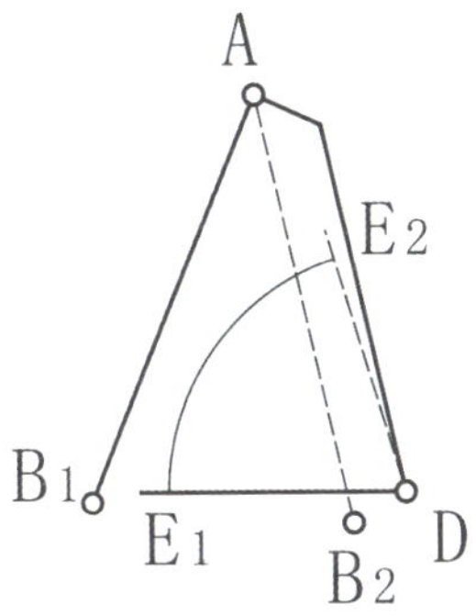
</td><td>④连接B_2E_2、B_2D，固接为△B_2E_2D，以D为圆心，将三角形由E_2位置旋转复制（）至E_1位置，B_2点就转动到B_2'的位置；
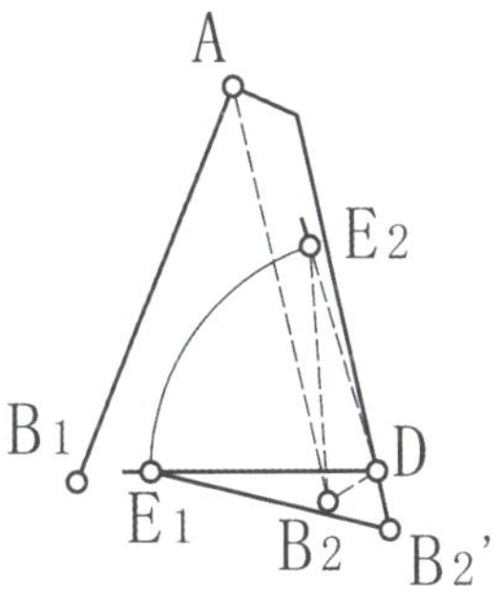
</td></tr>
</table>

续表

⑤连接B_1、B_2'，作B_1B_2'的垂直平分线，交E_1D于C_1点；	⑥以D为圆心，DC_1为半径画圆弧，交DE_2于C_2点（图h）。
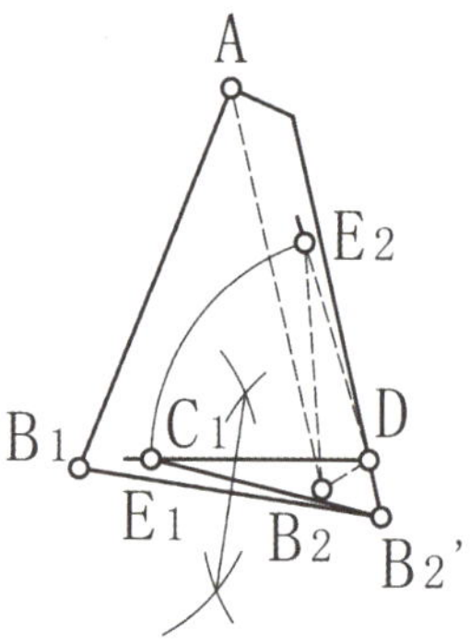	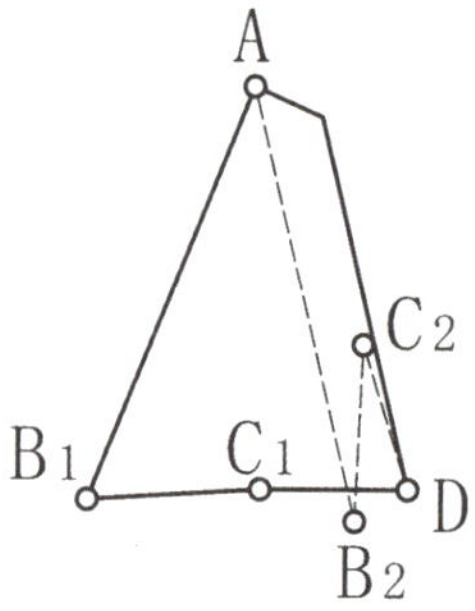

确立了A、B、C、D四点以后，结构设计基本完成，表2-3的第6步中，实线部分为位置Ⅰ，虚线为折叠后的位置Ⅱ，设计师可以发挥空间思维能力，只要这几点相对位置不变，将杆子以结构化的形式出现，便可以得到椅子的结构设计，用之前提到的测量工具量出各部分的长度便可应用于实际的产品中。

4. 在SolidWorks中进行连杆两位置设计

以SolidWorks2014版本为例，讲述如何进行连杆两位置结构（第二章第一节）的图解设计过程，主要作图过程见表2-4。

表 2-4　SolidWorks 连杆两位置结构图解设计

①绘制机架线：新建“零件”，选择“前视基准面”，进入“草图”模式；单击“中心线”工具，以原点为起始点，绘制水平机架线（A、D点位置未定，机架线可以绘制长一些）。

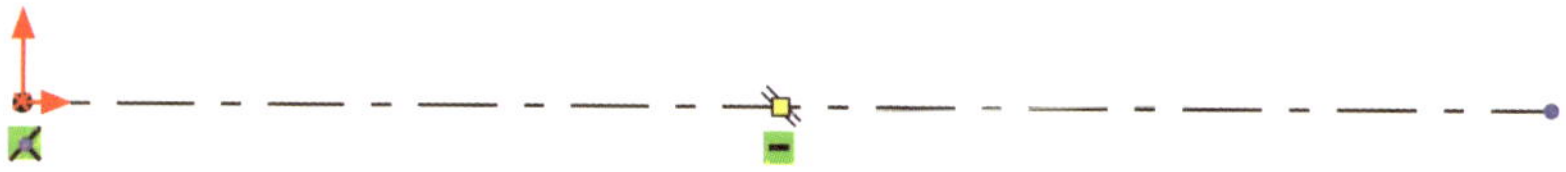

②绘制连杆的第一个位置：单击“直线”工具，绘制连杆的起始位置B_1C_1；单击“智能尺寸”工具，标注B_1点到原点的水平距离20mm，垂直距离40mm，B_1C_1=80mm，B_1C_1与机架线的夹角为15°。

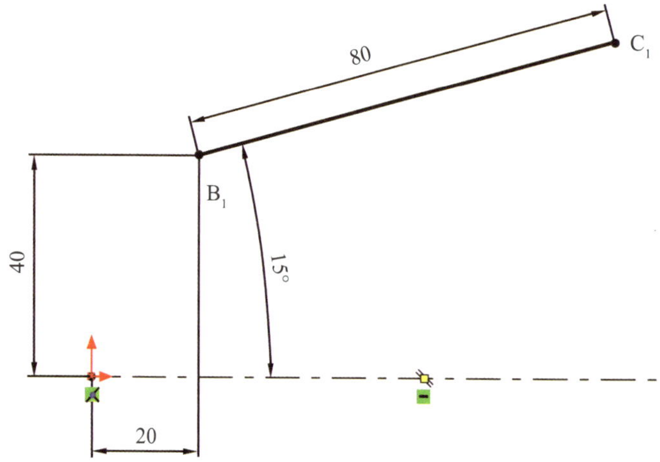

续表

③绘制连杆的第二个位置：单击“中心线”工具，绘制连杆的终点位置B_2C_2；单击“智能尺寸”工具，标注B_2点到原点的水平距离48mm，垂直距离50mm，B_2C_2与机架线的夹角为12°；选择B_1C_1和B_2C_2，添加“相等”几何约束。

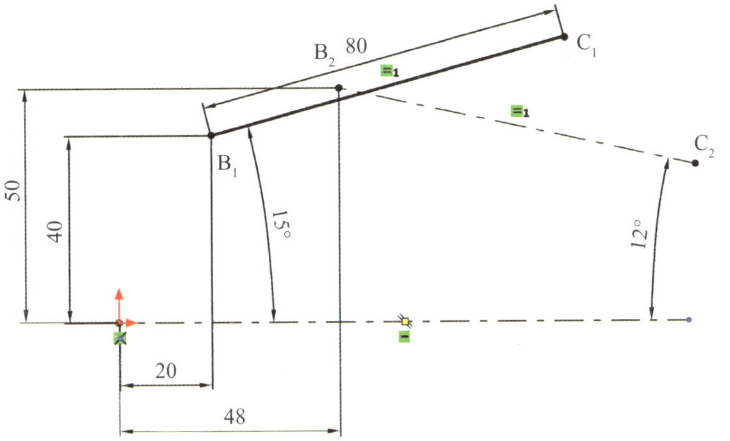

④求得A、D点的位置：单击“中心线”工具，绘制B_1A、B_2A、C_1D、C_2D（其中A、D均在机架线上）；选择B_1A和B_2A，添加“相等”几何约束，求得A点；选择C_1D和C_2D，添加“相等”几何约束，求得D点。

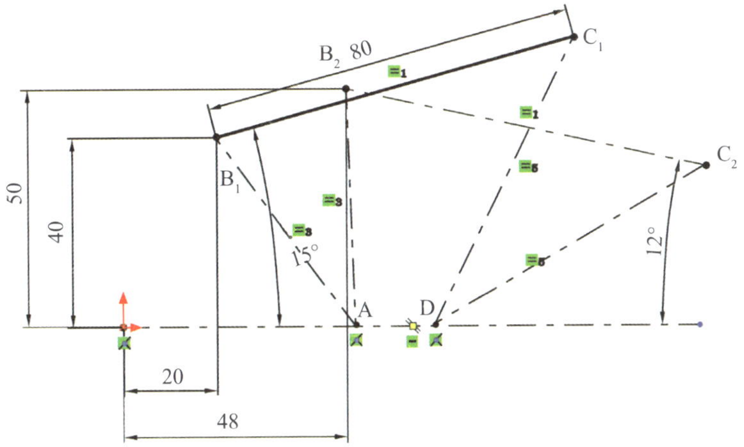

5. 在SolidWorks中进行连架杆两位置设计

以SolidWorks2014版本为例，讲述如何进行连架杆两位置结构（第二章第三节）的图解设计过程，主要作图过程见表2-5。

表 2-5 SolidWorks 连架杆两位置结构图解设计

①绘制机架线：新建“零件”，选择“前视基准面”，进入“草图”模式；单击“直线”工具，以原点为起始点，绘制水平机架线AD=100mm。

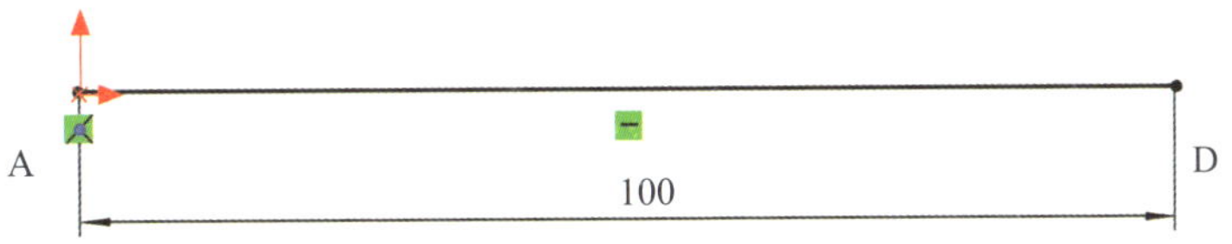

②绘制第一个连架杆的两个位置：单击“直线” 工具，绘制第一个连架杆的起始位置AB_1；单击“中心线” 工具，绘制第一个连架杆的终点位置AB_2；单击直线AB_1和AB_2，添加“相等”几何约束；单击“智能尺寸”工具，标注AB_1=50mm，∠DAB_1=130°，∠DAB_2=70°。

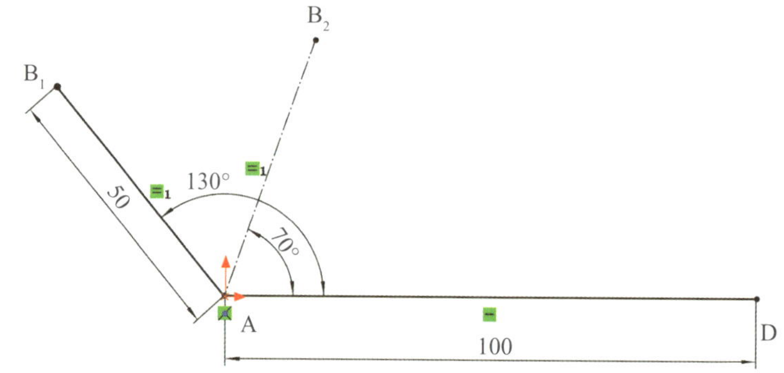

③绘制第二个连架杆的两个位置线：单击“直线” 工具，绘制第二个连架杆的起始位置线I（线可以画长一些）；单击“中心线” 工具，绘制第二个连架杆的终点位置线II；单击直线I和II，添加“相等”几何约束。

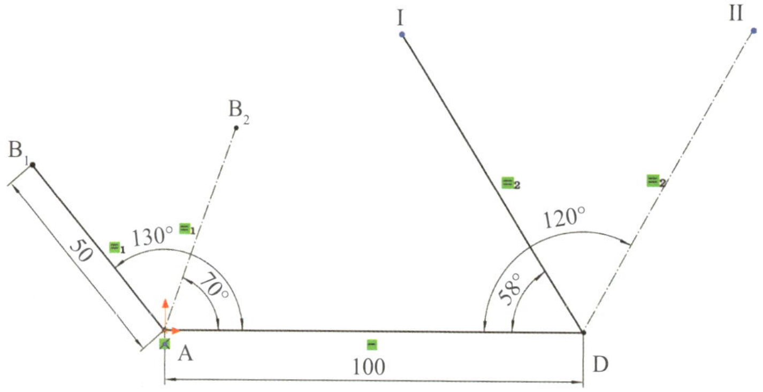

④单击“点” 工具，在直线I上画点E_1，在直线II上画点E_2；单击“智能尺寸” 工具，标注DE_1=DE_2=60mm，∠ADE_1=58°，∠ADE_2=120°。

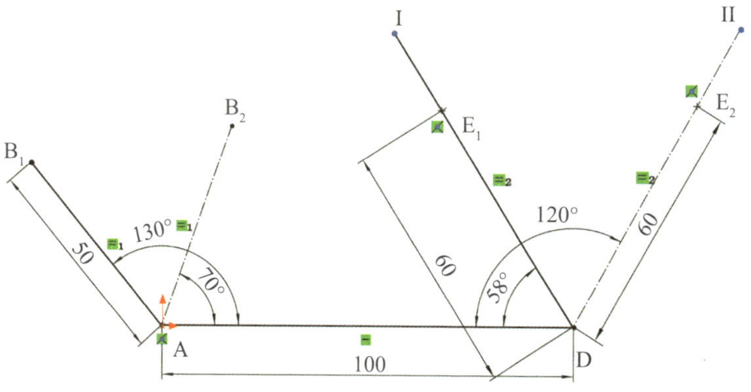

续表

⑤反转机架法求点B_2'：单击“中心线”工具，连接B_2D、B_2E_2，绘制E_1B_2'、DB_2'；选择B_2D、DB_2'，添加“相等”几何约束；选择B_2E_2、E_1B_2'，添加“相等”几何约束；从而求得点B_2'的位置。

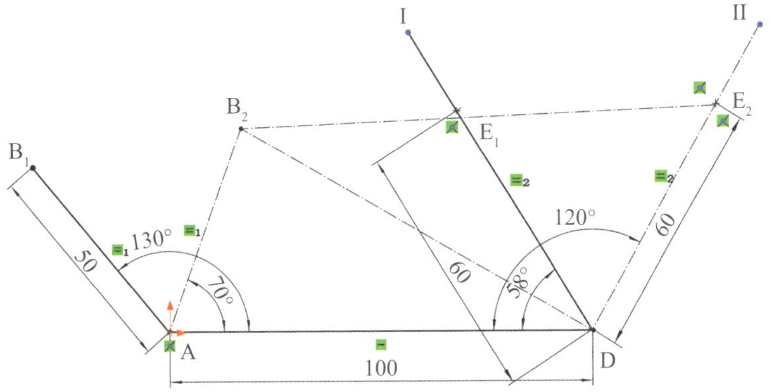

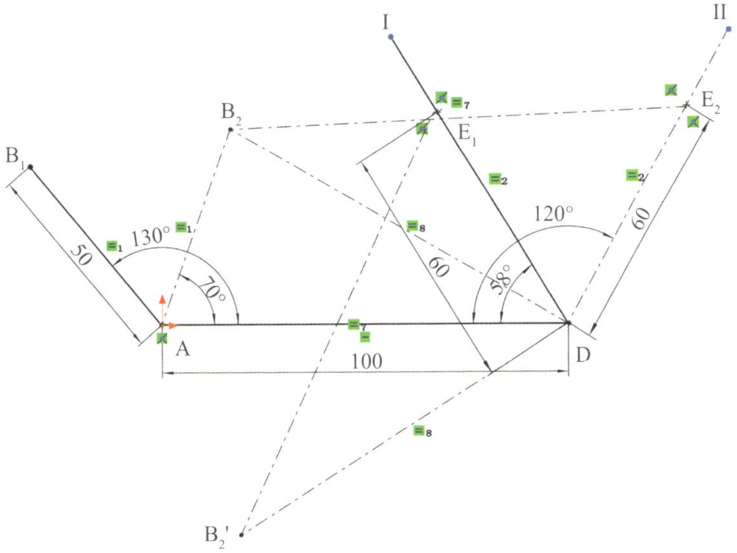

⑥求得直线I上的C_1点：单击“中心线”工具，绘制B_1C_1、C_1B_2'（点C_1落在直线I上）；选择B_1C_1、C_1B_2'，添加“相等”几何约束；从而求得点C_1的位置。

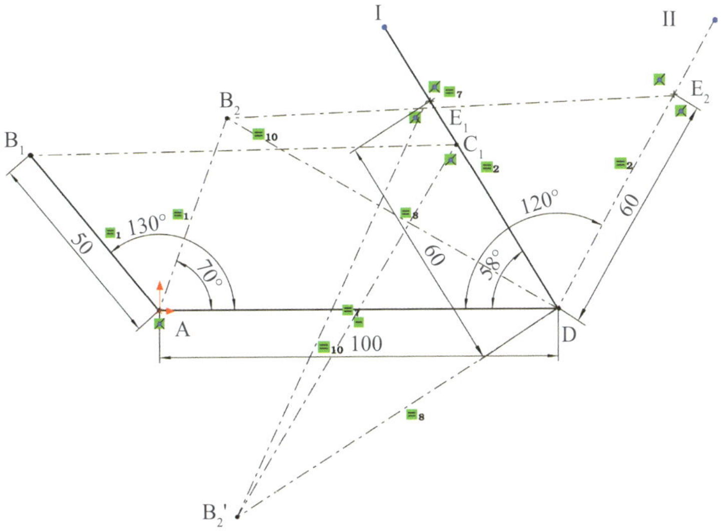

续表

⑦单击“圆心/起/终点画弧”工具，以D点为圆心，C_1点为起点画弧，与直线II相交于C_2点。

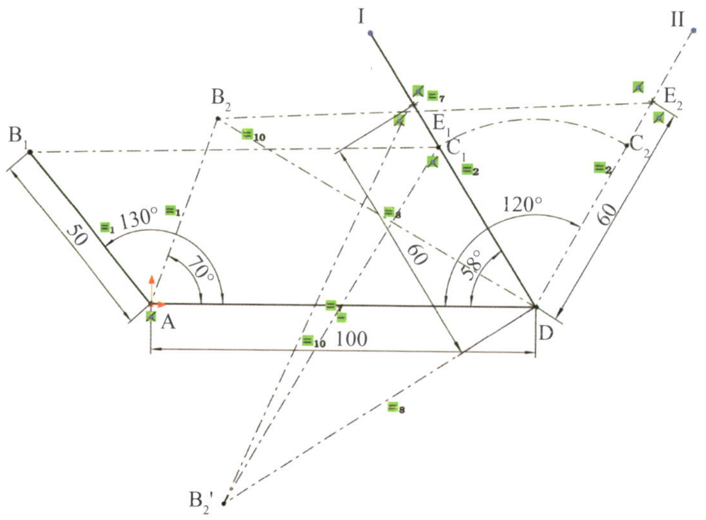

⑧单击“工具”菜单—单击“测量”工具，单击“点到点”工具，单击点B_1、C_1，从而测量出B_1C_1=106.89mm（黑色标注的距离）；同理，可以测量出DC_1=47.68mm。

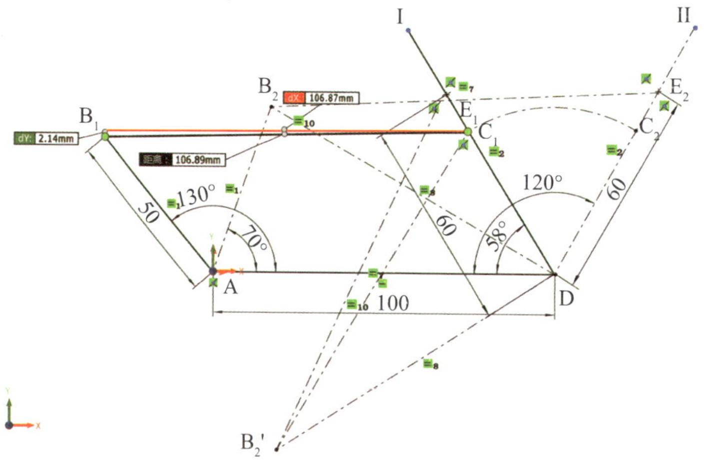

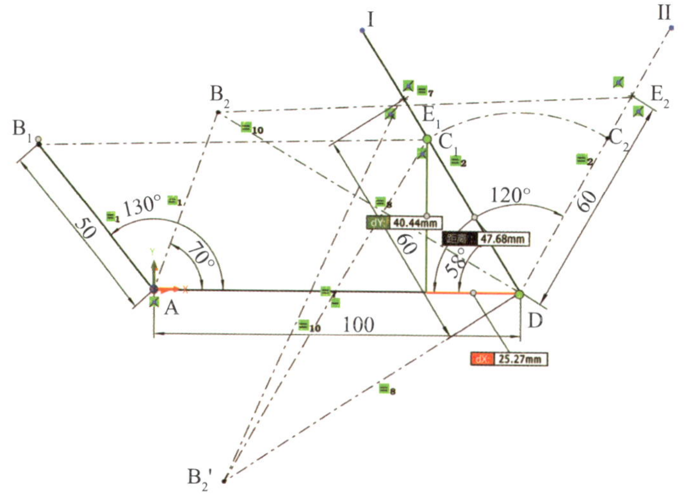

在获得B_1C_1和DC_1的尺寸数据后，便可以用数据进行三维造型的设计，当然，也可以把求解过程的“草图”保存为“零件”的特征，在建模的时候直接借用“草图”里的线条。

四、实践程序——计算机辅助A型折叠椅设计

1. Rhino中的图解设计与三维建模

（1）结构分析

在设计活动型产品时，往往对产品的结构形态有一个大致的概念，然后通过作图法求得精确的结构尺寸，在此基础上赋予基本结构以具体形态。例如设计图2–42（a）的折叠椅，可以通过摇杆滑块结构来实现，借助Rhino软件可以方便快捷地获得精确的设计尺寸。之后再利用其他工具，进行三维形态的设计。

根据人体尺寸在Rhino中画出实际大小的折叠椅结构运动简图（图2–42b，构件4设为机架，构件3为滑块）；将滑块3下移，椅子收拢，收拢状态见图2–42（c）。

（2）用Rhino软件绘制椅子由打开状态到收拢状态的作图方法（见表2–6）

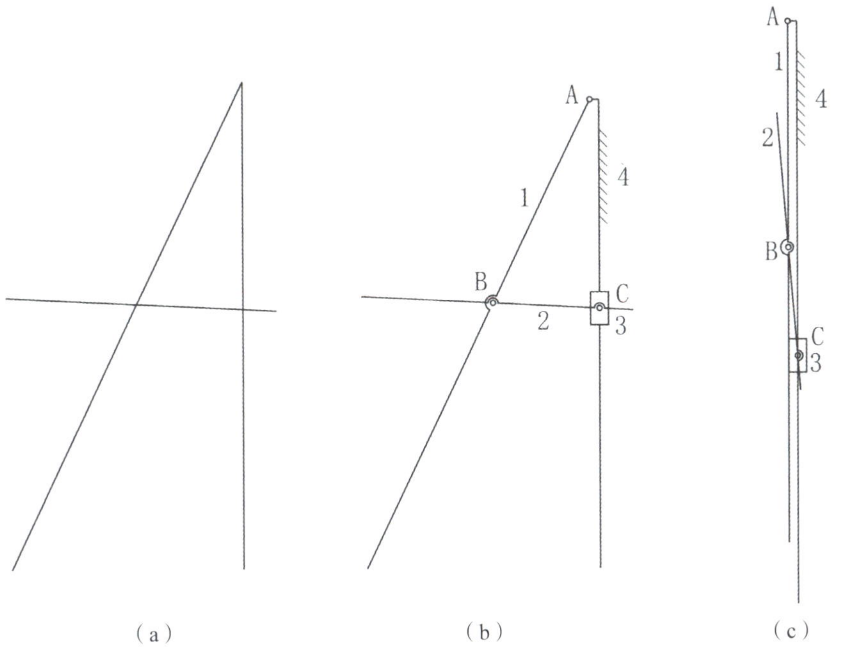

图 2–42　折叠椅结构运动简图

表 2–6　用 Rhino 软件绘制椅子

①选中AB杆、BC杆，以A为圆心，旋转至AB杆竖直的位置；	②以B为圆心，BC长为半径作圆弧，交后腿于D点；
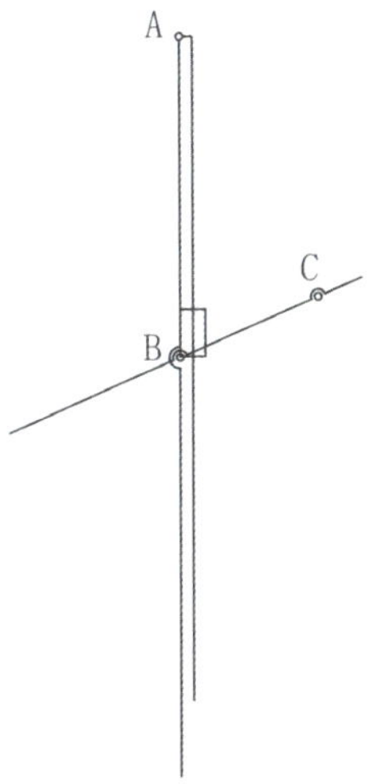	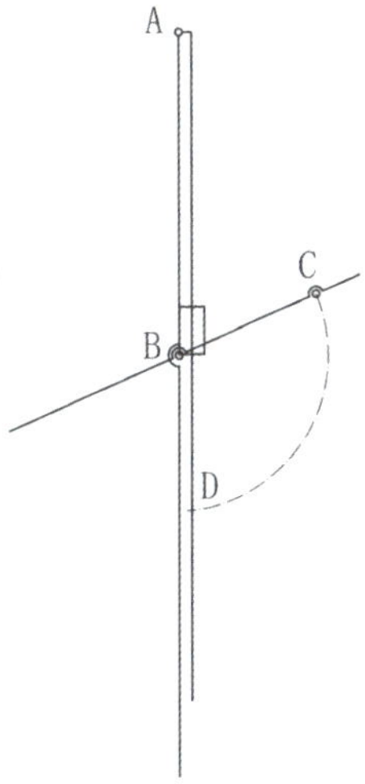

续表

③以B为圆心，将BC杆旋转至C、D重合的位置； 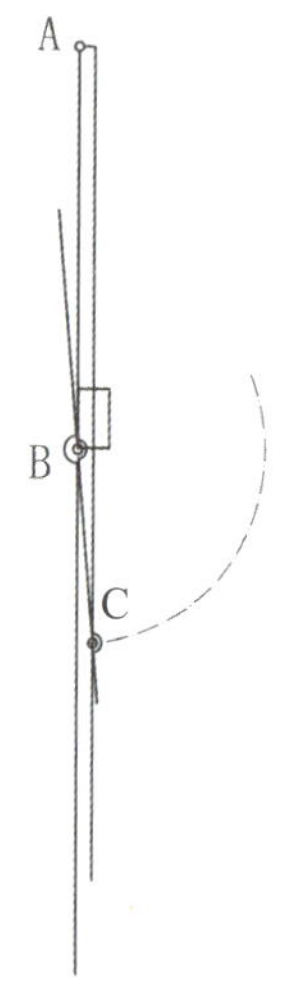	④将滑块3移至C点处，求得折叠椅收拢后的状态； 
⑤根据结构运动简图进行尺寸测量后，用Rhino软件根据所得结构尺寸进行椅子的造型设计，得到三维模型。 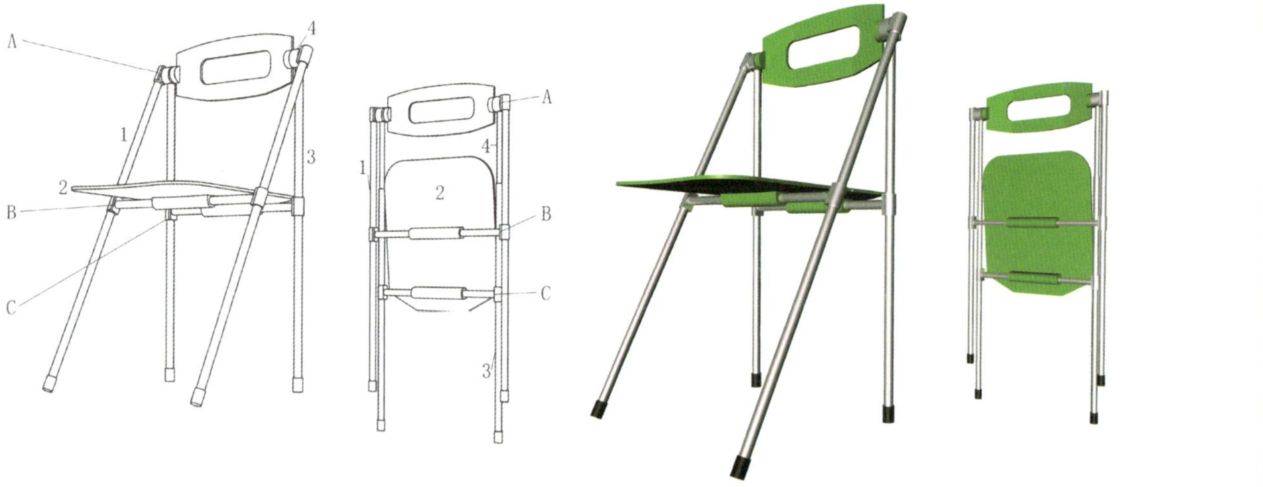	

（3）深化结构

在造型设计的同时，仍需考虑所有结构件的功能实现，在本例折叠椅设计中，笔者根据之前结构简图中所设计的运动副的位置，进一步深化折叠椅的结构：

①滑块的结构化设计，滑块设计成整个后腿，套在机架上；

②需要设计挡块确保椅子打开在某一固定角度，这里将机架4的上端设计成挡块，椅子打开时，挡块压在滑块3上。

按照实际尺寸作图，所得的尺寸精度与数学计算的结果完全一致。计算机辅助制图法大大提高了设计的效率，且符合生产的精度需求。

2. SolidWorks中的图解设计与三维建模

本例选取C型折叠梯（第三章图3-2）在SolidWorks中进行图解设计。由于其具体结构形式及设计过程已在第三章中详述，因此本例中仅对软件中的操作步骤作详解（见表2-7）。

表 2-7　SolidWorks 中图解 C 型折叠梯设计

①新建“零件”，选择“前视基准面”，进入“草图” 模式，按照实际尺寸，绘制折叠梯打开状态的结构运功简图。

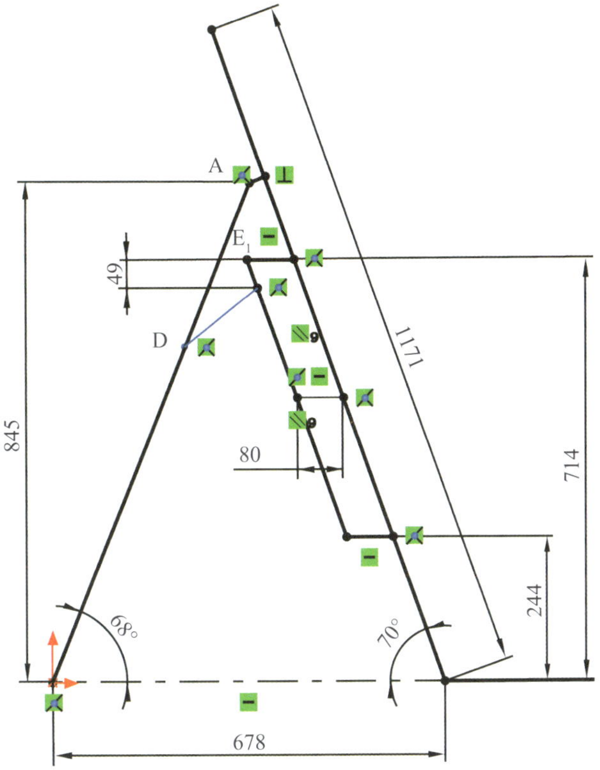

②对折叠梯打开状态的结构运动简图进行简化，结果如图。

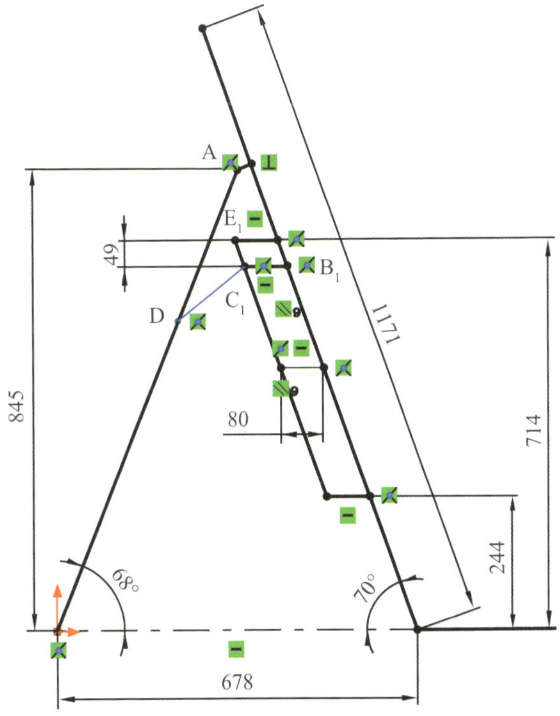

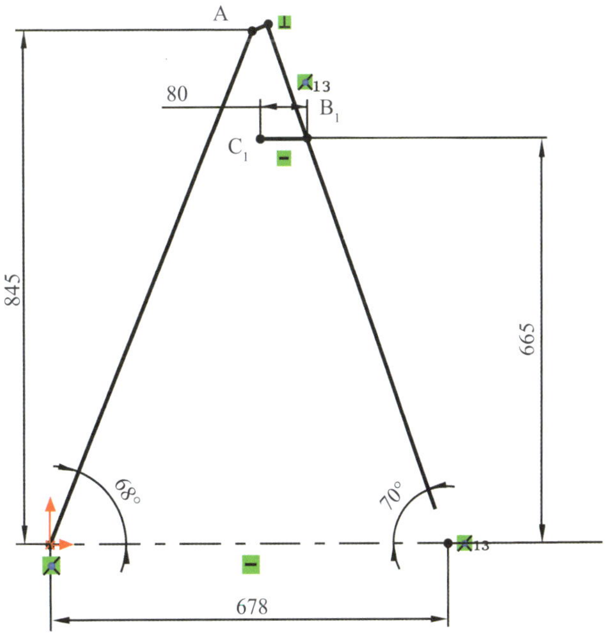

续表

③转动连架杆A B_1到折叠位置AB_2，AB_2与AD机架线平行；转动连杆B_1C_1到B_2C_2，B_2C_2与AD机架线成50° 夹角。

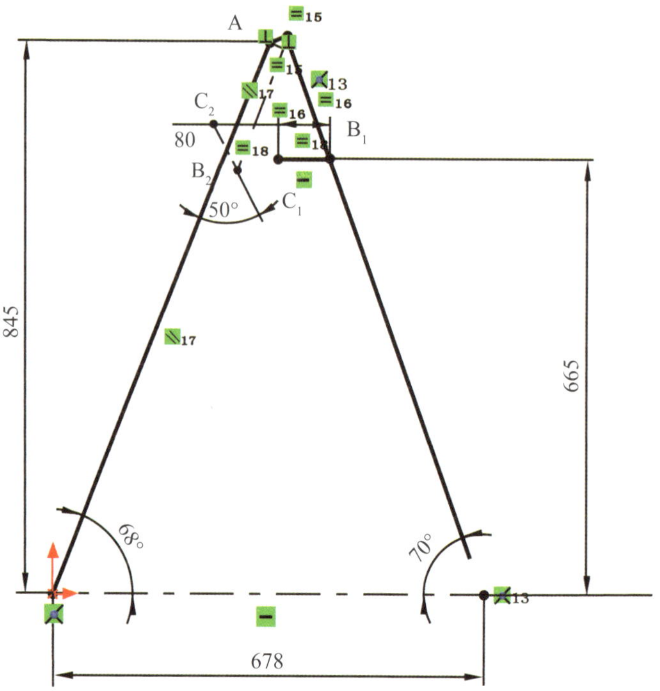

④求得D点：单击“中心线”工具，绘制C_1D和C_2D（D点落在机架线上）；选择C_1D和C_2D，添加“相等”几何约束，求得D点。

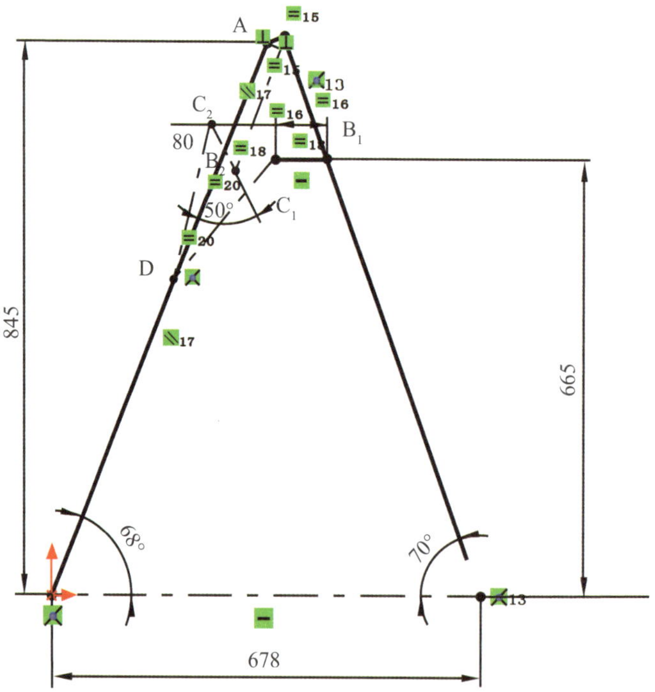

续表

<table>
<tr>
<td>⑤根据求得的D点，进行产品造型及结构设计，在SolidWorks中建立零件并进行组装。
</td>
<td>⑥产品渲染图。
</td>
</tr>
</table>

第三章

欣赏与分析

第一节　连杆结构产品设计方法与分析综述

第二节　折叠梯、椅和童车类产品结构设计欣赏与分析

第三节　榨汁机等轻工类产品结构设计欣赏与分析

第四节　溜冰鞋等运动健身类产品结构设计欣赏与分析

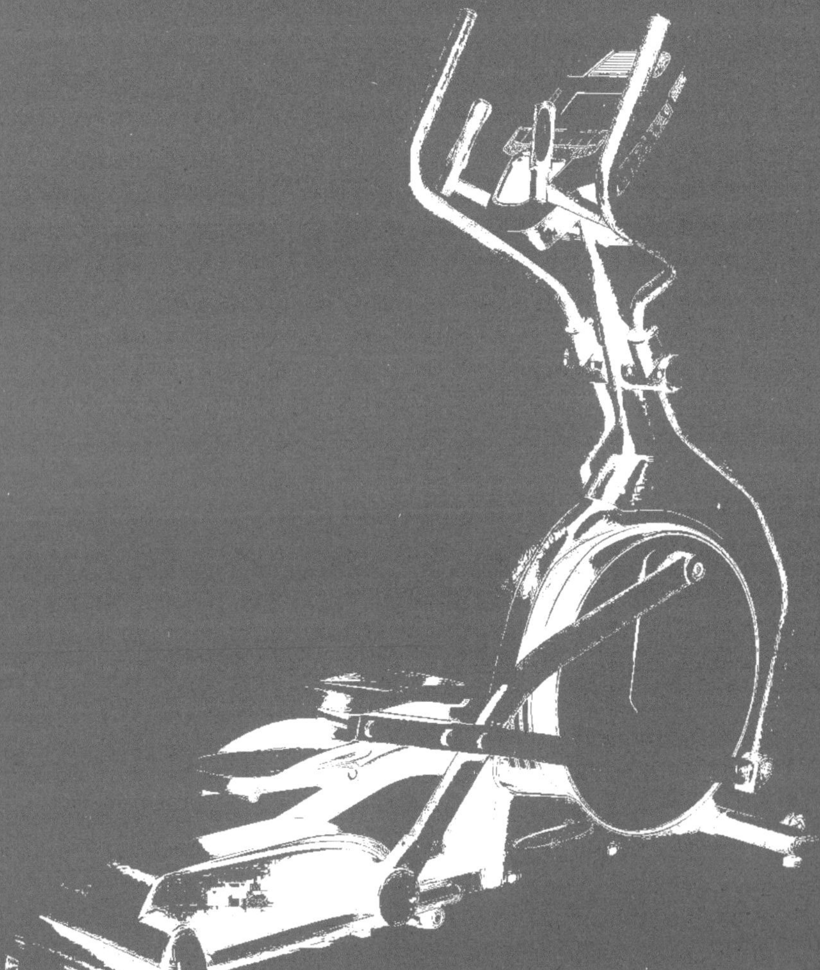

第一节　连杆结构产品设计方法与分析综述

一、连杆结构设计问题的方法分类

根据对大量带有连杆结构轻工产品的调研，经常遇到的连杆设计问题大致可分为两大类：连续转动类和有限位置类。

1. 含有曲柄的四杆结构的产品设计（连续转动类）

经常应用的结构是曲柄摇杆结构和曲柄滑块结构。本章第四节中，推荐了健身器的实例作为曲柄摇杆结构设计训练题。曲柄摇杆结构的设计方法在第一章第四节及第二章第一节中已作阐述，设计时要选定的设计初始参数为：摇杆CD极限位置及杆长，AD机架位置线和行程速比系数k。

习惯上，曲柄摇杆结构设计时，都把曲柄作为主动杆，但如果改变主动件的选择，往往会有不同的效果。例如，台式电风扇的摇头结构就采用了连杆作为主动件的曲柄摇杆结构，老式的家用缝纫机把脚踏板作为摇杆，并赋予它主动功能，把摆动转变成转动。另外在不少带有曲柄滑块结构的产品中，将滑块作为主动构件，将移动转变成转动。

2. 含有两个位置要求的四连杆产品设计（有限位置类）

含有两个位置要求的四杆结构设计是本书讨论的重点，用了不少设计实例反复陈述设计过程。第二章的第二节和第三节中讨论连杆两位置和连架杆两位置设计的方法。从本质上说，两种方法是一样的。实践中，要根据产品的功能提出的位置要求来决定采用哪一种设计方法。它主要应用在折叠式连杆产品和两位置要求明确的有限位置类产品上，如本章第三节榨汁机、窗铰结构等产品。

（1）连杆两位置设计方法选择

一般来说，连杆两位置设计方法应用常见二种情况：A. 对选定的四杆结构来说，连杆构件的两个位置（B和C铰链点位置）确定非常方便。本章中推荐了修枝剪刀和六连杆窗框作为设计训练题；B. 对选定的四杆结构来说，连杆的一个位置（B或C铰链点位置）和机架位置线AD确定非常方便，连杆的另一个位置虽然不能马上确定，但位置要求非常清楚，例如第二章中的折叠椅设计案例。归纳起来的设计判据是求解对象为机架转动副A或D的位置。

连杆两位置设计方法应用时，一般要确定的初始设计参数是机架位置线AD，连杆AB的杆长和连杆BC的杆长和它的两个位置线。

（2）连架杆两位置设计方法选择

一般说，较多的连杆结构两位置设计问题是连架杆两位置的设计问题。本书所列举的设计案例中，多数也是连架杆两位置设计问题。它的应用条件是机架位置线AD及杆长确定方便，连架杆两位置中的某一个位置容易确定，本章推荐了折叠式溜冰鞋等作为设计训练题。这类问题归纳起来的设计判据就是求解对象为转动副C或B的位置。

设计时，假定的初始设计参数有机架杆AD的位置和长度；连架杆AB杆长及两个位置；连架杆CD的两个位置线。如果某些设计初始参数确定有困难，可以采取设计辅助线的方法进行试凑性设计，求得较为合理的设计初始参数值。

（3）含有两位置要求的多连杆（四连杆以上）结构产品设计

常用的多杆结构是六连杆结构，采用的结构形式是四连杆结构串接一个Ⅱ级杆组。本章推荐了六连杆童车的设计训练题。

多连杆结构两位置设计问题求解过程分成两步：第一步求解两位置的四连杆结构，采用何种设计方法，连杆两位置方法还是连架杆两位置方法，完全由产品提出的功能要求决定；第二步是求解Ⅱ级杆组，它必须建立在第一步四杆结构设计完成的基础上，由四杆结构提供的初始设计参数进行设计。如果Ⅱ级杆组求解对象是连杆点，所采用的设计方法应是连架杆位置的设计方法，即固化构件三角形的反转机架法，本节的六连杆童车设计就属于此类形式。如果求解对象是机架点，则用连杆两位置的方法，即垂直平分线交点法。第二章的第二节的六连杆躺椅就属于此类形式。

本书中，六连杆的产品案例有四例：六连杆躺椅设计（图2-16）、八连杆文具盒设计（图2-19）、本章的六连杆窗铰链设计（图3-25）和六连杆童车（图3-13）。读者可从中归纳总结。

二、连杆结构产品设计中注意的问题

1. 设计难点

连杆结构产品的设计难点不是采用何种设计方法求解杆件长度，而是采用何种结构形式来实现产品的功能要求。在结构学上，前者属于“数综合”问题，后者属于“型综合”问题。结构的选型需要产品设计师的创造性和想象力，把产品的功能要求和连杆结构的性能联系起来是件不容易的事情。

“代”“变”是连杆结构选型中常用的设计思路。本章第三节中折叠椅、桌、床、梯，它们之间结构类型有相似性，可以相互取代。

“变一变”。不少结构形式之间，稍加改变，形成不同功能要求的结构。如六连杆躺椅（图2-16）和六连杆童车（图3-13）之间的“变一变”。如折叠椅（图2-40）和折叠梯（图2-41）之间的“变一变”。

2. 设计时容易忽视的问题

（1）构件结构化处理——构件点应用

构件在结构简图中简化为一条直线，结构化处理时就要求在简图上把构件表示为多边形形式或者刚性固接构件，把设计点作为构件点画上。结构化处理后，在结构设计时容易得到满足产品功能要求的设计点和设计位置。例如，折叠椅设计（图2-11）、八杆文具盒设计（图2-19）、折叠梯设计（图2-29）等。

（2）高副的应用

高副替代低副，根据第一章结构组成原理可知，高副替代低副后，四杆结构可变为三杆结构，参见折叠椅设计（图2-11）。同样，高副替代低副后六连杆可演变成五连杆。不过，这种结构形式较少在日常生活用的产品中应用，玩具中应用较多，如图2-7的玩具狗，读者在设计创新中可以一试，至少有简化结构运动的效果。

（3）组合结构应用

连杆结构选型时设计方案往往集中。在连杆结构形式的选择方面，不太注意连杆结构和凸轮结构、齿轮结构及带传动结构等结构的组合应用，从而失去一些更好的可行设计方案。限于篇幅，本书不作凸轮机构、齿轮机构的讨论，组合机构仅在此提一下，第一章第二节结构简图练习中，图1-2就是齿轮齿条和滑动副结合的插齿刃插刀结构。

三、图解设计方法的特点和应用

①图解法最大特点是可视性好、直观性强。设计师在设计时不断有实际的形象概念在帮助思考，形成正确的求解思维方向。

②图解法不需要复杂的数字运算就可以直接求出解答，通过计算机作图，可以获得很高的精度。所以它非常符合数理基础较弱的艺术类学生掌握。

③图解法虽然可视性好，也存在作图线条多、看上去图形过于复杂、不易掌握和理解等不足之处。事实上，掌握了作图方法和过程，复杂作图并不会影响设计师理解，相反，使设计师更加心中有数，仅是旁观者（不掌握方法的人）心理上感到复杂难懂。

④应用图解法不容易做运动分析，如速度和加速度分析，这是图解法固有的缺点。但是家具、玩具、办公用品、日常用的轻工产品等，往往速度要求不高，设计时运动要求较低，有无运动分析并不显得十分必要。同时，数学上可以证明，连杆结构的速度、加速度都是连续的，不会数值发生突变。所以对于常用的轻工产品而言，不太发生因运动分析没有进行导致设计失败的问题。

在计算机中作图求解出的设计数据，建成三维实体模型后，可导入相关的三维工程软件或者专门的分析软件中进行运动分析。在计算机辅助设计软件不断升级和更新的今天，往往产品的结构数值分析已没有难度，读者如需进一步了解和深入学习，可参考相关软件教程。

第二节　折叠梯、椅和童车类产品结构设计欣赏与分析

一、折叠梯产品结构设计欣赏与分析

1. 产品构思

梯子是人们爬高取物的工具，基本结构是有一层层平行的脚踏梯板。产品应具有这样的性能：不依靠墙壁或其他支撑作为梯子的支架，梯子自身带有可折叠的支架，不用时支架和脚踏梯板都可以收起合拢。根据日常生活经验的积累和对非折叠梯的观察，设计师一般都可以产生这样的思维路线：折叠椅可以看成由一层梯板组成的梯子，据此可以画出如图3-1（a）所示的人字形折叠梯的构思草图。

2. 结构选型

根据前面的设计案例，可以归纳出两条选型原则：从基本四连杆结构中考虑选型、应用结构叠加和演变的规律。

图3-1（a）的人字形折叠梯是一个刚性三角架结构，它演化成基本四连杆结构至少有5种形式，见图3-1（b）。演化的思路是：A、B型折叠梯结构是从梯子打开后定位方便考虑，利用了“死点”的作用；C、D、E型折叠结构直接从折叠椅结构组成中演化出来，参见图2-30。前面已经提到过平行四边形结构折叠性能及其应用（图1-76、图1-48），平行四边形结构折叠性能主要表现在两个方面：结构在运动过程中，同位置的连杆之间始终保持平行；结构可以重复叠加，形成多构件结构并重复同样的运动规律。这些特性和折叠梯的梯面设计要求非常吻合，折叠梯的梯面根据不同的需求可多可少，如家用折叠梯2-3层梯面就行；图书馆、超市、登高修理、消防等场合的折叠梯，梯面可多达十层，甚至更多，提出了梯面的平行性和运动重复一致性等要求，采用平行四边形结构后，这些要求都可以轻而易举地得到满足。目前市场的折叠梯，绝大部分采用了这种结构。设计时，只要将基础四杆结构中的一个连架杆和平行四边形结构的一个构件固接（或者设计成同一构件），再考虑一下具体的传动要求就可以达到设计的目的。下面以C型折叠梯为例讲述设计过程，D型折叠梯和A型折叠梯的设计已在第二章第三节讲述了。（图2-30和图2-32）

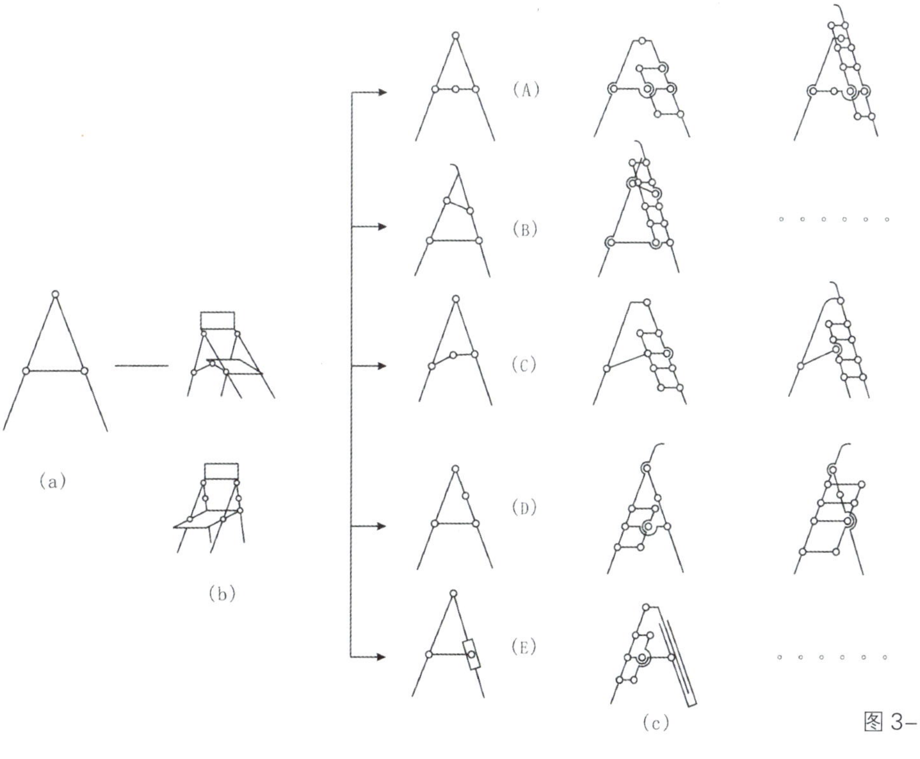

图 3-1　折叠梯结构造型

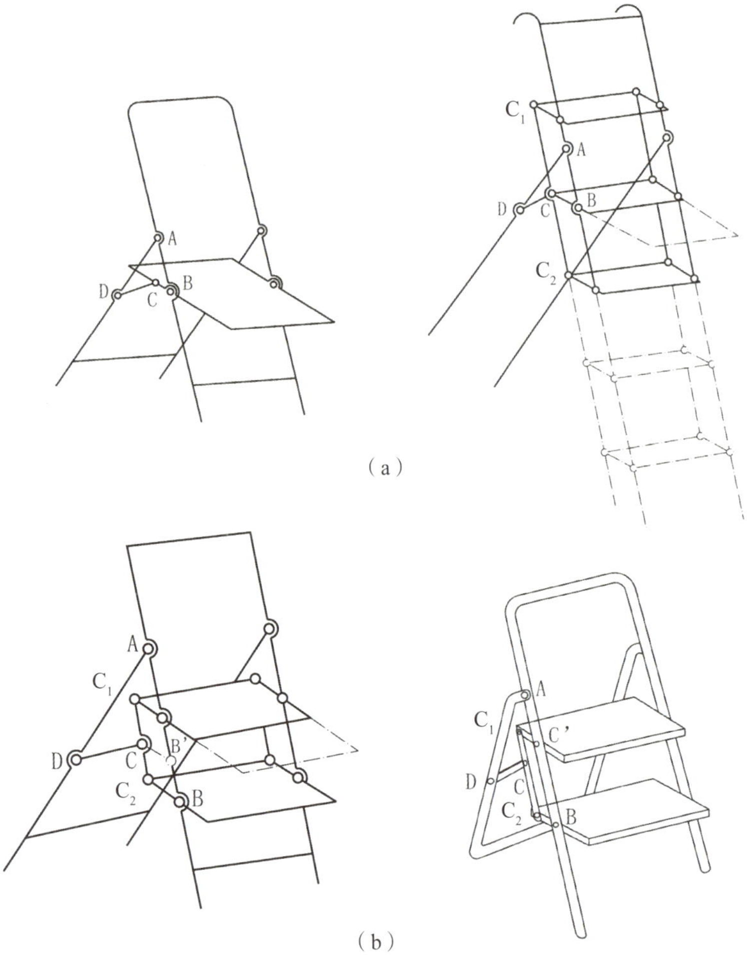

图 3-2 C 型全铰四杆人字折叠梯结构组成

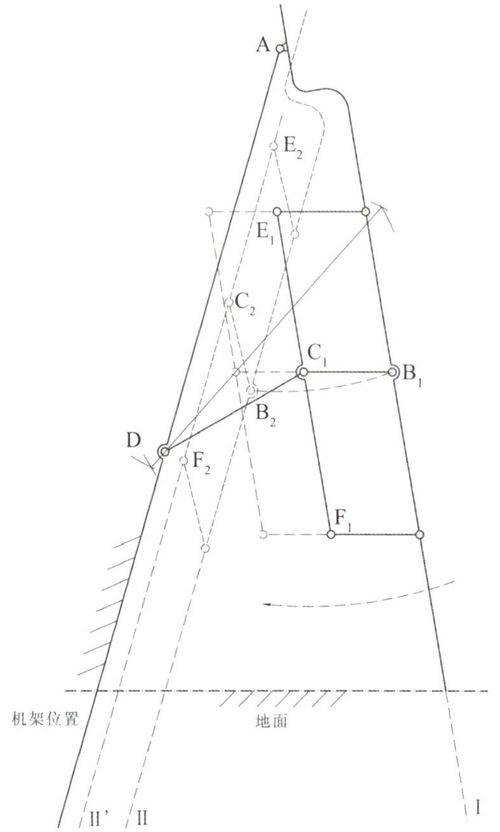

图 3-3 C 型全铰四杆人字折叠梯设计

3. C型折叠梯结构设计及其演化

（1）确定结构形式

图3-2中有两种方式把基础四连杆ABCD和平行四边结构叠加，（a）图比较简单，只需将BC连杆作为平行四边形中的梯面板构件就可以了；（b）图则是利用平行四边形结构虚约束B′C杆的特性进行了结构的演化处理，设计时只要将CB′杆补上，按四杆结构AB′CD设计就行了，（a）、（b）图设计过程完全一样。

（2）确定初始设计参数（图3-3）

直接确定的设计参数是机架位置线AD，连架杆AB的长度及其打开合拢位置线Ⅰ、Ⅱ，连杆BC打开时的位置线B_1C_1。

为了确保设计方案的唯一性，增补的约束性参数是连杆BC的长度（和梯面板宽度一起考虑）和平行四边形连杆CEF的合拢位置线$C_2E_2F_2$（即合拢位置线Ⅱ′）。注意：选择合拢位置线时在考虑杆件尺寸的基础上应和机架线平行，有较好的折叠效果。

（3）基础四连杆结构ABCD的图解步骤

图解的结果是求机架点D转动副位置，是一个连杆位置设计问题。

画出机架线AD，根据设计需要选定A转动副位置（一般是由设计师根据人机工效学确定）；做出连架杆AB打开和合拢的位置线Ⅰ和Ⅱ，以A为圆心，以AB杆长为半径求出B_1和B_2点；在连杆打开位置线B_1C_1上，由BC杆尺寸定出C_1点位置，根据连杆等长原则在连杆CEF的合拢位置线Ⅱ′上定出C_2点位置；

作C_1、C_2点的垂直平分线交机架线AD于D点，求得连

图 3-4　C 型折叠梯产品照片 / 上海视觉艺术学院 / 张一（摄）/2012

架杆CD和机架杆AD的尺寸。完成基础四杆机架ABCD的设计。

（4）平行四边形结构图解步骤

由人体工效学可以定出每步爬高的梯面间距离CE = CF的尺寸（一般取25cm左右）；根据脚踏的舒适性（一般2/3个脚长）定出梯面板的宽度，本例中取梯板宽度为BC杆长。做CEF杆平行于支架杆AB（注意AB杆已经结构化处理），根据BC杆、CE杆的长度画出三层梯板的平面四边形结构，求得E_1、F_1点；由杆长等长原则，在合拢位置线Ⅱ′上定出E_2、F_2点。完成平行四边形结构设计。

（5）问题讨论

①基础连杆结构ABCD设计过程和作图方法完全和折叠椅设计一样，不同的仅是设计的要求、选定的初始设计参数，所以产品形态就不同。由此，读者可以体会到，所谓的折叠梯产品系列仅是初始参数的选取不同和构件结构化处理、外观形态设计、材料选择等方面的差异，这些不同和差异之处正是工业设计师发挥才能的理想空间。

②平面四边形结构梯面宽度可以完全不受BC连杆限制，将它放宽或缩小，在图3-3中的打开位置上，点划线的虚拟平行四边形位置就是梯面板宽度改变的示意表示。

4. 折叠梯的产品结构设计赏析

（1）C型折叠梯的产品系列

此类折叠梯的产品较多，一小部分产品照片参见图3-4。

（2）折叠梯的其他结构选型和产品设计

图3-1中，列举了五种折叠梯的基本结构形式，其中B型和E型折叠梯产品设计本书没有介绍，读者可以作为习题进行设计练习。图3-5（a）列出了B型折叠梯子

（a）　　（b）

图 3-5　折叠梯的结构选型和产品设计 / 上海视觉艺术学院 / 张一（摄）/2012

产品效果图，图3-5（b）列出了E型折叠梯子产品效果图，供参考。

二、滑块式折叠椅结构设计欣赏与分析

在前面折叠椅和折叠梯的结构选型中，已经介绍过滑块式折叠椅、梯的结构形式，请参见图2-11和图3-1中的结构简图。设计过程简述如下。

（1）初定设计参数

根据选定的结构形式，按比例画出滑块式折叠椅打开的结构简图，见图3-6（a）。图中，BC杆是椅脚杆，AB杆是椅座杆，AD杆是机架杆，也是椅脚杆。由此确定出初始设计参数是：机架杆AD的位置线及机架点A转动副的位置；椅座连杆AB的尺寸及它的第一位置A_1B_1；椅脚连杆BC的尺寸及它的第一位置B_1C_1。本例中约束性参数选择为椅脚杆BC的折叠位置线B_2C_2。和前述设计案例一样，BC杆折叠位置线应和机架位置线AD平行，以获得较好的折叠效果，见图3-6（b）。

（2）图解设计步骤

滑块结构为正置摇杆滑块结构。设计目的是求解转动副C的行程H值，也就是移动副D行程H值，它和铰接四杆结构设计不一样，后者是求机架转动副D的位置。

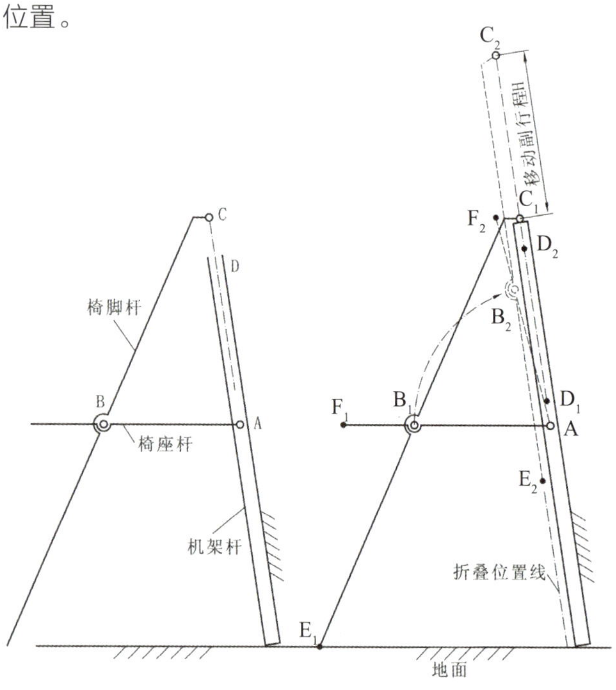

（a）结构运动简图　（b）设计过程图

图3-6　滑块四杆两位置折叠椅图解设计

①根据确定的初定设计参数。画出AB椅座杆、BC椅脚杆的打开位置AB_1、B_1C_1和机架位置线AD；确定了A、B_1、C_1三个位置点；画出BC椅脚杆的折叠位置线。

②根据确定的BC连杆折叠位置线，以A为圆心、AB杆长为半径，求得B_2点；

③以B_2为圆心，椅脚杆BC长为半径，在机架线AD上求得C_2点。C_1、C_2之间距离为设计所求的移动副D行程。滑块式折叠椅设计完成。

（3）滑块式折叠椅结构设计赏析

滑块式折叠椅产品图及其折叠情况参见第二章第一节图2-15。

三、柔性面折叠座椅结构设计欣赏与分析

1. 产品结构与性能简述

很多旅行用的产品，如桌、椅、凳、帐篷、床等经常采用带有柔性面的折叠结构进行设计。所谓“柔性面”是指产品中原来用的刚性承载面改用柔性材料，最常见的材料就是“帆布”“牛津布”“人造皮革”等。像椅面、桌面、床面都可以用柔性的帆布等材料去做。和“刚性面”相比，带有柔性面的折叠产品最显著的优点是结构更简单、折叠后空间更小、重量更轻，携带方便、小巧。图3-7展示了各种柔性产品的外观效果图。本例讨论的是带有柔性面折叠座椅产品结构设计问题，它的结构设计有一定的代表性，读者阅读后可以举一反三地进行其他类似的产品设计。图3-8是柔性面折叠座椅的外观效果图，它采用柔性椅面、椅背，有刚性扶手，前后左右是对称的。

2. 结构选型

最简单柔性面凳可以是一个两杆结构。本例讨论的座椅带有椅背和扶手，除了椅面支架外还应有扶手、椅背等支架构件，最简单的结构选型采用全铰四杆结构较为合适。整个产品的结构是对称的，设计时折叠方向可以向左手扶手椅脚合拢，也可以向右手扶手椅脚合拢。本例中，选左侧扶手椅脚为机架，合拢的位置

图 3-7　柔性面折叠产品

图 3-8　柔性面折叠座椅外观效果图（绘制：黎昀）

确定为左侧（右侧合拢的情况完全一样）。

利用连杆结构的“死点”位置来增加结构某一位置的刚体和稳定性是结构设计中常用的方法，本例中应用这种思路，将打开位置时的柔性面选定和连架杆平行。从上面的讨论可以绘出“柔性面折叠座椅”的结构运动简图，它们的“打开”和“折叠”两个位置简图形式见图3-9（a）。结构形式是一个六连杆两机架支承点的连杆结构。由于结构的对称性，四杆结构ABCD和A′B′C′D′是一样的，六连杆的设计问题完全可以归结为四连杆结构设计问题。

3. 柔性面折叠座椅设计

（1）初始设计参数确定［参见图3-9（b）］

①设计方法分析。根据绘制的简图，机架转动副A和D位置是很容易直接确定的，本例的设计问题应该是一个连架杆两位置设计问题，转动副B是两个椅座支架的交点，左右结构对称使设计目的可变为求解连杆点C转动副的位置问题。

②直接确定的设计参数。在结构打开位置上，可以直接确定机架位置线AD及转动副A、D的位置；AB杆长和B_1位置；连架杆CD的打开位置线（位置线Ⅰ），它和柔性面平行，和机架杆垂直。

③假设约束性设计参数确定。本例中，连架杆折叠位置要求不明显，折叠位置线只能属于假设约束性设计参数。

AB杆折叠位置确定：根据杆件的尺寸和折叠的空间尺寸要求可以确定两扶手椅脚折叠后的距离H值，取H/2值作为设计辅助线①，转动副B的折叠位置B_2应在设计辅助线①上。根据等长原则，以A为圆心，可以求得B_2点。

连架杆CD折叠位置确定：根据对称原则，连杆点C的理想折叠位置应在H/4值处，由此画出设计辅助线②（注：图3-9中设计辅助线没有选定在H/4处），以表达约束性设计参数确定是一个选择和判定的过程，它是一个根据设计结果是否理想可以改变的参数，设计的目的要求求解的C_2点位置应在辅助设计线②上或者非常接近它。连架杆CD的折叠位置线可以这样选定：在位置线Ⅰ上，确定参考设计点E_1，根据等长原则，在辅助设计线②附近求得E_2点，使$DE_1 = DE_2$，连接DE_2，得到连架杆CD的折叠位置线Ⅱ。如果设计结果C_2点不在设计辅助线②上，可以改变E_1位置，重新确定位置线Ⅱ设计，只要设计师根据C_2点变化趋势，总可以很快找到合适的位置线Ⅱ，使C_2点在设计辅助线②上。这一方法在前面许多案例都已讨论过。

④设计问题描述。整个设计问题可以归纳为：已知直接设计参数AD机架线，A、D转动副位置；AB杆长及B转动副打开位置B_1点；两扶手椅脚的折叠距离H值。

设计师选择确定的假设约束性设计参数为：辅助设计线①，用它确定AB杆的折叠位置AB_2；辅助设计线②，用它确定连架杆CD的折叠位置线Ⅱ。

求解连杆点C转动副位置和BC、CD杆的杆长是一个连架杆两位置的设计问题。

（2）图解设计步骤

①画出结构的“打开”位置，确定出A、D转动副位置，转动副B的B_1位置和CD杆打开位置线Ⅰ（垂至于机架线）；根据折叠尺寸H值确定转动副B的折叠位置B_2点和连架杆CD的折叠位置线Ⅱ；

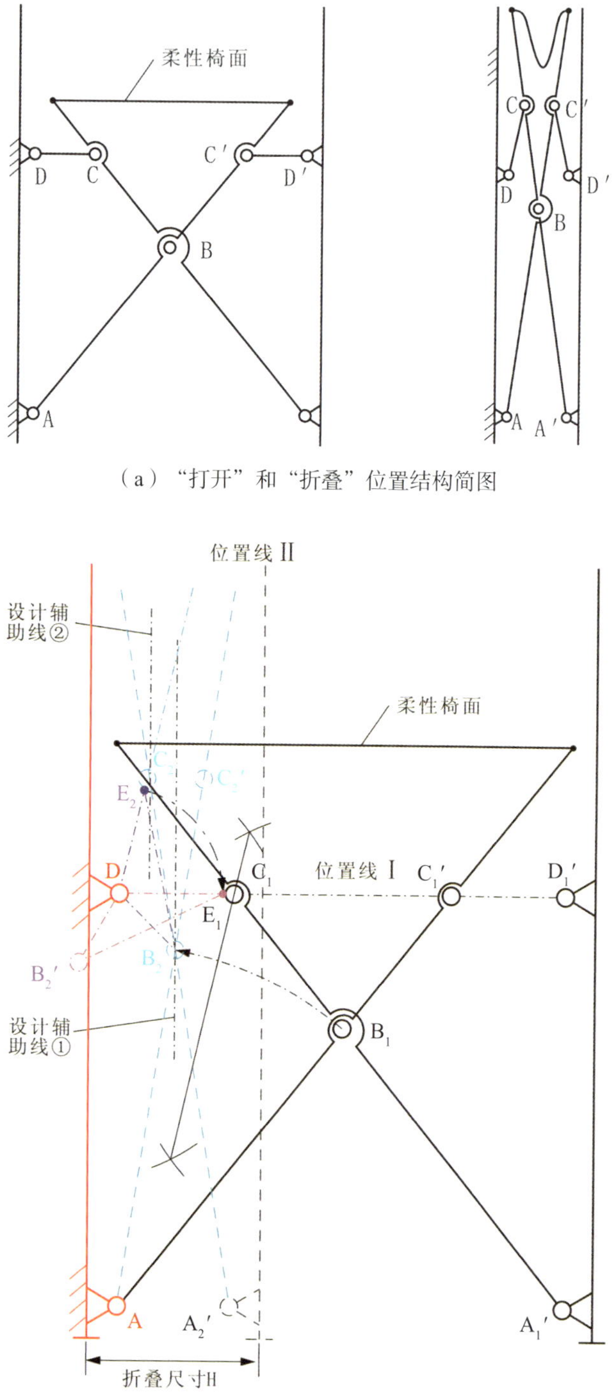

（a）“打开”和“折叠”位置结构简图

（b）连架杆两位置设计（D_2' 位置未画）

图 3-9　柔性面折叠座椅设计图

②位置线Ⅰ上，选定参考设计点E_1，在设计辅助线②上求得E_2点，刚化三角形B_2DE_2，顺时针转至位置线

Ⅰ，E_2和E_1重合，得到B_2'点，作B_1和B_2'的垂直平分线交位置线Ⅰ于C_1点，求得转动副C的位置，连接C_1D和B_1C_1，得到连杆BC和连架杆CD的尺寸，完成结构设计。

（3）设计方案检验

①检验设计杆件尺寸正确性。求出C_2点，检查B_1C_1杆长是否等于B_2C_2杆长，相等为设计尺寸正确；

②检验设计方案合理性。根据结构化要求，检查“折叠”效果，最好做出实际模型验证。图3-10（a）和（b）表示两种方案的折叠模型结果。由于直接的和假设性约束的设计参数的不同选择，满足折叠效果的方案可以是无穷的，但满足实际应用的可行性方案是有限的，设计师只有在多个设计方案中增加新的可选择的约束性条件来确定自己的选择。

（4）柔性面折叠座椅产品结构设计赏析

图3-11表示的是同样结构形式的另三种柔性面折叠椅产品。和图3-7的产品相比，读者可以感悟到同一结构形式下不同系列产品的反差和设计空间的广度。

四、折叠童车结构设计欣赏与分析

1. 产品结构与性能简述

大多数童车产品的设计都采用了折叠设计的方案。童车产品设计的主要要求有三条：收放方便，占用空间小，有坐、躺和睡三个功能。折叠的设计方案基本上都可以满足这些条件。

连杆结构在折叠式童车产品中获得广泛应用，它的结

（a）制作：田玉晶

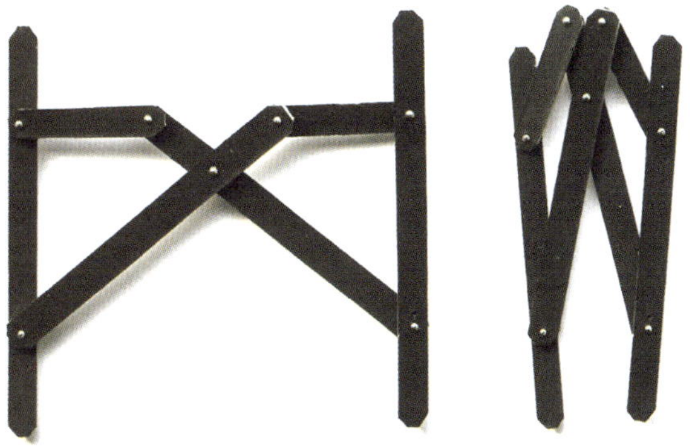

（b）制作：董欣元

图 3-10　柔性面六杆折椅模型图 / 东华大学 / 田玉晶（a）、董欣元（b）/2005

图 3-11　各种柔性面六杆折叠座椅设计

构选型思路是：借用了第二章第二节中所述的折叠躺椅结构，然后加上童车要求的功能，例如桌面、双向扶手、遮阳雨篷、购物篮、床椅功能等，设计成各种造型的童车产品。

图3-12照片展示了一个六连杆童车产品，它具有童车绝大部分功能要求，作为设计练习案例，从简单化的原则出发，只讨论主要的结构设计——童椅车的折叠结构设计，至于扶手、雨篷、购物篮和折叠床等结构则未予讨论，主要原因是：从理论上看，这些结构设计的原理都比较简单，主要是开式结构，难点在于这些设计重点是靠经验积累，方案多样性要求设计师的“想象力”创造发挥。

图 3-12　六连杆童车产品 / 上海视觉艺术学院 / 张一（摄）/2012

六连杆童车的结构简图见图3-13（a），它的结构形式和第二章第二节中的六连杆躺椅结构（图2-16）是一致的，如果把图（a）中的A、N点重合，就可以演变成图2-16六连杆躺椅的结构形式。它由四连杆结构ABCD串接一个Ⅱ级杆组MNC组成。

六连杆童车的结构基本上雷同于前章所述的六连杆躺椅结构，由于功能上的差异，A、N点不重合，所选的机架构件不一致等，原因是它的设计思路有很大的不同，换句话说，如何用“连杆两位置设计方法”或“连架杆两位置设计方法”，完全取决于设计思路：如选定机架构件、确定初始设计参数等条件。

设计思路提示。选定机架为AD杆，用连架杆两位置的设计方法先设计出四连杆结构ABCD， 然后再以设计好的四杆结构ABCD为已知条件设计出Ⅱ级杆组MNC，见图3-13（a）。也用连架杆两位置的设计方法，设计过程见图3-13。

2. 图解设计步骤

（1）四连杆结构ABCD的初始设计参数

它们是：机架AD的位置线及A、D转动副位置，扶手AB连杆长及打开和折叠两位置B_1、B_2点，连架杆CD的位置线Ⅰ和Ⅱ。连架杆CD的位置线确定若有

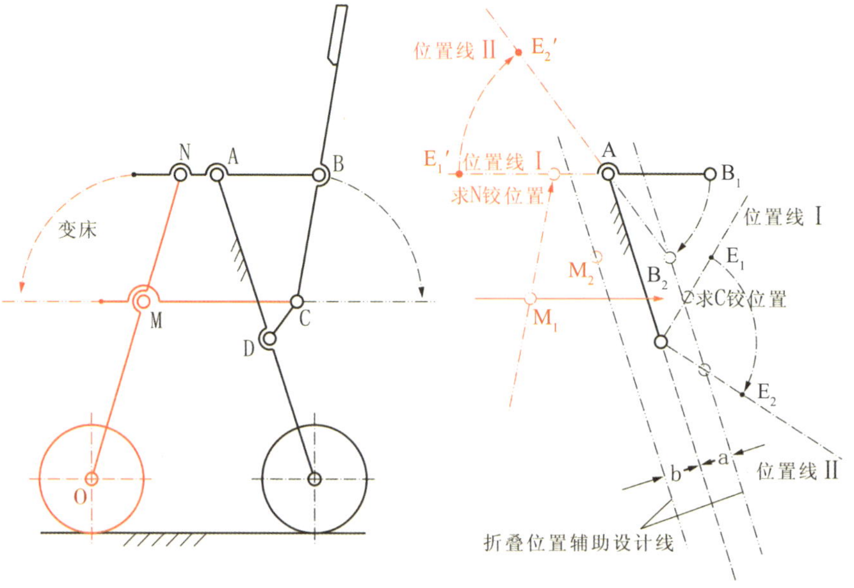

（a）结构简图　　（b）初始设计参数确定

图 3-13　六连杆童车结构组成

困难，可以用假想的初定C转动副位置来完成。由此画出和机架AD平行的扶手AB杆折叠位置线，它有助于位置线Ⅰ和Ⅱ的确定。（根据连杆尺寸的宽度/直径和折叠的空间大小可以定出折叠位置辅助设计线的a值）

（2）Ⅱ级杆组初始设计参数确定

由已设计好的四连杆ABCD为已知条件可以定出CM_1的位置线和AB_1N_1、AB_2N_2位置线Ⅰ和Ⅱ；根据折叠的空间大小定出折叠位置辅助线的b值，画出和机架AD平行的折叠位置辅助设计线，如果初定出CM杆长，可以初定M_1和M_2的位置。Ⅱ级杆组MNC的设计问题可以归为：

假定的初始设计参数有：CM杆长和折叠位置辅助设计线；由已知四杆ABCD结构提供的初始设计参数有AN杆的位置线Ⅰ和Ⅱ，CM杆的打开位置线。按连架杆两位置设计方法，将固化的三角形AM_1E_1由Ⅰ位置线转至Ⅱ位置线$AM_2'E_2'$，在M_2、M_2'的垂直平分线可以求得N点的位置，完成设计。N点最佳位置应该是Ⅱ位置线和折叠位置辅助设计线的交点。

3. 结构设计提示

六连杆童车结构设计见图3-14和图3-15。图3-15在初始设计参数上作了修改，和图3-14相比，具有两个不同之处，车轮不再相碰，手把连杆BC在打开位置和连架杆CD共线，力学效果较好。画这两个设计图的目的旨在提醒读者在连杆结构设计时，初始设计参数确定和修改对设计结果的合理性有重大影响，连杆结构设计过程是一个多次反复比较的优化过程，“试凑＋图解（计算）”是连杆设计中常用的设计思维方法。反复试凑初始设计参数的目的是要了解这些设计参数对设计结果产生的主要作用，以便更好地确定合理的初始设计参数。

4. 折叠童车产品结构设计赏析

图3-16（a）所示为各类童车、超市运物小车等产品设计。图3-16（b）为根据此类童车结构原理所设计出的折叠购物车及其对应的结构简图。

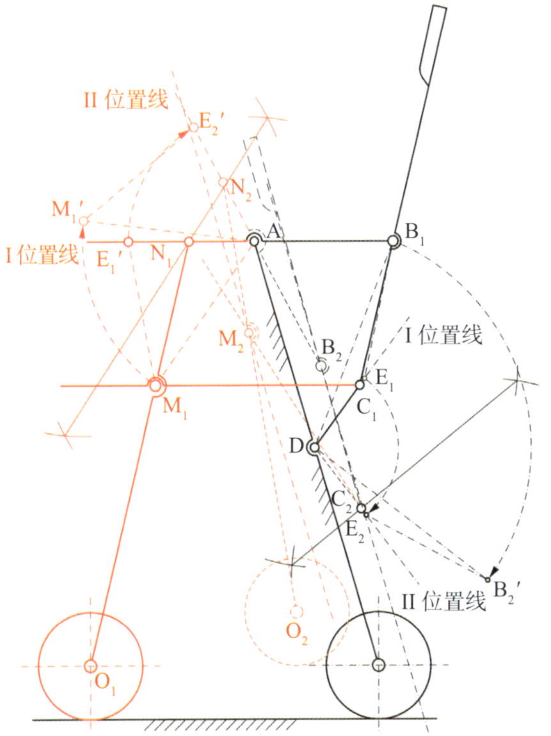

图 3-14 六连杆童车结构设计

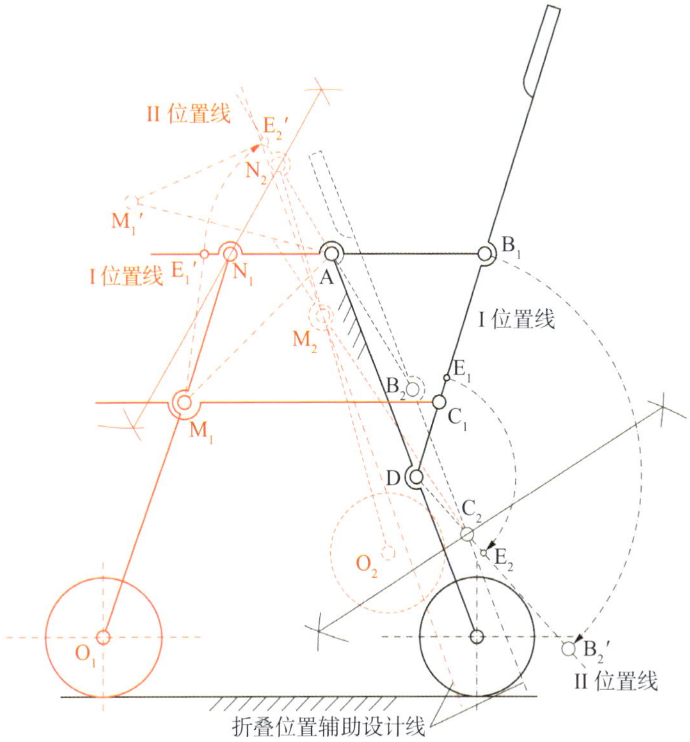

图 3-15 六连杆童车结构设计

（a）

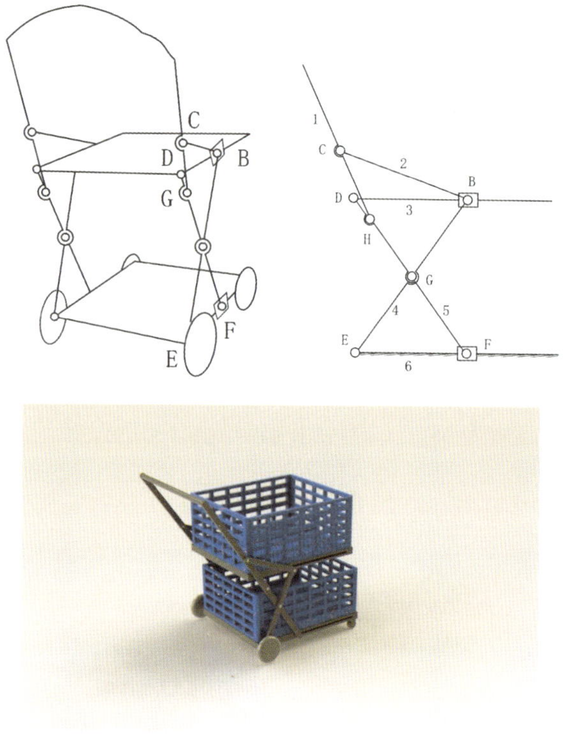

（b）

图 3-16　折叠童车及购物车

第三节　榨汁机等轻工类产品结构设计欣赏与分析

一、滑块式连杆结构榨汁机结构设计欣赏与分析

1. 产品结构与性能简述

榨汁机是餐饮业的必备设备，各种鲜果汁的制备离不开榨汁机，袖珍一些的榨汁机也是家庭厨房用具之一，不少现代家庭像配备粉碎机一样，把小型榨汁机作为家庭厨房的必备厨具。榨汁机的工作原理非常简单，把鲜果肉切成小块，放入榨汁机固定下模中，转动手柄，榨汁机的上模会向下模合拢，利用杠杆原理，较小的手臂力，就会产生几倍上模冲压力，使下模内果肉顷刻间榨成果渣，果汁则由下模小孔经过滤网流入杯内，即榨即用。

2. 产品结构选型

榨汁结构设计主要是解决手柄的转动如何变成榨汁上模的上下移动的传动问题，如果把手柄向上极限位置（即榨汁上模最高位置）和手柄向下极限位置（即榨汁上模最低工作位置）看成是结构上一个连架杆的两位置，而榨汁上模看成结构上另一个连架杆的两位置，那么设计问题就变成一个连架杆两位置的设计问题。根据这一思路，一般可以画出两种结构形式。如图3-17（a）为滑块式连杆结构，（b）为全铰连杆结构。应该指出，还存在其他结构形式，例如齿轮齿条结构等。满足传动需求是结构选型中最基本的条件，如果要付诸具体的产品设计和制造，还需考虑众多其他条件，如成本问题和加工问题等，其中结构的简单、可靠、方便是首选的。

3. 滑块式连杆结构榨汁机设计

（1）设计中的分析讨论

滑块式连杆结构榨汁机的产品外观效果图见图3-18。根据效果图所画的结构形式，运用第一章画结构运动

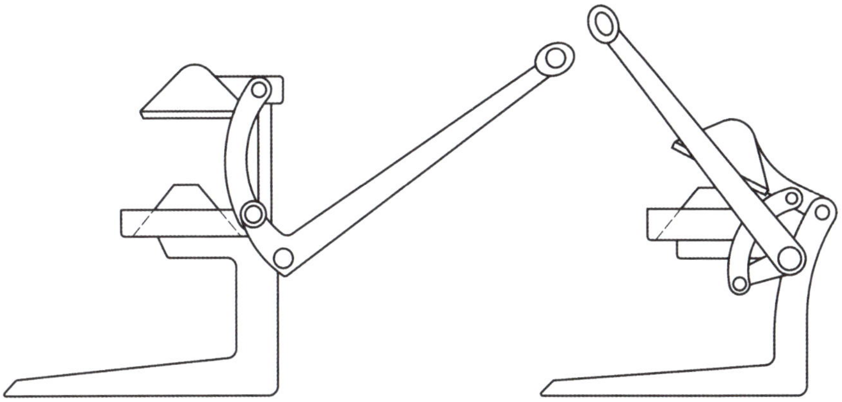

（a）滑块式连杆结构　　（b）全铰连杆结构

图 3-17　榨汁机

图 3-18　滑块式连杆结构榨汁机效果图

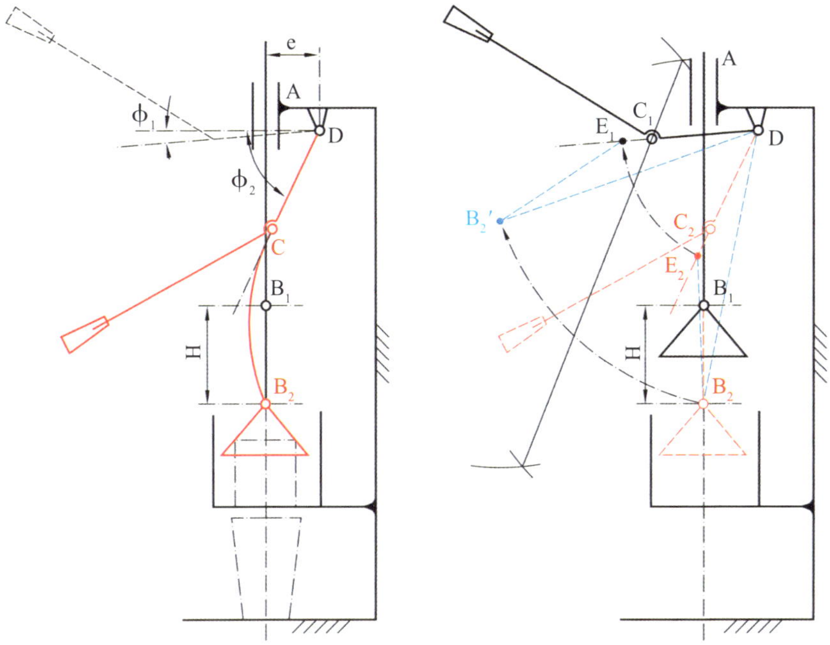

（a）结构运动简图　　（b）图解设计过程

图 3-19　滑块式榨汁机设计图

简图的知识，考虑到具体产品的尺寸大小，不难绘出设计的榨汁机结构运动简图（图3-19（a））。

显而易见，只要确定滑块B（榨汁机上模）的冲程H（根据所需要的作业空间尺寸确定）和连架杆CD（手柄杆）的极限位置的摆角ϕ_1、ϕ_2，设计问题立刻就成为连架杆两位置设计问题。读者感到困难的是：前面讨论的设计案例都是全铰结构，现在一个是滑块式的移动副，作图时怎么处理？细心的读者会发现：图2-27中论述连架杆两位置设计问题时，机架上的转动副A没有参加图解设计，在整个图解设计过程中，参加作图的只有B、C、D三个转动副，所以在进行带有移动副结构设计时，只要将移动副B的旋转中心看成是无穷远的“A”转动副就行了，设计问题归结为求解C转动副的位置问题，即连架杆两位置设计问题。

（2）设计过程（图3-19（b））

①确定初始设计参数：机架位置，包括转动副D位置、滑槽滑块位置线和偏距e值；连架杆CD（手柄杆）的两位置线Ⅰ和Ⅱ（即设计后的C_1D和C_2D位置线），即ϕ_1和ϕ_2值；滑块转动副B的冲程及位置，及B_1和B_2位置。

本例没有约束性设计参数，因为结构的两个极限位置能准确地认定，所有的设计参数在结构设计时，都很自然地直接产生了。

②图解步骤：按设计参数画出结构的转动副B_1、B_2、D的位置、CD杆两位置线Ⅰ和Ⅱ；在位置线Ⅰ上任意选择设计参考点E_1，求出位置线Ⅱ上的E_2点；刚化三角形B_2DE_2，以D为圆心转至位置线Ⅰ，E_2和E_1点重合，求得B_2'点；作B_1、B_2'点的垂直平分线交位置线Ⅰ于C_1点，求得C转动副位置，连接BC、CD，求得CD杆长和BC杆长，完成滑块四杆结构设计。

（3）检验方案合理性

①求出C_2点，检查B_1C_1是否等于B_2C_2，如果不相等或误差大，说明作图有误，方案为不合理方案；

②检查求得CD杆长是否符合结构设计要求，例如CD杆长偏大是否影响手柄杆造型、传动角是否理想等。一般来说，只要设计上模B运动副的冲程和手柄杆CD的摆角大小、位置参数确定合理，设计方案一般是满意的。一旦方案不满意主要从两方面改进设计：改变初始设计参数ϕ_1、ϕ_2角度和冲程的值；搞清楚各设计参数对设计结果影响的趋势，例如CD杆长和冲程值H关系很大等。

4. 滑块式榨汁机结构设计赏析

从设计的造型和工作过程来看，它适用于宾馆、餐厅或商店使用，无电源是产品的显著优点，通过手柄的加长，可以达到省力的效果。手柄结构件结构化处理，可以找到相当合适的操作位置。

二、全铰四杆榨汁机结构设计欣赏与分析

全铰四杆榨汁机是榨汁机的另一种结构设计，它也能完成榨汁的工作，和滑块式榨汁机相比，全铰四杆榨汁机在制造加工上比较方便，结构更为简洁；但在结构刚性、受力和外观造型上，它要比滑块式榨汁机逊色些。

1. 确定初始设计参数

全铰四杆榨汁机的结构设计问题可以概述为：已知初始设计参数：机架AD，手柄杆AB的杆长；手柄杆AB的两个极限工作位置：榨汁位置为θ_1，松开位置为θ_2；榨汁上模杆CD的两个对应的极限工作位置：榨汁位置为φ_1（位置线Ⅰ），松开位置为φ_2（位置线Ⅱ）；榨汁上、下模工作位置M和N，榨汁上模工作位置M点在连架杆CD上；下模工作位置位置N点在机架AD上。参见图3-20（a）。图中，手柄杆AB、榨汁机上模杆CD都已结构化处理，使构件造型设计更有灵活性。设计目的是求解连杆BC和连架杆CD（榨汁上模杆）的尺寸，也就是求解转动副C的位置，即连架杆两位置的设计问题。

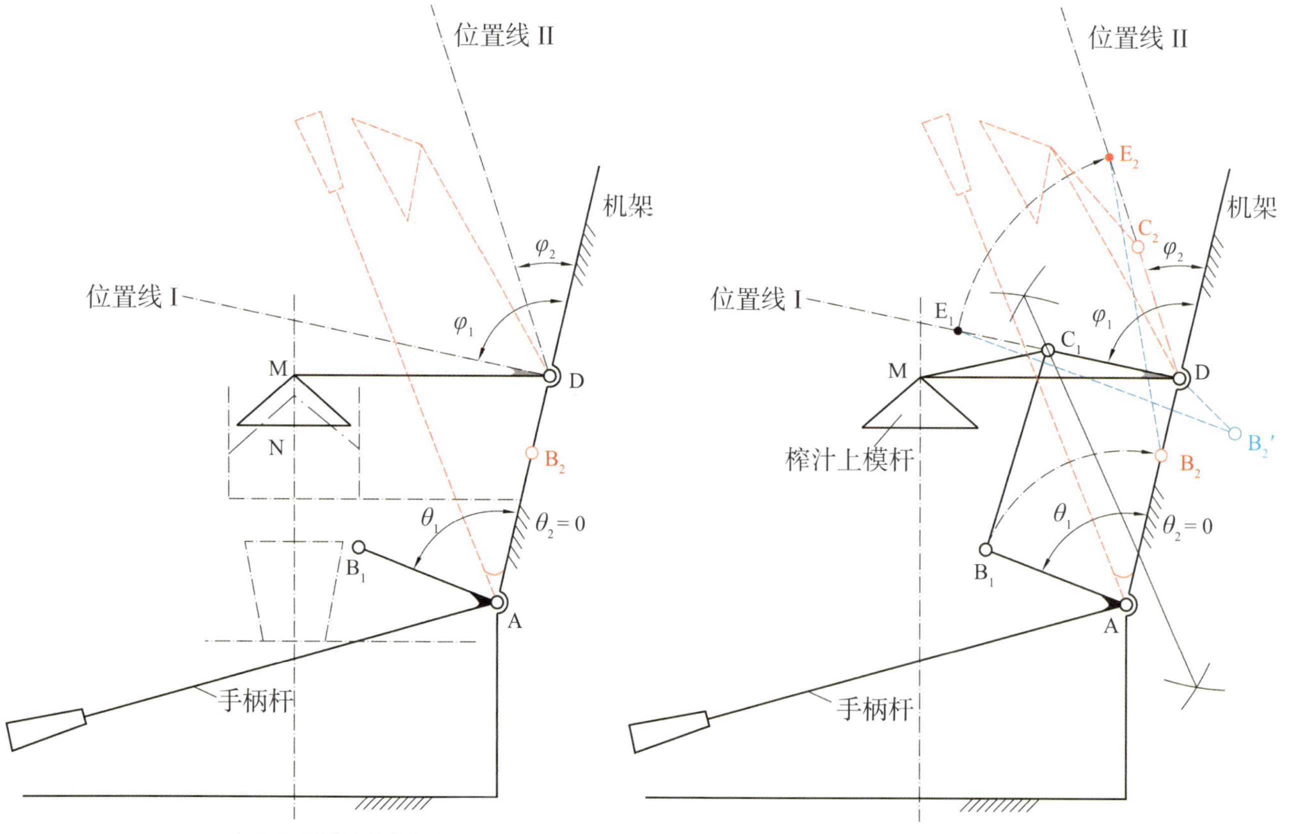

（a）初始设计参数确定　　（b）设计过程

图 3-20　全铰四杆榨汁机产品结构设计

2. 图解设计过程概述

在位置线Ⅰ上任选参考设计点E_1，以D为圆心，DE_1为半径在位置线Ⅱ上求得E_2点；刚化三角形B_2DE_2，绕D点逆时针转至位置线Ⅰ，使E_2和E_1重合，求得B_2'；作B_1和B_2'的垂直平分线交位置线Ⅰ于C_1点；求得转动副C的位置；连接C_1D和B_1C_1，求得BC杆和CD杆尺寸，完成结构设计。三角形C_1DM为榨汁杆CD的结构化简化形式，请读者多多体会结构设计中这种结构化的处理方法。结构设计中，在不少执行构件上（包括机架），设计时常看成刚性三角形或刚性多边形，不再画成一根直线的简略构件，这样的处理非常有利于构件结构化处理。

3. 设计方案检验

①作图准确性检验。检查B_1C_1是否等于B_2C_2，若不相等，说明作图有误，经常发生的情况是刚化三角形B_2DE_2和三角形$B_2'DE_1$不相等；

②设计方案合理性。如果求得转动副C的位置使CD杆尺寸偏大或偏小都不是很理想，需要调整初始设计参数值，重新设计，直至满意为止。

4. 全铰四杆榨汁机欣赏

全铰四杆榨汁机和滑块式榨汁机相比，它的空间占用比较小，适宜小型化，可应用于家庭或旅行的场合，当然，无电源也是此类产品的一个亮点，它的主要缺点是上、下模榨汁时受力不均匀。如果更换上、下模具，可拓展成其他食品类加工装置。

三、活动刃口剪刀结构设计欣赏与分析

1. 产品结构与性能简述

活动刃口剪刀产品图见图3–21。图（a）为剪刀刃口张开位置，图（b）为剪刀刃口闭合位置。

活动刃口剪刀和一般剪刀产品不同之处是剪刀开剪时，上下刃口按固定的函数关系同时向中间位置闭合，实施剪切。一般的剪刀开剪时，上剪刀刃口向下剪刀刃口运动，下剪刀刃口基本不太运动。活动刃口的优点是剪切时力学效果比较好，上下刃口对剪切物都施加剪切力，如果刃口曲线设计得好，被剪物品的握持固定十分理想，例如圆形截面的物品。此外，受力支点多，运动精确性高等都是它的优点。适合于开剪“条状”的各种截面的物品。

2. 剪刀刃口传动的结构设计

活动刃口剪刀的结构设计问题是一个连杆两位置的结构设计。如图3–22，它是一个四连杆结构，构件1是手柄支座，设计时作为机架AD；构件2是下刃口手柄，下刃口和手柄固接成一个构件，设计时作为连杆BC；构件3为上刃口连杆，设计时看成连架杆AB；构件4是摇杆，设计时作为连架杆。

设计问题归结为已知下刃口手柄BC的两个位置B_1C_1（刃口闭合）和B_2C_2（刃口打开），求手柄支座（AD）上的转动副A和D的位置。

3. 结构设计参数确定

结构设计时，根据上、下刃口闭合的重叠参数a确定AB_1的位置，得到AB杆长；由工作要求选择一个合

（a）

（b）

图 3–21　园艺剪刀 / 芬兰 /Fiskars

适的上、下刃口张开角度，以A为圆心，可以确定出上、下刃口张开时位置，根据连杆的等长原则求得B_2点；在上刃口手柄上，选择一个合适的结构点作为C_1和C_2的位置，求得连杆长BC。转动副D肯定在C_1C_2的垂直平分线上，根据具体的手柄支座结构，在C_1C_2的垂直平分线上确定出D的位置，完成结构设计。

归纳一下，结构的设计参数为上刃口连杆AB杆长及AB_1、AB_2两个位置；下刃口手柄的杆长BC及C点的两个位置C_1、C_2。在C_1C_2的垂直平分线上求得合适的机架转动副D点的位置，得到CD和AD杆长，完成设计。

4. 活动刃口剪刀结构设计赏析

（1）产品设计的模型展示

图3-23所示的修枝剪刀就是采用了活动刃口剪刀的结构设计方法完成的。

（2）产品结构设计思路拓展

作为设计方法练习，图3-24所示的活动篮球架，也是连杆两位置设计问题，篮球架的两个位置是折叠位置和打开的工作位置，设计时，篮球架可以看成要设计的四连杆结构中的连杆构件。

四、六连杆窗铰链结构设计欣赏与分析

1. 六连杆窗铰链结构与性能简述

六连杆窗铰链结构在现代建筑窗结构中获得广泛应用。它和一般的活页窗铰相比，具有三个显著优点：①既有铰链的功能，又有窗子的定位功能，不再需要窗钩等五金构件固定窗子打开的位置；②窗铰链安装在窗子的上面和下面两位置上，窗户开闭的稳定性、刚性均很好；③窗铰链是连杆为主动构件，运动精度高，一般风力下，可以让窗子在任意位置停留。六连

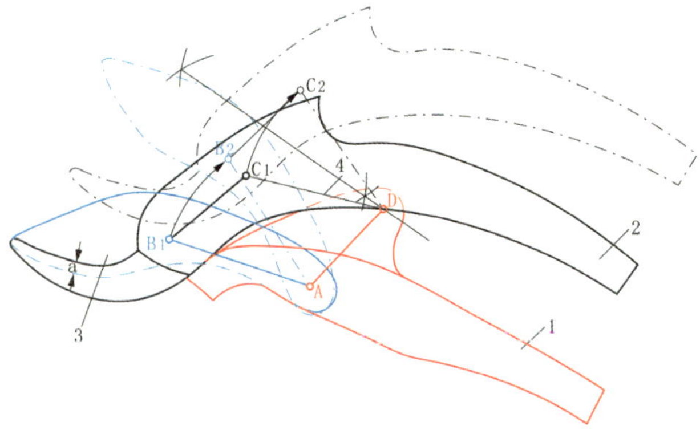

1－手柄支座　2－下刃口手柄　3－上刃口手柄　4－摇杆

图 3-22　活动刃口剪刀结构设计

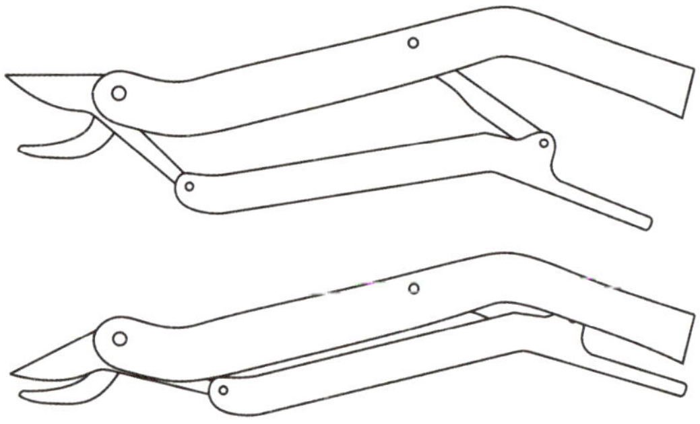

图 3-23　修枝剪刀

图 3-24　活动篮球架

杆窗铰链产品的结构简图如图3–25所示，它的照片见图3–26。

窗铰连杆结构具有这样的特点：它由一组摇杆滑块结构ABC和一组平行四边形四杆结构BCMN组成。窗铰结构的开闭仅有两个位置要求：窗子打开为水平位置（也可以设计成比90° 更大位置，根据使用的要求而定，但大多数情况下，90° 的打开位置足以满足要求），窗的闭合位置是水平位置。

从结构简图中可知，窗框MN本身就是一个连杆构件，显然它的结构设计问题可以归为连杆两位置的设计问题。

2. 六连杆窗铰的设计

（1）设计思路

六连杆窗铰的设计思路是先设计出满足垂直、水平两位置要求的摇杆滑块结构，再根据具体的结构位置和窗子的尺寸要求，利用平行四边形的特性，串接一组平行四边形结构，完成设计。

（2）连杆BC两位置确定

摇杆滑块结构中连杆BC的水平位置不需要特定的设计，这是滑块结构自身的特点，只要滑块导槽轴线是水平的，当在它的极限位置时，连杆BC就是水平的。由此，在滑块轴线上任选一点，作为转动副B的B_2点。根据窗子打开时，起支撑窗框的摇杆AB的倾斜角α取值（一般小于45° ）大小，参照B_2点位置，初定出B_1点位置。强调一下，结构的主动杆是窗（MN杆）。

（3）摇杆滑块结构设计

参见图3–27。摇杆滑块结构的初定设计参数应有：滑块滑槽的位置线（B_2C_2线），转动副B的两个位置B_1、B_2点。

窗结构功能要求很方便得到：B_1点到滑槽线B_2C_2的距离B_1C_1就是连杆BC的杆长尺寸。由连杆两位置设计方法知：B_1点和B_2点的垂直平分线和滑槽的交点为转动副A的位置，由此确定摇杆AB杆长尺寸。根据BC杆等长原理，可以求得C_2点。B_1C_1和B_2C_2就是窗子的打开、闭合的两个位置。如果求得的AB_1的位置倾角不满足要求，可以重新选定B_1点，甚至可采用如图的偏心结构。

（4）平行四边形结构设计

窗框连杆MN平行且等于BC；BM杆和CN杆等长并平行，它的大小由窗子的垂直位置结构需要而定。图3–27中，AB杆和BM杆有一夹角θ，它的目的是让窗子闭合时，不和滑块处于同一直线上。

3. 六连杆窗铰结构设计赏析

（1）相关产品设计

摇杆滑块窗铰链可以设计成其他不同的形式，如图3–28。尽管都是摇杆滑块窗铰链，其设计方法完全不一样，主要原因是结构形式不一样，使得初始设计参数和限定性设计参数的确定不一样。请读者自行设计，体会结构形式、初始设计参数和约束性设计参数选择给设计结果带来的影响。

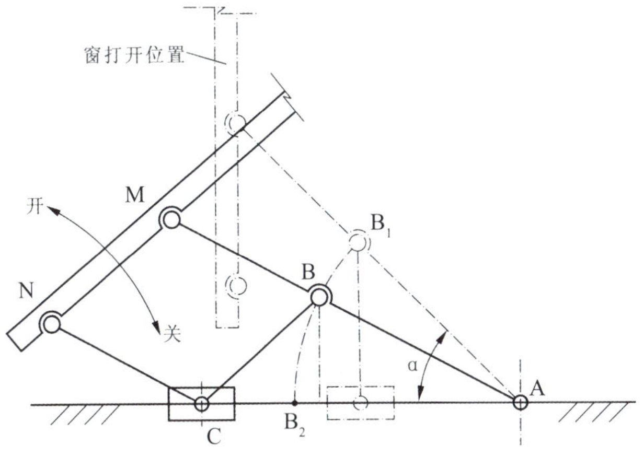

图 3–25　六连杆窗铰链结构简图

图 3–26　六连杆窗铰链照片 / 上海视觉艺术学院 / 张一（摄）/ 2006

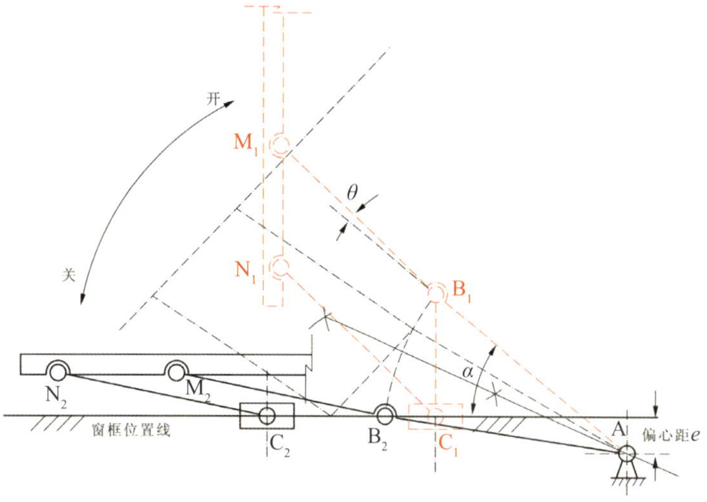

图 3-27　六连杆窗铰链结构设计图

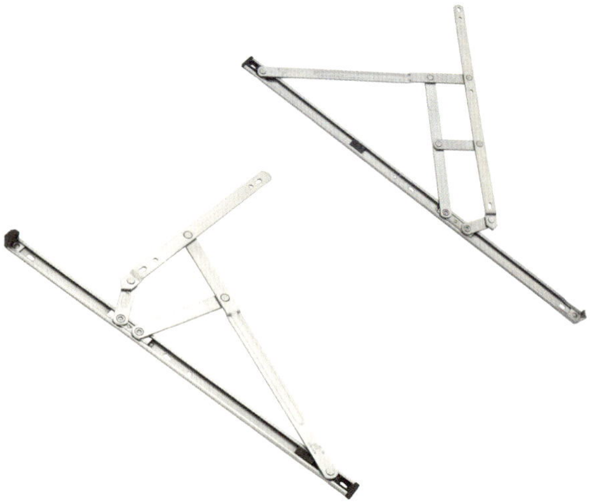

图 3-28　其他六连杆结构窗铰链 / 上海视觉艺术学院 / 张一（摄）/2006

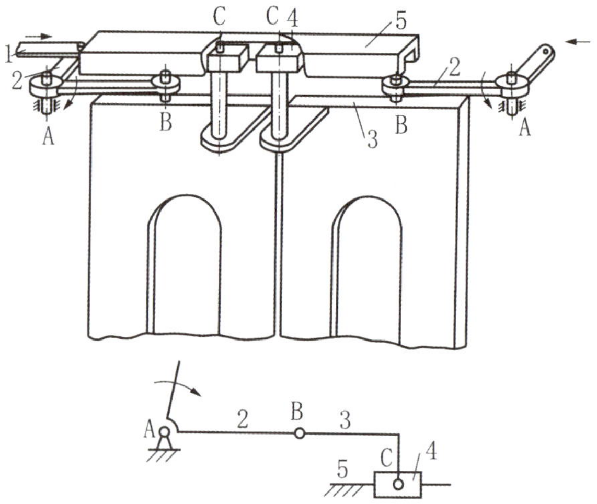

图 3-29　摇杆滑块车门开合结构和结构简图

（2）产品结构设计思路拓展

公共汽车的车门开合可以通过本例的摇杆滑块结构来实现，其工作原理见图3-29。其设计方法与六连杆窗铰链类似，请读者自行完成设计。

五、废物箱箱盖结构设计欣赏与分析

1. 产品结构与性能简述

废物箱箱盖结构的作用是：脚踩一下脚踏板，废物箱盖会打开，脚松开脚踏板，箱盖在重力作用下会自动闭合。图3-30（a）是一个箱盖结构的构思草图，它是一个四杆结构，操纵板和箱盖是连架杆，操纵板的压下和松开两个位置对应着箱盖的打开和闭合两个位置，结构可以归结为一个连架杆两位置的设计问题求解。

2. 结构选型

结构选型可以选用一个全铰四杆结构，它的结构简图可以画成图3-30（b）的形式，但它不合理，因为结构安放在废物箱内，传动时和废物混在一起会影响使用；结构如果安装在箱外，又需要尽可能紧凑，减少占用空间。综合考虑之后可以初定图3-30（c）的结构形式为设计方案，如果设计后，结构尺寸能满足紧凑要求，问题就全部解决了。

3. 结构设计

（1）确定初始设计参数

根据产品要求，直接确定的初始设计参数是箱体机架，在箱底和箱侧顶部确定机架固定转动副A和D点（注意：A点的选定要考虑到横杆的力臂（力矩）大小，不能太靠前面；D点选定要考虑结构的紧凑和空间尺寸的限制）；箱盖CD杆的闭合（位置线Ⅰ）和打开位置（位置线Ⅱ）（要考虑CD杆结构化形状）；脚踏连杆AB的杆长及松开（对应箱盖闭合）和踩下（对应箱盖打开）的两个位置A_1B_1、A_2B_2（确定参数时要注意：AB连杆的两个位置大小受到了箱脚高度的限制，取值比较小，应利用横杆的力臂关系，使B点工作行程扩大）。

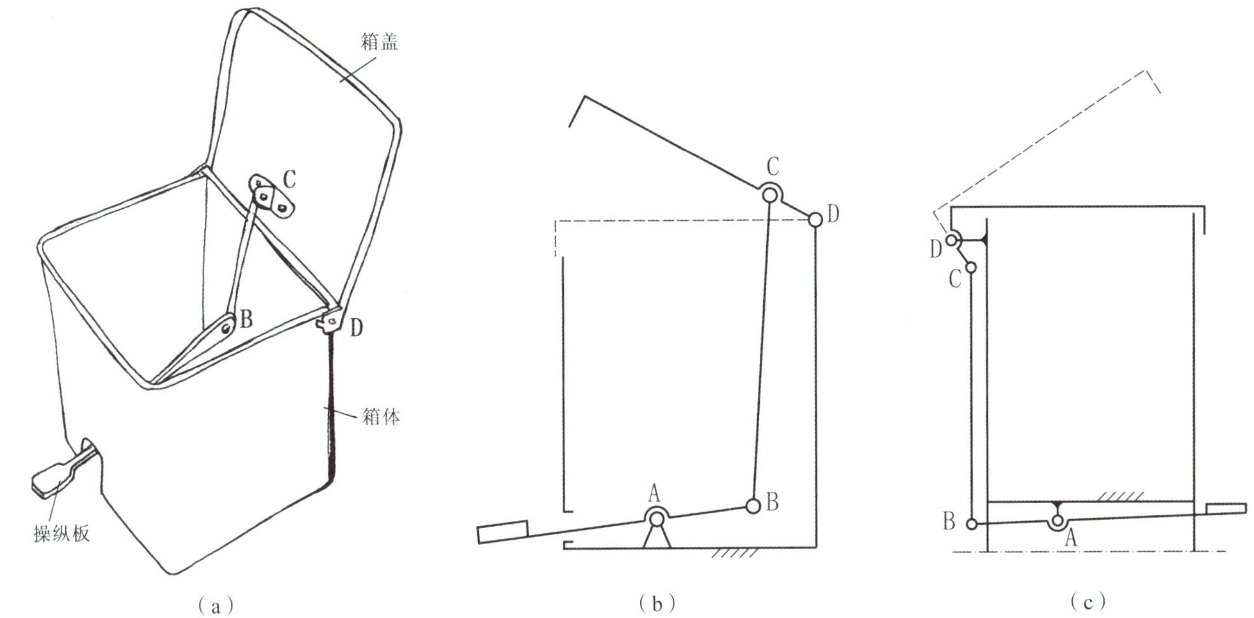

图 3-30　废物箱结构方案确定

应该指出，设计中，初始设计参数都可以在废物箱的功能要求下直接定出，没有假设性的约束性设计参数。

废物箱结构设计问题归结为：已知机架A、D点，脚踩连杆AB杆长及踩下、松开两个位置线，箱盖连杆CD的闭合和打开两位置线Ⅰ和Ⅱ。

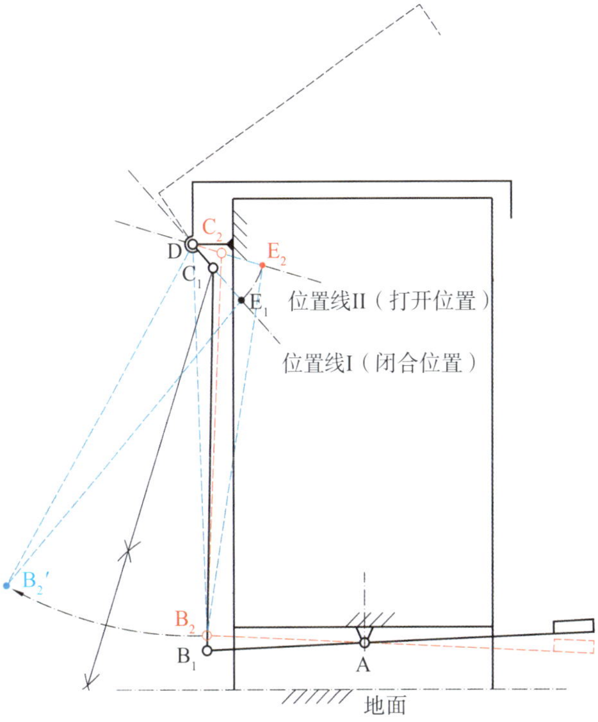

图 3-31　废物箱箱盖结构设计

（2）图解设计步骤（图3-31）

①根据初始设计参数，按比例画出箱体和A、D转动副；脚踩连杆AB的两个位置及B_1、B_2点；画出箱盖连杆CD的两个位置线Ⅰ和Ⅱ，注意图中箱盖连杆CD简图已经做了结构化处理；

②按连架杆两位置设计方法，在位置线Ⅰ上任选参数设计点E_1，在位置线Ⅱ上求出E_2点，刚化三角形B_2DE_2，绕D点转至位置线Ⅰ求得B_2'点，作B_1、B_2'两点的垂直平分线交位置线Ⅰ于C_1点，求得转动副C点的位置，连接BC、CD，求得连杆BC和箱盖连杆CD的尺寸，结构设计完成。

（3）设计方案检验

①尺寸精确性，求出C_2点，检查B_1C_1是否和B_2C_2相等；

②结构方案合理性，检查结构尺寸是否紧凑，占有空间尺寸是否满足设计要求。

4. 废物箱盖结构设计欣赏

（1）体悟构件结构化的重要性

结构的第一位置为箱盖合上状态时箱盖和运动副结构位置，按产品要求结构化处理画出后，完全改变了双摇杆四连杆结构基本形态（见第一章第三节表1-3）

(2)主动杆ABM的反向结构特点

M点和B点在固定机架点A的两侧，从而实现了脚踩向下时箱盖打开，脚移动开，重力自动复位的效果，结构设计思路和第四节滑轮溜冰鞋相似（图3-34），读者可以深入体会。

(3)垃圾废物箱产品调研

读者可观察和收集更多的废物箱的箱盖结构，加深对构件结构化设计的理解。图3-32中展示的就是不同开合方法的废物箱箱盖结构，其中图（a）所展示的箱盖结构就是运用本节设计方法的产品，相对图（b）的旋转开合箱盖而言密封性更好，操作时卫生、不污染手，因此更适合应用于医疗废物箱盖的结构设计。

（a）医疗废物箱　　（b）翻盖式废物箱

图 3-32　垃圾废物箱产品图 / 东华大学 / 缪元吉（摄）/2016

第四节　溜冰鞋等运动健身类产品结构设计欣赏与分析

一、折叠式滑轮溜冰鞋结构设计欣赏与分析

1. 产品结构与性能简述（图3-33）

溜冰鞋的滑轮多数是固定式，穿溜冰鞋的人通过不能溜冰的软质路面或者遇到没有滑溜环境的通道时往往很不方便。从设计师的角度是否可以设想：滑轮如果可以退缩到鞋底里，把溜冰鞋变成正常鞋，等到通过不能溜冰的地带，再将滑轮拉出变成溜冰鞋继续溜冰。需求促使产品改进，折叠式滑轮溜冰鞋产品的设计方案可以一试。

2. 折叠式滑轮溜冰鞋结构设计

折叠式滑轮溜冰鞋及其结构简图如图3-34。滑轮O_1和O_2分别固定在四杆结构ABCD的连架杆AB和CD上，连架杆AB向里回转时，滑轮O_1和O_2同时向鞋底部收拢，完成折叠。由图可知，折叠式滑轮溜冰鞋的结构设计可以归结为连架杆两位置的设计问题。滑轮O_1、O_2的工作位置（打开位置）是连架杆AB和CD第Ⅰ位置，滑轮O_1、O_2向鞋底折叠的位置O_1'、O_2'为连架杆AB和CD的第Ⅱ位置。

(1)初始设计参数确定

①滑轮的大小和滑轮的打开和折叠位置；

图 3-33　折叠式滑轮溜冰鞋产品图 / 安格卢特（Agloat）

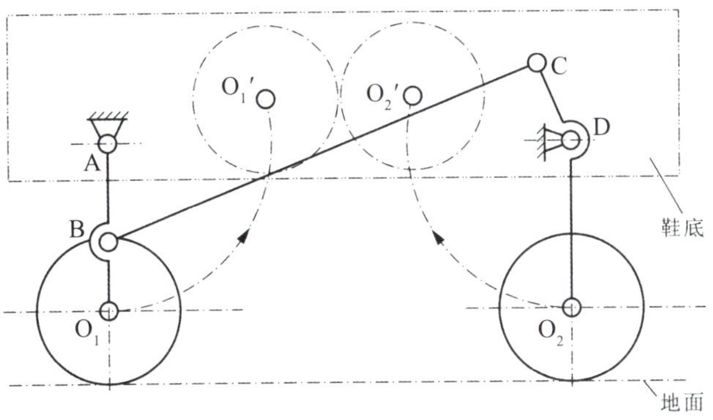

图 3-34　折叠式滑轮溜冰鞋结构简图

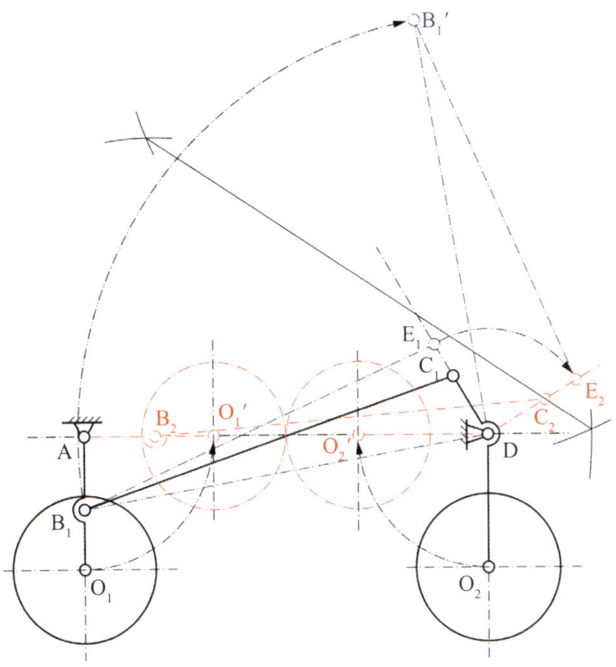

图 3-35　折叠式滑轮溜冰鞋结构设计

②机架AD的位置，确定AD位置是要充分考虑滑轮折叠的位置状态。

③连架杆AB杆长，确定AB_1和AB_2位置；

④根据滑轮O_2的两个位置确定连架杆CD的两个位置Ⅰ和Ⅱ。注意：确定C_1D和C_2D位置时要结构化考虑，C、D、O三点不共线，否则空间太大，无法展开设计。如3-6简图中的CDO_2的折线结构设计，这样的结构考虑有利于空间尺寸的减小。

（2）按照上一章连架杆两位置的设计步骤，参见图3-35，完成结构设计

3. 折叠式滑轮溜冰鞋结构设计赏析

（1）产品结构设计深化

溜冰鞋的滑轮数可以超过2对，它的结构形式可以采用串接平行四边形的方式进行结构拓展，如图3-36表示滑轮为3对结构组成。如果有4对甚至更多，只要空间尺寸许可，平行四边形结构可以依次串接。

（2）产品结构设计拓展

与可折叠滑轮溜冰鞋类似，一些公共汽车的车门开合也通过双摇杆结构来实现，其工作原理如图3-37。其设计方法与可折叠滑轮溜冰鞋类似，请读者自行完成设计。上一节六连杆窗铰结构中图3-29也讨论了这类问题，读者可放在一起进行设计欣赏。

二、曲柄摇杆健身器结构设计欣赏与分析

1. 产品结构与性能简述

曲柄摇杆健身器类似于跑步器，是一个全身运动的健身器材。使用时，健身人员双手握持手柄，如图3-38结构简图所示。产品外观图见图3-39。前后摆动摇杆CD后，带动曲柄AB作连续的圆周运动，装有脚踏板的连杆BC可完成上下前后起伏的平面运动，健身人员的双脚踩在连杆脚踏板上，随着连杆BC的前后摆动和上下起伏，得到了类似双脚跑步的肌肉锻炼。

曲柄摇杆健身器是由两组同样的曲柄摇杆结构组成，二者的初始位置相差180° 左右。当一个手柄摇杆处在某一个极限位置时，另一个手柄摇杆则处在另一个极限位置。它的设计方法可参见第一章第三节及第二章第一节介绍的设计方法和步骤进行。

2. 曲柄摇杆健身器的设计参数确定（图3-40）

利用曲柄摇杆结构的设计方法，必须确定出必要的设计参数，根据人体跑步的运动要求（如两手摆动、重心变化等数据），提供如下的初始设计参数：

①机架位置线AD水平倾角$\alpha=32°$

②手柄（摇杆CD）的摆角$\phi=38°$

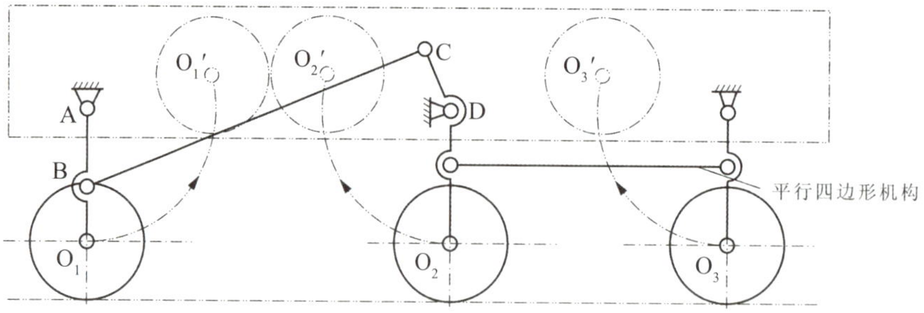

图 3-36　三对滑轮可折叠滑轮溜冰鞋结构

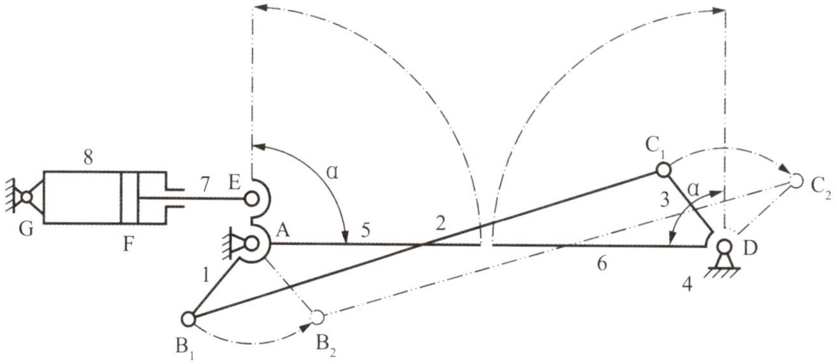

图 3-37　双摇杆车门开合结构

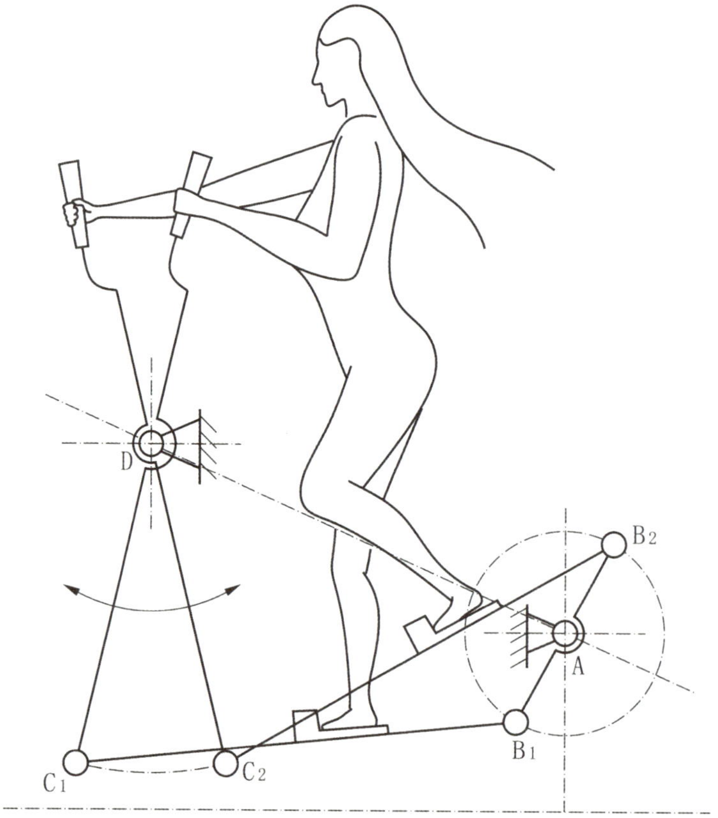

图 3-38　曲柄摇杆健身器结构简图

图 3-39　曲柄摇杆健身器照片 / 上海视觉艺术学院 / 张一（摄）/2006

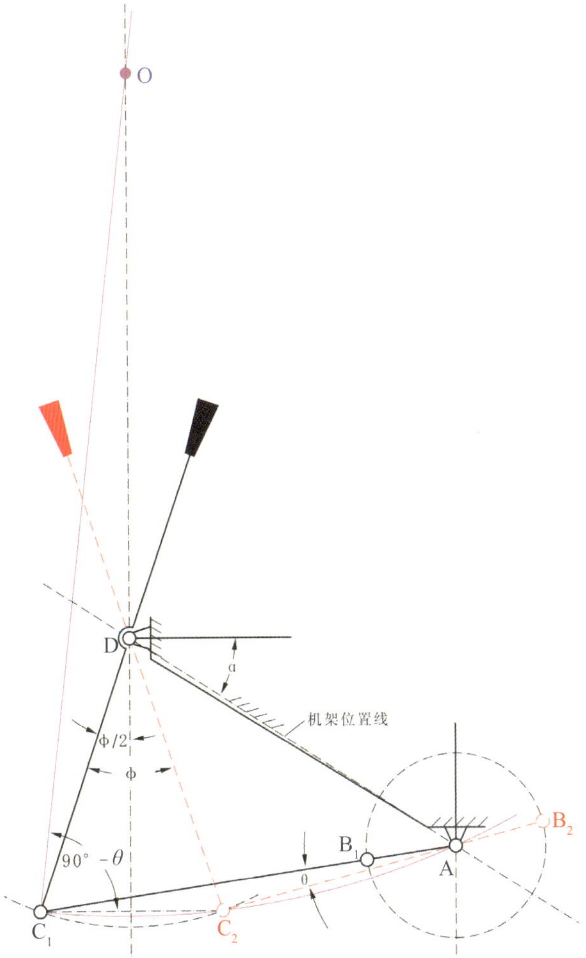

图 3-40　曲柄摇杆健身器结构设计

③摇杆CD的杆长：70cm

④摇杆初始位置线位置在垂直线 φ /2处，也就是摇杆两极限位置对称于D点垂直线。

⑤曲柄AB的行程速比系数$k = 0.93$，也就是曲柄极限位置夹角$\theta = 6.4°$。

如果读者利用上述参数设计出的健身器方案不太令人满意，可以在这些设计参数的基础上，根据自己的经验修改这些设计参数重新设计，直到满意为止。

应该指出，设计练习的目的旨在掌握曲柄摇杆结构图解设计时必须确定的设计参数类型和图解设计步骤。

3. 曲柄摇杆健身器图解设计练习

曲柄摇杆健身器最终求得的设计尺寸是机架杆AD和曲柄AB和连杆BC的杆长尺寸。实际上只需图解求得A和B转动副的位置。设计图解步骤请参考图3–40和第二章第一节的方法进行。

4. 曲柄摇杆健身器设计赏析

（1）连杆式健身器

第一章第二小节产品结构简图练习中（图1–68）有五种不同的连杆式健身器，读者可以用构件结构化的方法设计出另一批健身器产品。

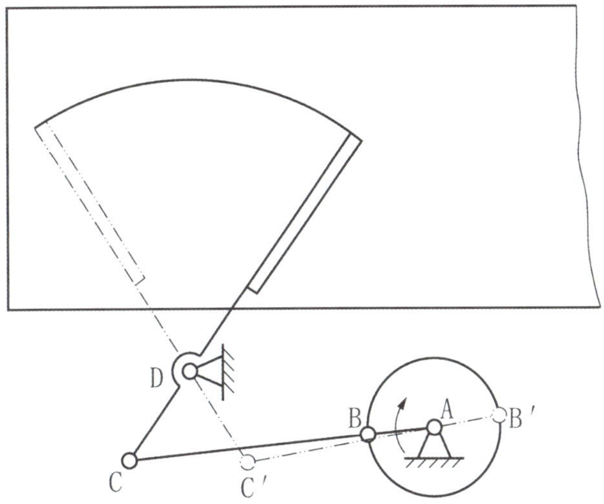

图 3–41　曲柄摇杆刮雨器结构简图

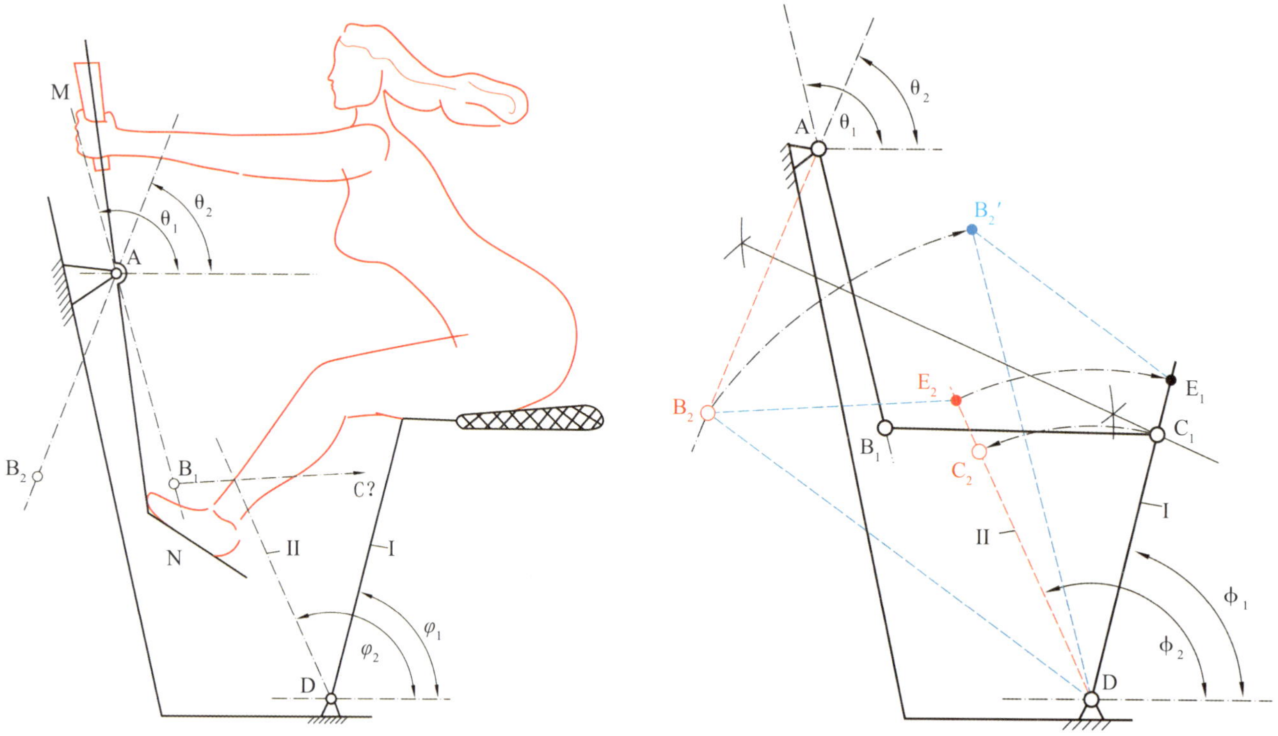

（a）双摇杆健身器产品初始设计参数确定　　（b）双摇杆健身器图解设计

图 3-42　双摇杆健身运动器设计

（2）产品结构设计拓展

汽车挡风玻璃的刮雨器（图3-41）也采用了曲柄摇杆结构，与曲柄摇杆健身器的不同之处仅是刮雨器的主动件是曲柄，由电动机带动，而健身器的主动件是摇杆和连杆，由人的手和脚带动。

三、双摇杆健身运动器结构设计欣赏与分析

双摇杆健身器已在第一章第三节双摇杆结构中作了介绍，产品效果图和结构运动简图可参见图1-73。

1. 产品结构与性能简述

双摇杆健身运动器的工作方是让健身人员坐在摇杆CD的椅座上，双手握紧另一摇杆AB的手把，双脚蹬在摇杆AB下方的脚踏板上，形成三个支点的三角形MNO的健身姿态（图3-42（a））。健身时健身人的脚蹬力和手臂拉力（或推力）会形成一对以A为转动中心的力偏距，使健身器的两个连架杆产生往复的摇摆运动，健身人员的臀部坐在点O会高低起伏摆动，三角形MNO的边长会不断地变化尺寸使人的手臂、腿部和腹部肌肉得到拉伸和压缩，达到了锻炼健身的目的。

双摇杆运动健身器设计思路分为三步：第一步，按健身器的要求和人体工程学提供的人体运动数据，确定出健身器的初始设计条件，如机架点A、D的位置，扶手M点，脚踏板N点，座椅O点位置等；第二步，把设计问题归为连架杆两位置的设计，确定出约束性设计条件，如两连架杆摆动的幅度大小及极限位置；第三步，按连架杆两位置的设计方法完成结构设计。

2. 双摇杆运动健身器设计概述

（1）初始设计参数确定

初始设计参数有机架杆AD位置和尺寸；连架杆AB尺寸及它的两个极限位置θ_1和θ_2；连架杆CD的两对应极限位置ϕ_1和ϕ_2，即位置线Ⅰ和位置线Ⅱ。

还已知连架杆AB和CD结构化后的三个支点位置：AB杆上方的扶手点M，AB杆下方的脚踏板指点N，CD杆上的座椅点O。

问题归结为求解双摇杆健身器连杆点C的位置，即求解连杆BC和CD杆的尺寸。

读者应注意的问题点是：

①机架点A、D的位置及构件三个工作点M、N、O，是活动型产品设计中构件结构化时的设计参数，这些参数的改变会导致产品形态和功能的变化。前面讨论的梯子、椅子等产品都是有构件结构化设计参数选择的情况；

②活动型产品设计时，在结构运动简图中要特别注意构件结构化处理，能形象化表示构件架构的地方要尽量形象表示，不要用简单的一条直线抽象地表达。

（2）图解设计步骤

①根据设计的已知条件按比例绘出结构设计初始条件图

②在位置线Ⅰ上，任选设计参考点E_1，根据等长原则，以D为圆心在位置线Ⅱ上求得E_2点；

③刚化三角形B_2DE_2，绕D点转至位置线Ⅰ，使E_2和E_1点重合，求得B_2'点；

④作B_1、B_2'两点垂直平分线交位置线Ⅰ于C_1点，求得连杆点C转动副位置，连接BC、CD，求得BC杆和CD杆尺寸，完成双摇杆运动健身器结构设计。

（3）检验方案的正确性与合理性

①方案正确性。求出转动副C的C_2点位置，检查B_1C_1是否等于B_2C_2。相等表示尺寸准确，反之需要重新检查设计过程及作图精度；

②方案合理性。检查C点的位置和CD、BC杆长是否满足产品的结构化要求，C点的轨迹是否在人的活动空间中，如果不满足，则需要修改约束性设计参数$\phi_1=f(\theta_1)$，$\phi_2=f(\theta_2)$和AB杆长，重新设计直至满意为止。

3. 双摇杆建设运动器设计赏析

根据人体工效学，把人体四肢活动空间参数调研好，根据体育运动的训练目的和方法，可以把健身的方向和作用与连杆结构运动结合起来，进而拓展开发出各类新型健身器材（图3-43）。

图 3-43 各种健身器产品

参考文献
REFERENCE

1. 杨可桢，程光蕴. 机械设计基础（第四版）[M]. 北京：高等教育出版社，1999（2004重印）
2. 华大年，唐之伟. 机构分析与设计[M]. 北京：纺织工业出版社，1985
3. 申永胜. 机械原理教程（第二版）[M]. 北京：清华大学出版社，2005
4. 阮宝湘. 工业设计机械基础[M]. 北京：机械工业出版社，2002
5. 颜智伟. 产品机构设计及应用实例[M]. 北京：国防工业出版社，2012
6. 黎恢来. 产品结构设计实例教程[M]. 北京：电子工业出版社，2013
7. 叶丹，孔敏. 产品构造原理[M]. 北京：机械工业出版社，2009
8. Burton, Paul. *Kinematics and Dynamics of Planar Machinery*, Prentice-Hall, Inc., London,1979

学习网站

1. IDEASGN　http://ideasgn.com/
2. Behance　https://www.behance.net/
3. Resource Furniture　http://resourcefurniture.com/
4. 红点设计http://www.red-dot.sg/en/
5. Dyson　http://www.dyson.cn/
6. Festo　https://www.festo.com.cn
7. 昵图网　http://www.nipic.com/index.html

后记

Postscript

《产品结构设计——解构活动型产品》教材的知识基础是机械原理，但在编写的技术路线上，它和机械原理有着显著的区别，不同于“机械原理”或“机械设计基础”的教学大纲。教材编著的整个技术路线是：使用对象 $\xrightarrow{\text{决定}}$ 教学内容 $\xrightarrow{\text{产生}}$ 应用成果。本书在“活动型产品”的概念平台上，结合艺术专业课程结构，完成机械原理核心基础知识的传授任务。

根据本书编写的思路，作者希望广大读者能够做到“动脑和动手结合”“ 理论和实践结合”这两大学习要领。动脑是灵活应用设计方法，动手是制作实物模型。我们主张“方法第一、知识第二”的学习理念，它的同义词是“授人以渔”，不是“授人以鱼”。在学习本教材时，要求学生掌握画机构简图的方法、连杆两位置和连架杆两位置图解设计方法最终达到“创造力”的释放。教育的最高境界是把学生的创造力释放出来。艺术类学生比工程类学生具有创造力更容易释放的优势，创造力释放的本质是“想象力”的培养，艺术类学生的形象思维强很大程度上反映了“想象力”强的特点。“正确答案永远不止一个”，例如下图中各种活动型产品图片都是艺术类学生掌握了本书连杆机构设计方法后的作品。在学习本教材时，要按教材中的要求完成设计计算和模型制作，体会产品设计和制作的实施过程，特别是构件结构化处理，由此举一反三、触类旁通地提出新的设计思路和产品方案。只有这样，才能牢固地掌握教材讲授的知识和方法，才能培养出活动型产品设计的兴趣，激励自己的创造潜力释放。

折叠自行车 / 东华大学 / 王顺心

垃圾箱 / 东华大学 / 陈鹏

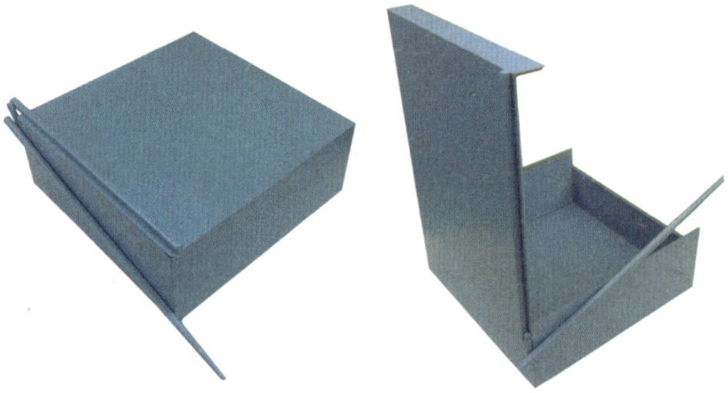

储物箱 / 东华大学 / 王宇炜

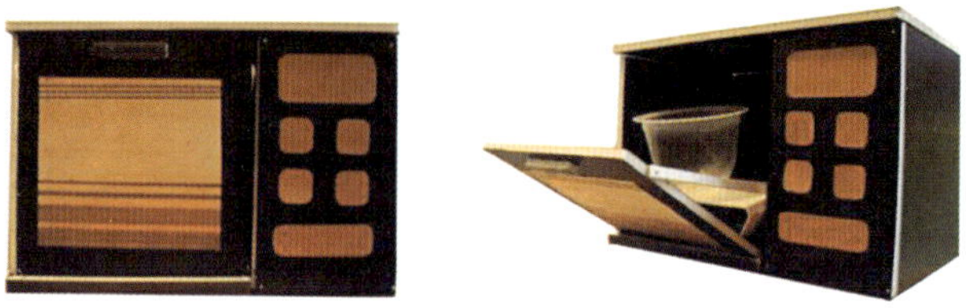

烤箱 / 东华大学 / 孙有文

折叠躺椅 / 东华大学 / 杨莎莎

折叠伞架 / 东华大学 / 张佳瑶

本书的写作中，缪元吉教授负责前言、第一章第二节，第二章第一至三节，第三章的内容，张子然老师负责本书大纲、第一章第一节和第二章第四节的内容及资料收集和统稿；张一老师负责本书第二章第四节的内容、全部图表的绘制和大量文字性的工作。

本书在编写过程中得到了编委会专家，尤其是林家阳、何晓佑、吴翔教授的大力支持，并得到诸多设计机构和设计师慷慨地为本书提供优秀作品。田玉晶老师参加了本书的资料整理，马青芸同学帮助收集了部分图片资料，东华大学校友王锐峰为本书提供了封面图片，在此一并感谢。限于作者的水平和能力，教材中纰漏难免，敬请广大读者及同行们提出宝贵意见。

作者

2017年6月18日